합격을 결정짓는 진짜 요약서

박문각

공인중개사법·중개실무

최상준

박문각 공인중개사
최종요약서

이론 총정리
+
족집게 문제

브랜드만족
1위
박문각

2023

CONTENTS
이 책의 차례

PART
01

공인중개사법령

PART
02

부동산
거래신고 등에
관한 법률

PART
03

중개실무

부 록

공인중개사법령

1. 제정 목적

법 제1조(목적) 이 법은 공인중개사의 업무 등에 관한 사항을 정하여 그 **전문성을 제고**(1차)하고, **부동산중개업을 건전하게 육성**하여(2차), **국민경제**에 이바지함을(3차) 목적으로 한다.

≪ 목적이 아닌 것 ≫

- 부동산거래업의 지도 · 육성
- 국토의 효율적 이용을 목적으로
- 부동산업 육성 목적으로

- 부동산중개업을 적절히 규율
- 부동산수급조절을 목적으로
- 부동산 투기억제를 목적으로

2. 「공인중개사법」의 법적 성격

① 일반법(기본법) : 부동산중개 및 중개업에 적용되는 일반법 · 기본법이다.

② 특별법 지위 : 「공인중개사법」(최우선 적용) ⇨ 상법 일부 ⇨ 민법
즉, 상법 총칙편 일부(**예** 상법 제61조 상인의 보수청구권 등)와 민법 등이 보충적으로 적용된다.

③ 사회법(혼합법 · 중간법)

㉠ 공법적 요소 : 국 · 장, 시 · 도지사, 등록관청의 지도 · 감독, 자격시험, 등록제도, 제재인 행정형벌, 행정처분(자격취소, 등록취소 등), 과태료 등이다.

㉡ 사법요소 : 일반 · 전속중개계약, 거래계약, 손해배상책임 등이다.

④ 국내법 : 국내에 있는 중개대상물에 대한 중개행위를 규율한다. 따라서, 국내에서 행해지는 외국인의 중개업무에도 이 법이 적용된다.

〈🔒 참고〉 조례(지방자치법) ⇨ ㉠ 특 · 광 · 도(시 · 도) : 자격증 재교부, 주택 중개보수 등
㉡ 시 · 군 · 구 : 등록신청 및 등록증 재교부 등

---

01 다음 중 「공인중개사법」에 대한 설명으로 옳은 것은?

① 이 법은 공인중개사의 업무 등에 관한 사항을 정하여 그 전문성을 제고하고 부동산업을 건전하게 육성하여 국민경제에 이바지함을 목적으로 한다.

② 개업공인중개사 등에 대한 행정처분 및 벌칙 규정은 사법적 성격의 규정이다.

③ 「공인중개사법」상 중개계약에 관한 규정은 「민법」상 위임계약에 관한 규정보다 우선하여 적용된다.

④ 개업공인중개사가 중개보수를 받지 않고 행한 중개행위는 중개업이 아니기 때문에 「공인중개사법」의 적용 대상이 되지 않는다.

⑤ 외국인 또는 외국법인이 국내에서 중개업을 하고자 하는 경우에는 「공인중개사법」이 적용되지 않는다.

02 다음 공인중개사법령상 명문으로 규정된 목적에 해당되는 것은 모두 몇 개인가?

> ㉠ 공인중개사 업무 등의 전문성 제고
> ㉡ 부동산중개업의 적절한 규율
> ㉢ 개업공인중개사의 중개업무의 규율 및 제재
> ㉣ 부동산 매매업을 건전하게 육성
> ㉤ 국민경제 이바지
> ㉥ 부동산거래업을 건전 육성하여 공정한 거래질서 확립
> ㉦ 부동산중개업을 건전하게 육성함을 최종적인 목적으로 하고 있다.

① 1개   ② 2개   ③ 3개   ④ 4개   ⑤ 모두

03 다음 중 「공인중개사법」 및 조례 등에 대한 기술이다. 틀린 것은?
① 공법과 사법의 중간적 영역인 사회법적 성격을 지닌다.
② 지방자치법상의 조례에는 특·광·도 조례와 시·군·구 조례가 있다. 주택의 중개보수는 특·광·도 조례가, 등록 및 등록증 재교부 수수료는 시·군·구 조례가 적용된다.
③ 중개계약서, 중개대상물 확인설명서 등 각종 서식은 시행규칙으로 제정되어 있다.
④ 개업공인중개사는 상행위 이외 것을 대상으로 중개함으로 민사중개인에 해당된다.
⑤ 중개행위는 거래계약 체결을 위한 보조적 사실행위에 해당함으로 민법 위임계약 규정의 선량한 관리자의 주의의무는 적용되지 않는다.

04 다음 중 「공인중개사법」 및 중개실무에서 채택하고 있지 않은 제도는?
① 개업공인중개사와 소속공인중개사를 합한 수의 5배를 초과한 중개보조원의 고용인원 제한
② 개업공인중개사의 주택임대차 중개시에 임대인의 국세 및 지방세 체납 여부 열람 가능하다는 설명의무
③ 개업공인중개사가 거래계약서를 작성 교부한 경우, 부동산거래신고 의무 또는 토지거래허가신청 의무 또는 검인신청 의무 등을 지게 된다.
④ 형법상 공인중개사업무와 관련하여 범죄단체 등의 조직, 사문서 등의 위조, 변조, 또는 사기, 횡령, 배임 등 위반으로 금고 이상의 형 선고시 자격취소
⑤ 중개보조원의 중개의뢰인에 대한 신분(직위) 고지 의무

3. 용어의 정의

제2조(정의) 이 법에서 사용하는 용어의 정의는 다음과 같다.

4. "중개": 중개대상물에 대하여 거래 **당사자간의** 매매 · 교환 · 임대차 그 **밖의 권리**의 득실변경에 관한 행위를 **알선**하는 것을 말한다.

(1) 중개계약과 민법상 위임계약의 비교

구 분	일반적 개념	중개의 개념	공통점
위 임	• 신뢰관계를 전제함. • 무상이 원칙	• 유상이 원칙 • 보조적 사실행위(준비행위)	선량한 관리자의 주의의무(판)

(2) 판 례

> 1. 개업공인중개사와 중개의뢰인과의 법률관계는 민법상의 위임관계와 같으므로 개업공인중개사는 중개의뢰인 본지에 따라 선량한 관리자의 주의로써 의뢰받은 중개업무를 처리하여야 할 의무가 있다.
> 2. '그 밖에 권리'에는 저당권 등 담보물권도 포함된다. 따라서, 타인의 의뢰에 의하여 일정한 보수를 받고 저당권의 설정에 관한 행위의 알선을 업으로 하는 경우도 중개업에 해당한다.
> 3. 중개행위는 개업공인중개사의 주관적 의사에 의하여 결정하는 것이 아니라 객관적(외형적)으로 보아 사회통념상 거래의 알선, 중개를 위한 행위 여부로 결정된다.
> 4. 중개행위는 개업공인중개사가 거래의 쌍방 당사자 또는 일방 당사자의 의뢰에 의하여 중개대상물의 매매 · 교환 · 임대차 기타 권리의 득실 · 변경에 관한 행위를 알선 · 중개하는 경우도 포함한다.

> ≪ 출제 키포인트 ≫
>
> ① **중개의 3요소** : <중개대상물> <거래당사자> <알선자(개업공인중개사)>
>   ❖단, 공인중개사 자격증, 개설등록, 중개보수는 중개의 성립요소가 아니다.
> ② 그 밖에 권리의 득실 · 변경에는 부동산의 물권(용익물권, 담보물권)과 채권(환매권, 임대차 등)을 말한다.
>   ❖**단, 점유권, 질권, 친족권, 상속권, 무체재산권 등은 포함되지 않는다.**
> ③ 임대차계약을 알선한 개업공인중개사가 **계약체결 후에도** 보증금의 지급, 목적물의 인도, 확정일자의 취득 등과 같은 계약상 의무가 **예정되어 있는 때**에는 중개행위의 범주에 포함된다(판).
> ④ 저당권설정 행위의 알선은 중개에 해당하나 / **금전소비대차 알선, 권리금조정 알선**은 중개가 아니다.
> ⑤ 중개대상물을 **일방당사자의 의뢰**에 의하여 거래를 알선하는 경우도 중개에 포함된다.
> ⑥ 중개행위는 제3자 지위에서 수행하는 **보조적 사실행위**이다. 계약당사자의 지위에서 행하는 법률행위가 아니다.

5. "중개업" − 다른 사람의 의뢰에 의하여 일정한 **보수를 받고 중개를 업**으로 행하는 것을 말한다.

≪ 출제 키포인트 ≫

① 공인중개사 자격이나 개설등록은 중개업의 성립요소가 아니다.
② 무상중개는 중개업이 아니나, 중개 보수의 할인이나 면제 등은 중개업이 성립된다.
③ 보수의 **약속·요구**만은 중개업으로 볼 수 없으나, 당좌수표를 초과 보수로 받은 후 **부도나 반환**은 중개업으로 볼 수 있다.
④ 개업공인중개사임을 표시하는 사무소 명칭 표시를 하고 중개를 1회 하였더라도 **간판**은 영업의 표시로 보아야 하므로 이는 중개업에 해당한다.
⑤ 법 제14 규정에 의한 겸업(관리대행업, 컨설팅업, 프랜차이즈업, 분양대행업 등)은 중개 및 중개업에 해당하지 않는다.
⑥ 부동산컨설팅업자가 **부수사업**으로 거래계약을 중개하고 보수를 받는 행위도 중개업에 해당한다.
⑦ 개업공인중개사의 **무상 중개행위**에도 이 법(확인·설명, 손해배상책임 등)이 적용된다.

6. "공인중개사" − 이 법에 의한 공인중개사**자격을 취득한 자**를 말한다.

≪ 출제 키포인트 ≫

① **공인중개사는 소속공인중개사나 개업공인중개사**와 다르다.
② 개업공인중개사 중에는 공인중개사 자격증이 없는 자도 있다(즉, 중개인).
③ 거래정보사업자는 개업공인중개사 500명 이상, 공인중개사는 1인 이상 가입이다.
④ 협회의 회원은 "개업공인중개사"이다.
⑤ 분사무소의 책임자는 공인중개사이다.
⑥ **공인중개사**는 경매대리 등록이 불가하나 공인중개사인 개업공인중개사는 가능하다.
⑦ 이 법이 아닌 **외국법**에 따라 취득한 자격증은 공인중개사가 아니다.
⑧ 중개법인은 부동산컨설팅은 공인중개사 대상도 가능하나, 프랜차이즈업은 개업공인중개사만을 대상으로 하여야 한다.
⑨ 공인중개사는 등록이 가능하나 소속공인중개사는 등록이 불가하다.

7. "개업공인중개사" − 이 법에 의하여 중개사무소의 개설**등록을 한 자**를 말한다(즉, **허가나 신고가** − ×).

≪ 출제 키포인트 ≫

(I) 개업공인중개사의 3종류
　① 개인인 개업공인중개사
　　㉠ 부칙 제6조 제2항의 개업공인중개사(중개인): 자격증 없이 등록으로 간주된 자
　　㉡ 공인중개사인 개업공인중개사: 공인중개사 자격을 취득하여 개설등록을 한 자
　② 법인인 개업공인중개사: 상법상 법인(협동조합)으로 개설등록을 한 자

(2) 중개인, 즉 부칙 제6조 제2항의 자 특징!
① 공인중개사는 중개인으로 신규 등록이 불가하다.
② 전국으로 사무소이전이 가능하며, 폐업 후는 중개보조원이 될 수 있다.
③ 옥외광고물 설치시에 문자에 "공인중개사 사무소"를 사용할 수 없다.
④ 경·공매 관련업무는 불가하다.
⑤ 업무지역 범위를 위반한 경우에는 행정처분대상이 된다. 🔒 업무정지 사유
⑥ 다른 개업공인중개사와 공동사무소 설치가 가능하다.

8. **소속공인중개사** − 개업공인중개사에 소속된 **공인중개사**(중개법인의 사원 또는 임원으로서 **공인중개사인 자를 포함한다**)로서 **중개업무를 수행**하거나 개업공인중개사의 중개업무를 보조하는 자를 말한다.

≪ 출제 키포인트 ≫

㉠ **사원·임원으로서 소속공인중개사** − 실무교육 대상, 1인만이라도 결격사유이면 법인 등록이 불가함. 등록 후에는 법인자체가 결격이 되어 **절대적 등록취소**이다. 다만, 당해 1인의 결격자를 2개월 이내에 해소하면 그렇지 않다.
㉡ **고용인으로서 소속공인중개사** − 실무교육 대상, 결격인 경우에 2개월 이내에 해소하지 않으면 **업무정지**사유이다.
㉢ 소속공인중개사는 경매대리로 집행법원에 직접출석할 수 없다.
㉣ 소속공인중개사는 등록할 수 없다.
㉤ 소속공인중개사는 행정처분이나 과태료처분 대상이 된다.

9. **중개보조원** − 공인중개사가 **아닌 자**로서 개업공인중개사에 소속되어 중개대상물에 대한 현장안내 및 일반서무 등 개업공인중개사의 중개업무와 관련된 **단순한 업무를 보조**하는 자를 말한다.

≪ 출제 키포인트 ≫

㉠ 인장등록의무(×), 서명 및 날인의무(×), 행정처분(×), 부동산거래신고 대행 불가.
㉡ 중개업무 수행은 불가하다.
㉢ 2중소속금지와 부동산매매업이 금지된다.
㉣ 직무교육, 예방교육 대상이다.
㉤ **고용인원 제한**(5배 초과 금지)
㉥ **중개의뢰인에게 신분고지 의무**(🔒 과태료 500만 이하)

〈🔒 참고〉 개업공인중개(등)에 적용 − 즉, 중개업무 종사자 모두에게 적용!

01　공인중개사법령상 용어에 관한 설명으로 틀린 것은?

① 거래당사자 사이에 중개대상물에 관한 지상권설정계약이 성립하도록 알선하는 행위도 중개에 해당한다.

② 개업공인중개사란 공인중개사 자격을 취득하여 중개사무소의 개설등록을 한 자만을 의미한다.

③ **"소속공인중개사"**라 함은 개업공인중개사에 소속된 공인중개사로서 중개업무를 수행하거나 개업공인중개사의 중개업무를 보조하는 자를 말한다.

④ 소속공인중개사에는 개업공인중개사인 법인의 사원 또는 임원으로서 공인중개사인 자가 포함된다.

⑤ 「공인중개사법」상 공인중개사는 외국법에 의한 공인중개사자격을 취득한 자는 포함되지 않는다.

02　다음 중 용어의 정의에 관한 기술 중 타당한 것은?

① "중개"란 법정중개대상물에 대하여 거래당사자간의 매매·교환·임대차만의 득실변경에 관한 행위를 알선하는 것을 말한다.

② "소속공인중개사"라 함은 개업공인중개사에 소속된 공인중개사(개업공인중개사인 법인의 사원 또는 임원이면 모두를 포함한다)로서 중개업무를 수행하거나 중개업무를 보조하는 자를 말한다.

③ "중개업"이란 다른 사람의 의뢰에 의하여 일정한 보수를 받고 대토권이나 권리금을 거래당사자간의 매매에 대하여 알선을 업으로 하는 것도 포함된다.

④ "중개보조원"이라 함은 공인중개사 아닌 자가 개업공인중개사에 소속되어 현장안내 등의 단순한 중개업무를 보조하는 자를 말하며, 고용신고 여부는 불문한다.

⑤ "개업공인중개사"는 이 법에 의하여 중개사무소 개설등록을 한 자를 말하며, 현행법상 공인중개사인 개업공인중개와 법인인 개업공인중개사 2종류가 있다.

03   다음 중 용어의 정의에 대한 내용으로 타당한 것은?

> ㉠ "개업공인중개사"라 함은 이 법에 따라 중개사무소 개설허가 받은 자를 말한다.
> ㉡ "중개"라 함은 부동산 및 모든 권리에 대하여 거래당사자간의 매매·임대차 그 밖의 권리의 득실변경에 관한 행위를 알선하는 것을 말한다.
> ㉢ "중개업"이라 함은 이 법에 따라 등록한 자가 다른 사람의 의뢰에 의하여 일정한 보수를 받고 중개를 업으로 행하는 것을 말한다.
> ㉣ "소속공인중개사"라 함은 개업공인중개사에 소속된 공인중개사(개업공인중개사인 법인의 사원 또는 임원을 모두 포함한다)로서 중개 업무를 수행하거나 개업공인중개사의 중개 업무를 보조하는 자를 말한다.
> ㉤ "중개보조원"이라 함은 개업공인중개사에 소속되어 중개대상물에 대한 현장안내 및 일반서무 등 개업공인중개사의 중개업무와 관련된 업무를 보조하는 자를 말한다.

① 없음   ② 1개   ③ 2개
④ 3개   ⑤ 모두

04   다음 중 소속공인중개사에 대한 내용으로 타당한 것은?

① 고용 및 고용이 종료된 경우에는 그 날로부터 10일 이내에 등록관청에 신고하여야 한다.
② 개업공인중개사의 고의 또는 과실로 중개의뢰인에게 재산상의 손해를 입힌 경우, 소속공인중개사는 이에 따른 책임을 지지 않는다.
③ 중개보조원은 소속공인중개사가 될 수 없지만, 소속공인중개사는 개업공인중개사가 될 수 있다.
④ 소속공인중개사는 법정중개대상물에 대한 매매업이 가능하다.
⑤ 소속공인중개사는 실무교육을 이수하여야 하며, 위반시에 과태료 500만원 이하에 처분을 받을 수 있다.

05   공인중개사법령에 관한 내용으로 틀린 것은? (다툼이 있으면 판례에 따름)

① 개업공인중개사에 소속된 공인중개사로서 중개업무를 수행하거나 개업공인중개사의 중개업무를 보조하는 자는 소속공인중개사이다.
② 개업공인중개사인 법인의 사원으로서 중개업무를 수행하는 공인중개사는 소속공인중개사이다.
③ 무등록중개업자에게 중개를 의뢰한 거래당사자는 무등록중개업자의 중개행위에 대하여 무등록중개업자와 공동정범으로 처벌된다.
④ 개업공인중개사는 다른 개업공인중개사의 중개보조원 또는 개업공인중개사인 법인의 사원·임원이 될 수 없다.
⑤ 거래당사자간 지역권의 설정과 취득을 알선하는 행위는 중개에 해당한다.

06 다음 중 공인중개사법령에 관한 내용으로 타당한 것은?

> ㉠ 저당권설정행위의 알선은 중개대상이나 금전소비대차 알선, 권리금조정 알선은 중개대상이 아니다.
> ㉡ 부동산 간판을 걸고 단, 1회 수행한 중개행위도 계속성이 잠재적으로 내재해 있다고 보여지므로 중개업에 해당된다.
> ㉢ 거래당사자간에 법정담보물권인 유치권 이전을 알선하는 행위는 중개에 해당한다.
> ㉣ 개업공인중개사에 소속된 공인중개사로서 중개업무를 보조하는 자는 소속공인중개사이다.

① 모두   ② ㉢, ㉣   ③ ㉡, ㉢   ④ ㉠, ㉣   ⑤ ㉠, ㉡, ㉢

07 다음 「공인중개사법」상 중개에 관한 설명 중 옳지 않은 것은? (다툼이 있으면 판례에 의함)

> ㉠ 타인의 의뢰에 의하여 일정한 보수를 받고 저당권의 설정에 관한 행위의 알선을 업으로 하는 것은 중개업에 해당한다.
> ㉡ 우연한 기회에 타인간의 거래행위를 중개한 것에 불과한 경우에는 중개업에 해당하지 아니한다.
> ㉢ 일정한 보수를 받고 금전소비대차의 알선을 업으로 것은 중개업에 해당하지 아니한다.
> ㉣ 중개성립의 3요소 중에 중개대상물의 알선에는 "그 밖에 권리"에는 저당권 등 담보물권도 포함된다.
> ㉤ 타인이 의뢰에 의하여 일정한 보수를 받고 이사업체 또는 도배업체 알선을 업으로 하는 것은 중개업에 해당한다.
> ㉥ 점유권, 질권, 지식재산권인 특허권이나 신분상 권리인 상속권은 중개권리에 해당되지 않는다.
> ㉦ 토지의 정착물은 부동산에 해당되나 모두가 중개의 대상이 되는 것은 아니다.

① ㉡, ㉤   ② ㉢, ㉦   ③ ㉢, ㉤   ④ ㉢, ㉦   ⑤ ㉤

08 공인중개사법령상 용어와 관련된 설명으로 틀린 것은? (다툼이 있으면 판례에 의함)

① 거래당사자 사이에 부동산에 관한 환매계약이 성립하도록 알선하는 행위도 중개에 해당한다.

② 법인인 개업공인중개사의 소속공인중개사는 그 법인인 개업공인중개사의 중개업무를 보조할 수 있다.

③ 중개보수로 초과 수수된 당좌수표가 **부도 또는 반환**한 경우에도 중개업에 해당된다.

④ 무등록업자가 거래당사자들에게서 단지 보수를 받을 것을 약속하거나 요구하는 데 그친 경우라도 처벌대상이 된다.

⑤ 공인중개사 자격취득 후 중개사무소 개설등록 또는 중개업무에 종사 하지 않은 자는 공인중개사이다.

09 다음 중 「공인중개사법」상 '중개행위'의 의미에 대한 틀린 것은? (다툼이 있으면 판례에 따름)

① 중개행위란 개업공인중개사가 거래의 쌍방당사자로부터 중개의뢰를 받은 경우뿐만 아니라 거래의 일방당사자의 의뢰에 의하여 중개대상물의 매매·교환·임대차 그 밖의 권리의 득실변경에 관한 행위를 알선·중개하는 경우도 포함한다.

② 부동산매매계약 체결을 중개하고 계약체결 후 계약금 및 중도금 지급에도 관여한 개업공인중개사가 잔금 중 일부를 횡령한 경우 중개행위와 관련성이 없다.

③ 중개행위에 해당하는지 여부는 개업공인중개사의 주관적 의사에 의하여 결정할 것이 아니라 개업공인중개사의 행위를 객관적으로 보아 사회통념상 거래의 알선, 중개를 위한 행위라고 인정되는지 여부로 판단한다.

④ 임대차계약을 알선한 개업공인중개사가 계약체결 후에도 거래당사자의 계약상 의무의 실현에 관여함으로써 계약상 의무가 원만하게 이행되도록 주선할 것이 예정되어 있는 때에는 사회통념상 거래의 알선·중개를 위한 행위로서 중개행위의 범주에 포함된다.

⑤ 공인중개사 자격증과 중개사무소 등록증을 대여받아 중개사무소를 운영하는 A가 직접 거래당사자로서 중개사무소를 방문한 B와 임대차계약을 체결한 경우, A의 그러한 행위는 '중개행위'에 해당하지 않는다.

≪ 출제 키포인트 ≫

① 1동건물 전부 또는 일부, 1실, 기존건축물, 미등기건물, 무허가건물도 중개대상물이 된다.

② 판례는 기존 건축물뿐만 아니라 **장래에 건축될 건축물**로 분양계약이 체결된 분양권도 중개대상물로 본다.
   🔒 단, 주택법상 "**분양예정자로 선정될 수 있는 지위**인 입주권(딱지)"은 중개대상물이 아니다.

③ - 도시 및 주거환경정비법상 재개발·주택재건축사업의 조합원 입주권, 즉 관리처분계획의 인가로 취득한 "입주자로 선정된 지위"인 입주권은 중개대상물에 해당 된다.
   - 빈집 및 소규모주택 정비에 관한 특례법 제29조에 따른 사업시행인가로 취득한 "**입주자로 선정된 지위**"인 입주권은 중개대상물에 해당된다.

④ 권리금은 중개대상물이 아니다.

⑤ 상속, 판결, 경매 등도 **취득 후 처분**시에는 중개대상물이 된다.

⑥ 온천수·광천권·온천이용권 등은 독립한 물권이 아닌 토지의 구성부분으로 중개대상물이 아니다.

⑦ 중개대상물인 건축물은 민법상의 건축물과 동일한 의미로 볼 수 있다. 따라서 건축물이란 **지붕과 기둥 그리고 주벽으로 이루어진 것을 말한다**(판).

⑧ 아파트의 **특정 동·호수**에 대하여 피분양자가 선정되거나 분양계약이 체결된 후에는 그 특정 아파트가 완성되기 전이라도 중개대상물이 된다.

⑨ 개개의 수목, 집단수목은 토지의 구성물이다. 따라서, 중개대상물이 아니다.
　　🔒 단, **명인방법을 사용한 집단수목과 입목**은 토지와 독립된 부동산으로 중개대상물에 해당된다.

⑩ 광업권, 공업소유권, 어업재단이나 국유재산법상의 행정재산인 시청사, 구청사, 무주의 부동산, 하천법상 하천, 포락지, 바닷가(빈지)와 일반재산인 사적지, 유적지 등은 아니다.

⑪ **분묘기지권**은 물권의 성질상 성립 및 이전시에도 중개대상권리가 될 수 없다.

⑫ 대토권, 차량주택. 세차장구조물, 컨테이너박스 등은 중개대상물이 아니다.

⑬ 법정지상권, 법정저당권 등 법률규정에 의해 성립하는 권리는 성질상 **성립시**에는 중개대상 권리가 될 수 없으나, 해당 권리를 **이전하는 경우**는 중개가 가능하다.

⑭ **유치권**은 피담보채권과 목적물의 점유를 함께 이전할 경우 그 이전이 가능하므로, 부동산유치권은 중개대상 권리가 된다.

⑮ 용익물권, 저당권, 담보가등기는 중개대상물이다.
　　🔒 단, **점유권, 질권, 지식재산권**(저작권, 특허권 등)은 중개대상물이 아니다.

⑯ 토지는 전, 답, 과수원, 임야, 잡종지 등 **지목을 불문**하고 중개대상물이 될 수 있으며, 공동소유 형태인 지분에 대한 중개도 가능하다.

⑰ 미채굴 광물은 국가소유로 **"광업권"과 "미채굴 광물"**은 중개대상물이 아니다.

≪ 관련판례 ≫

㉠ 택지개발지구 내 이주자 택지를 공급 받을 지위에 불과한 **대토권**은 중개대상물이 아니다.

㉡ 아파트의 특정 동·호수에 대하여 피분양자가 선정되거나 분양계약이 체결된 후에는 완성되기 전이라도 거래 가능한 **분양권**은 건축물로써 중개대상물이다

㉢ 아파트에 대한 추첨기일에 신청을 하여 당첨이 되면 아파트의 분양예정자로 선정될 수 있는 지위를 가리키는 데에 불과한 입주권(일명 딱지)은 중개대상물이 아니다.

㉣ 세차장구조물은 주벽이라고 할 만한 것이 없고 볼트만 해체하면 쉽게 토지로부터 분리·철거가 가능함으로 이를 토지의 정착물이라 볼 수 없다. 따라서, 중개대상물이 아니다.

㉤ 영업용 건물의 영업시설·비품 등 유형물이나 거래처, 신용, 영업상의 노하우 또는 점포위치에 따른 영업상의 이점 등 무형의 재산적 가치, 즉 **권리금**은 법령에서 정한 중개대상물이라 할 수 없다.

11. 입목에 관한 법률

> ≪ 출제 키포인트 ≫
>
> ㉠ 일필 토지 전부 또는 일부에 생육하는 **모든 수종을 대상**으로 한다.
> ㉡ 입목등록원부에 **등록된 것만** 소유권보존등기 가능하다.
> ㉢ 소유권·저당권 목적이 된다(명인방법의 집단수목은 저당권설정 ×).
> ㉣ **토지소유권·지상권** 처분의 효력은 입목에 영향이 없다.
> ㉤ **저당권**의 효력은 벌채된 입목에 미친다.
> ㉥ 법정지상권 성립, 저당권 설정시 보험가입
> ㉦ 토지등기부 **표제부** ⇨ 입목등기번호 기재, **입목에 관한 권리관계확인**: 입목등기부
> 　🔒 단, 토지·임야대장 사유란 ⇨ 등록명의인 성명·등록일자를 기재하지 않는다.

12. 공장 및 광업재단 저당법에 의한 광업재단 및 공장재단

> ≪ 출제 키포인트 ≫
>
> ㉠ 재단등기부에 보존등기하면 **공장·광업재단**이 1개의 부동산으로 중개대상물이 된다.
> ㉡ 재단으로부터 **분리된** 토지 등 설비는 중개대상물이 아니다)
> ㉢ 재단으로부터 **분리된** 공업소유권이나 광업권은 중개대상물이 아니다.

---

01 다음 중 중개대상물에 대한 기술한 내용 중에 틀린 것은?
① 점유권, 질권, 분묘기지권은 중개대상권리가 될 수 없다.
② 교량, 담장, 축대 등은 토지의 구성부분에 지나지 않음으로 중개대상물이 아니다.
③ 유치권, 법정지상권, 법정저당권 등 법률규정에 의해 성립하는 물권은 중개대상권리가 될 수 없다.
④ 공장재단은 재단목록상의 집합물이 하나의 부동산으로 중개대상물이 된다. 따라서 공장재단으로부터 분리하여 토지, 건물만은 중개대상물이 될 수 없다.
⑤ 권리금 양·수도계약의 알선 대가로 받는 보수는 중개보수 규정이 적용되지 않는다.

02 공인중개사법령상 중개대상물이 아닌 것은? (다툼이 있으면 판례에 의함)
① 신축 중인 건물로서 기둥과 지붕 그리고 주벽이 이루어진 미등기상태의 건물
② 거래처, 신용, 영업상의 노하우 등 무형의 재산적 가치
③ 토지에 부착된 수목의 집단으로서 소유권보존등기를 한 것
④ 동·호수가 특정되어 분양계약이 체결된 아파트분양권
⑤ 가압류된 부동산(토지나 건축물)

03 다음 중 법정중개대상물 및 권리에 해당 되는 것 모두 몇 개인가?

> ㉠ 국·공유 토지, 가식수목, 견본주택
> ㉡ 명인방법의 집단수목, 장래의 건물인 분양권, 가처분 및 가등기 등기된 토지
> ㉢ 경락 받은 건물, 상속 받은 개발제한구역 내의 토지
> ㉣ 토지상의 개개의 수목 또는 집단수목
> ㉤ 분양예정자로 선정될 수 있는 지위인 입주권
> ㉥ 구청사, 지방하천 부지, 포락지, 빈지(바닷가)
> ㉦ 등기된 환매권, 미등기·무허가 건물
> ㉧ 어업재단, 준부동산인 20톤 이상 선박

① 2개   ② 3개   ③ 4개
④ 5개   ⑤ 6개

04 공인중개사법령상 중개대상물 및 권리가 될 수 있는 것을 모두 고른 것은? (다툼이 있으면 판례에 의함)

> ㉠ 금전소비대차
> ㉡ 콘크리트 지반 위에 쉽게 분리·철거가 가능한 볼트조립방식으로 철제 파이프 기둥을 세우고 지붕을 덮은 다음 3면에 천막을 설치한 세차장 구조물
> ㉢ 재단으로부터 분리된 공업소유권
> ㉣ 공용폐지가 되지 아니한 행정재산인 토지
> ㉤ 법정지상권이 성립된 건축물
> ㉥ 입목에 관한 법률상 입목, 명인방법에 의한 수목의 집단
> ㉦ 지목이 광천지인 토지

① ㉤, ㉥   ② ㉤, ㉥, ㉦   ③ ㉠, ㉡, ㉣
④ ㉡, ㉢, ㉣   ⑤ ㉣, ㉤, ㉥, ㉦

05 다음 중 법정중개대상물 및 권리에 관한 설명으로 틀린 것은?
① 법정 중개대상물의 취급범위는 종별 불문하고 개업공인중개사간 차이가 없다.
② 구분소유권인 건물의 일부 매매 또는 임대차 중개가 가능하다.
③ 1필지의 일부분도 용익물권과 임대차는 중개의 대상이 된다.
④ 토지, 건축물 등 중개대상물은 개업공인중개사의 전속적 영역에 해당함으로 무자격자는 알선을 업으로 해서는 아니 된다.
⑤ 빈집 및 소규모주택 정비에 관한 특례법에 따른 사업시행인가로 취득한 입주자로 선정된 지위인 입주권은 중개대상물에 해당되지 않는다.

06 다음은 중개대상물인 입목에 관한 설명이다. 타당한 것은?

> ㉠ 입목이 저당권의 목적이 된 경우에 그 입목이 벌채된 경우에도 저당권의 효력이 미친다.
> ㉡ 입목과 관습법상 명인방법을 갖춘 수목의 집단은 공시수단은 차이가 있으나 소유권과 저당권의 목적이 될 수 있다는 점에서는 동일하다.
> ㉢ 입목으로 소유권보존등기를 받을 수 있는 수목의 집단은 1필지 토지에 생립하는 특정 수종의 일부 수목만이 가능하다.
> ㉣ 입목의 지반인 토지에 관한 소유권이나 지상권의 처분은 입목에 영향을 미친다.
> ㉤ 경매 기타 사유로 인하여 토지와 입목이 각각 다른 소유자에 속하게 되는 경우에는 토지소유자는 입목소유자에 대하여 지상권을 설정한 것으로 본다.

① ㉠, ㉤   ② ㉠, ㉣, ㉤   ③ ㉡, ㉤
④ ㉡, ㉣, ㉤   ⑤ ㉠, ㉡, ㉢, ㉤

07 다음은 중개대상물인 공장재단, 광업재단에 대한 설명으로 틀린 것은?

① 공장재단은 토지와 공작물, 공업소유권 등으로 구성된다.
② 공장재단은 이를 1개의 부동산으로 보며, 소유권과 저당권 이외의 권리의 목적이 되지 못한다. 다만, 저당권자가 동의한 경우에는 임대차의 목적물로 할 수 있다.
③ 공장재단의 소유권보존의 등기는 그 등기 후 10개월 내에 저당권 설정의 등기를 하지 아니하는 경우에는 그 효력을 상실한다.
④ 개업공인중개사가 공장재단의 매매를 중개한 경우, 중개대상물 확인·설명서를 작성하는 경우에 권리관계란에는 등기사항증명서의 甲, 乙구 사항을, 재단목록 또는 입목의 생육상태란에는 공장재단 목록과 공장재단 등기사항증명서를 확인하여 기재한다.
⑤ 등기관은 공장재단에 관하여 소유권보존등기를 하면 그 공장재단 구성물의 등기용지 중 표제부에 공장재단에 속한다는 사실을 적어야 한다.

Chapter 02 공인중개사제도

1. 시험시행기관장

(1) **원칙**: 서울특별시장·광역시장·도지사·특별자치도지사(시·도지사)

(2) **예외**: 국토교통부장관이 직접 시험문제를 출제하거나 시험을 시행하려는 경우에는 **심의위원회의 의결**을 미리 거쳐야 한다.

(3) **시험 수탁기관** - 시험시행기관의 장은 공인중개사협회, 공기업 또는 준정부기관에 위탁할 수 있다. 위탁시에 관보에 고시한다. 🔒 부동산학과 학교(예 대학 등) - ×

2. 응시 자격

① **원칙**: 결격사유에 해당하는 자도 자격시험에 응시할 수 있다. 그러나 중개업에 종사는 할 수 없다.

    예외: 공인중개사자격이 취소된 자는 3년간 응시가 불가하다(🔒 중개업 종사도 3년 불가).

② 외국인도 시험에 응시가능하며, 등록요건을 갖추어 중개업을 할 수 있다.

③ **부정행위자**: 시험시행기관장은 그 시험을 무효로 하고, **그 처분이 있은 날부터 5년간** 시험응시자격을 정지한다. 시험시행기관장은 지체 **없이** 이를 다른 시험시행기관장에게 통보하여야 한다.

    🔒 ㉠ **당해 시험시행일로부터 5년** - ×

        ㉡ **결격은 아님으로** 중개업 종사는 가능함

3. 공인중개사 정책심의위원회

(1) **심의 사항**

공인중개사의 업무에 관한 사항을 심의하기 위하여 **국토교통부에** 공인중개사 정책심의위원회를 **둘 수 있다.** <임의적 설치(재량)> - <**자,중,보,배**>

---
1. 공인중개사의 시험 등 자격취득에 관한 사항
2. 부동산 중개업의 육성에 관한 사항
3. 중개보수 변경에 관한 사항
4. 손해배상책임의 보장 등에 관한 사항

🔒 정책심의위원회에서 심의한 사항 중 **자격취득에 관한 사항**의 경우에는 시·도지사는 이에 따라야 한다.

(2) **의결사항**(출석 과반수 찬성)

> ① 심의위원에 대한 기피신청을 받아들일 것인지 여부에 관한 의결
> ② 국토교통부장관이 직접 공인중개사자격시험 문제를 출제할 것인지 여부에 관한 의결
> ③ 부득이한 사정으로 당해 연도의 공인중개사자격시험을 시행하지 않을 것인지 여부에 관한 의결
> ④ 기타 심의위원회의 운영 등에 관한 사항은 심의위원회 의결을 거쳐 위원장이 정한다.

(3) **정책심의위원회의 구성 및 운영**

① 위원장 1명을 포함하여 7명 이상 11명 이내의 위원으로 구성한다.

② **위원장**은 국토교통부 제1차관이 되고, **위원은** 국토교통부장관이 임명 또는 위촉한다.

③ 위원의 임기는 2년으로 하되, 위원의 사임 등으로 새로 위촉된 위원의 임기는 전임위원 임기의 남은 기간으로 한다(단, 공무원이 위원인 경우는 제외).

④ 심의위원회의 위원이 일정한 사유에 해당하는 경우에는 심의위원회의 심의·의결에서 제척(除斥), 기피, 회피하여야 한다.

> ㉠ **제척사유**
>   - 배우자나 배우자이었던 사람 또는 공동권리자 또는 공동의무자
>   - 친족이거나 친족이었던 경우,
>   - 증언, 진술, 자문, 조사, 연구한 경우,
>   - 대리인이거나 대리인이었던 경우 등
> ㉡ **기피 : 당사자는** 위원에게 공정한 심의·의결을 기대하기 어려운 사정이 있는 경우에는 심의위원회에 기피 신청을 할 수 있다.
> ㉢ **회피 : 위원 본인이** 제척 사유에 해당하는 경우에는 스스로 해당 안건의 심의·의결에서 회피(回避)하여야 한다.
> ㉣ **해촉 : 국토교통부장관**은 위원이 스스로 회피하지 아니한 경우에는 해당 위원을 해촉(解囑)

⑤ 위원장은 심의위원회를 대표하고, 심의위원회의 업무를 총괄한다.

⑥ 심의위원회의 회의는 **재적위원 과반수**의 출석으로 개의(開議)하고, **출석위원 과반수**의 찬성으로 의결한다.

⑦ 위원장은 심의위원회의 회의를 소집하려면 회의 개최 7일 전까지 회의의 일시, 장소 및 안건을 각 위원에게 통보하여야 한다.

⑧ 심의위원회에 출석한 위원 및 관계 전문가에게는 예산의 범위에서 수당과 여비를 지급할 수 있다.

⑨ 위원장(제1차관)이 부득이한 사유로 직무를 수행할 수 없을 때에는 위원장이 미리 지명한 위원이 그 **직무를 대행**한다.

⑩ 기타 심의위원회의 운영 등에 필요한 사항은 **심의위원회 의결**을 거쳐 위원장이 정한다.

≪ 기타 사항 ≫

- **시험시행 횟수**: 시험은 매년 1회 이상 시행한다. 다만, 시험시행기관장은 시험을 시행하기 어려운 부득이한 사정이 있는 경우에는 **심의위원회의 의결을 거쳐** 당해 연도의 시험을 시행하지 아니할 수 있다.
- **시험출제위원**: 시험시행기관장은 시험문제의 출제·선정·검토 및 채점을 담당할 자를 임명 또는 위촉한다.
  + 시험의 신뢰도 실추자는 **5년간 시험의 출제위원으로 위촉 금지**
- **응시수수료**: 당해 지방자치단체의 **조례**가 정하는 바에 따라 수수료를 납부하여야 한다.
  🔒 다만, 국토교통부장관이 시행하는 경우는 국토교통부장관이 결정·공고함.
  🔒 다만, 공인중개사자격시험을 위탁한 경우에는 위탁받은 자가 위탁한자의 승인을 얻어 결정·공고한다.

4. 자격증 교부 등

① 자격증의 교부: 시·도지사는 시험합격자의 **결정 공고일부터 1개월 이내**에 자격증교부대장에 기재한 후 공인중개사자격증을 교부한다(수수료 없음).

② 재교부: 재교부신청서를 자격증을 **교부한 시·도지사**에게 제출한다(수수료를 납부).

③ 자격증 양도·대여 〈관련 판례〉

　㉠ 중개업무를 행하도록 적극적으로 권유·지시한 경우는 물론 양해 또는 허락하거나 이를 알고서 묵인한 경우도 포함된다.

　㉡ 무상으로 양도·대여한 경우도 포함된다.

　㉢ 다른 사람이 그 자격증을 이용하여 공인중개사로 행세하면서 중개업무를 행하려는 것을 알면서도 자격증 자체를 빌려주는 것을 의미한다.

　㉣ 공인중개사가 무자격자가 성사시켜 작성한 거래계약서에 자신의 인감을 날인하는 방법으로 자신이 직접 업무를 수행하는 **형식만 갖추었을 뿐**인 경우는 공인중개사 자격증의 대여행위에 해당한다.

　㉤ 동업관계: 동업자 중에 무자격자는 중개사무소에 **자금을 투자하고, 경영이나 그로 인한 이익을 분배**받는 행위는 양도·대여에 해당하지 않는다.

　㉥ 업무방해죄 보호대상: 공인중개사 아닌 사람(무자격자)의 중개업은 법에 의하여 금지된 행위로 범죄행위에 해당하는 것으로서 업무방해죄의 보호대상이 아니다.

　🔒 제재: 양도·대여자의 자격증은 반드시 취소된다. 또한 양도·대여자, 양수·대여받은 자, 알선자 모두 1년 이하 징역 또는 1천만원 이하 벌금형에 해당한다.

④ 유사명칭의 사용금지: 공인중개사가 아닌 자는 공인중개사 또는 이와 유사한 명칭을 사용하지 못한다.

≪ 판례 ≫
㉠ 무자격자가 자신의 **명함에 「○○○대표」**라는 명칭을 기재하여 사용한 것은 공인
중개사와 유사한 명칭을 사용한 것에 해당한다.
㉡ 공인중개사 자격증이 없으면서 '○○**부동산**', '**부동산** Cafe' 등 이름의 **명칭 및
명암(대표)을 사용** 운영한 것은 공인중개사와 유사한 명칭을 사용한 것으로 봐야
한다.

🔓 제재 - 1년 이하 징역 또는 1천만원 이하 벌금형 사유이다.

---

01 **공인중개사 자격시험제도에 관한 설명으로 옳은 것은?**
① 국토교통부장관이 원칙적인 공인중개사자격시험 시행기관장이다.
② 공인중개사 자격취득과 관련한 사항을 심의하기 위하여 관할 시·도에 공인중개
사정책심의위원회를 둘 수 있다.
③ 공인중개사자격시험 시행기관장은 시험의 시행에 관한 업무를 공기업, 준정부기
관과 협회에 위탁이 가능하나 부동산학과가 개설된 학교에는 위탁할 수 없다.
④ 공인중개사시험 부정행위자는 처분일로부터 3년 이내는 응시자격이 정지된다.
⑤ 등록이 취소된 자는 공인중개사 자격시험에 3년간 응시할 수 없다.

02 **공인중개사법령상 공인중개사 정책심의위원회의 소관사항이 아닌 것은?**
① 개업공인중개사의 행정처분에 관한 사항
② 중개보수 변경에 관한 사항
③ 심의위원에 대한 **기피신청**을 받아들일 것인지 여부에 관한 사항
④ 국토교통부장관이 직접 시험문제를 출제하거나 시험을 시행하고자 하는 경우
⑤ 부동산 중개업의 육성에 관한 사항의 심의

03 **다음 중 심의위원회의 제척(除斥)사유에 해당되는 것을 모두 고르면?**

㉠ 위원 또는 그 배우자나 배우자이었던 사람이 해당 안건의 당사자인 경우
㉡ ㉠의 당사자와 공동권리자 또는 공동의무자인 경우
㉢ 위원이 해당 안건의 당사자와 친족이거나 친족이었던 경우
㉣ 위원이 해당 안건에 대하여 증언, 진술, 자문, 조사, 연구, 용역 또는 감정을 한 경우
㉤ 위원이나 위원이 속한 법인·단체 등이 해당 안건의 당사자의 대리인이거나 대리
인이었던 경우

① 모두
② ㉠, ㉡
③ ㉠, ㉢
④ ㉢, ㉣, ㉤
⑤ ㉠, ㉡, ㉢, ㉣

04 다음 중 정책심의위원회에 대한 내용으로 타당한 것은?

> ㉠ 위원장은 국토교통부 제1차관이고, 위원은 국토교통부장관이 임명, 위촉한다.
> ㉡ 중개보수 변경과 손해배상책임의 보장 등에 관한 사항은 심의사항이다.
> ㉢ 국토교통부장관이 시험을 시행하려는 경우에는 심의위원회의 의결을 미리 거쳐야
> 한다.
> ㉣ 공인중개사의 시험 등 공인중개사의 자격취득에 관한 사항은 시·도지사는 이에
> 따라야 한다.
> ㉤ 부득이한 사정으로 당해 연도 시험 시행을 하지 않을 경우는 심의위원회의 의결을
> 거쳐야 한다.
> ㉥ 위원 또는 그 배우자나 배우자이었던 사람은 해당 안건에 대해서는 심의위원회의
> 심의·의결에서 제척 된다.
> ㉦ 공무원이 아닌 위원의 임기는 2년으로 하되 연임에 대한 제한은 없다.

① 모두   ② 1개   ③ 2개
④ 3개   ⑤ 4개

05 다음 중 현행법상의 공인중개사제도에 대한 다음 설명 중 옳은 것은?

① 공인중개사 자격증을 교부 또는 재교부 받고자 하는 자는 당해 지방자치단체 조례
가 정하는 바에 따라 수수료를 납부하여야 한다.
② 국토교통부장관이 시험을 시행하는 경우에도 자격증 교부는 시·도지사가 한다.
③ 공인중개사자격증의 재교부를 신청하는 자는 재교부신청서를 자격증을 교부한
시·도지사 또는 공인중개사의 사무소 관할 시·도지사에게 제출하여야 한다.
④ 중개보조원이 명함에 "대표"라는 직위의 표기는 현행법 위반으로 1년 이하 징역
또는 벌금형에 해당되며, 이를 고용한 개업공인중개사도 동일한 형벌로 제재를 받
는다.
⑤ 공인중개사 자격증을 양도 또는 대여한 경우에 제재는 자격취소처분만 된다.

06 공인중개사법령상 공인중개사 자격증 등에 관한 설명으로 틀린 것은? (다툼이 있으면 판례에 따름)

> ㉠ 자격증 양도 대여의 판단기준은 외관상의 형식이 아닌 실질적으로 무자격자가 공인중개사의 명의를 사용하여 업무를 수행하였는지 여부로 결정한다.
> ㉡ 동업자 중 무자격자가 중개업무에는 관여하지 않은 채 중개사무소의 경영에 관여하고 이익을 분배받는 행위는 자격증·등록증 대여행위에 해당하지 않는다.
> ㉢ 자격증이나 등록증을 타인에게 양도, 대여, 알선한 자는 모두 1년 이하의 징역 또는 1천만원 이하의 벌금에 해당된다.
> ㉣ 대여란 다른 사람이 그 자격증을 이용하여 공인중개사로 행세하면서 중개 업무를 행하려는 것을 알면서도 빌려주는 것을 의미하며, 유·무상을 불문하고 허용되지 않는다.
> ㉤ 공인중개사가 아닌 자 A와 공인중개사 B가 동업계약을 체결하고 B명의로 등록한 후, B가 일방적으로 동업관계 종료로 중개업을 그만둔 경우. 이는 A에 대한 업무방해죄가 성립된다.
> ㉥ 공인중개사가 아닌 자는 공인중개사 또는 이와 유사한 명칭을 사용한 경우는 과태료 100만원 이하 사유에 해당된다.

① ㉠, ㉤, ㉥   ② ㉤, ㉥   ③ ㉣, ㉤, ㉥
④ ㉤   ⑤ ㉥

07 다음 중 공인중개사자격시험제도에 관한 설명으로 틀린 것은?

① 공인중개사자격시험업무를 위탁한 경우에는 해당 업무를 **위탁받은 자가 위탁한 자의 승인**을 얻어 결정·공고하는 수수료를 납부하여야 한다.
② 시험시행기관장은 시험을 시행하려는 때에는 예정 시험일시·시험방법 등 개략적인 사항을 매년 2월 말일까지 일반일간신문, 관보, 방송 중 하나 이상에 공고하여야 한다.
③ 시험시행기관장은 시험에서 부정한 행위를 한 응시자에 대하여는 그 시험을 무효로 하고, 그 처분이 있은 날부터 5년간 시험응시 자격을 정지한다.
④ ③의 경우에 시험시행기관장은 지체 없이 이를 다른 시험시행기관장에게 통보 하여야 한다.
⑤ 시험응시원서 접수마감일의 다음 날부터 7일이 경과한 날부터 시험시행일 10일 전까지 접수를 취소하는 경우는 납입한 수수료의 100분의 30을 반환하여야 한다.

중개사무소 등록 및 결격사유

제1절 등록절차

1. 등록신청

> 공인중개사(소속공인중개사를 제외) 또는 법인이 아닌 자는 중개사무소의 개설등록을 신청할 수 없다.

따라서, 공인중개사 또는 법인만 등록신청이 가능하다.

🔒 **등록신청 불가자**

　ㄱ 소속공인중개사는 등록이 불가하다. 이는 2중소속금지에 위반된다.

　ㄴ 「변호사법」상 변호사는 중개사무소 개설등록을 신청할 수 없다.

　ㄷ 휴업이나 업무정지 기간 중인 개업공인중사는 다시 등록을 신청할 수 없다(2중등록).

　ㄹ 법인 아닌 사단은 등록 불가하다.

　ㅁ 사회적 협동조합은 등록이 불가하다.

2. 등록 절차

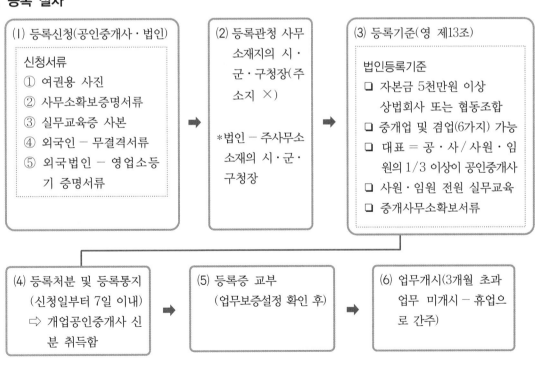

3. 등록기준(요건) ⇨ 특수법인은 적용(×)

⑴ 법인이 중개사무소를 개설하려는 경우

① 상법상 회사 또는 협동조합(단, 사회적 협동조합은 제외)으로서 자본금이 5천만원 이상일 것

② 법 제14조의 업무(6가지)만을 영위할 목적으로 설립된 법인일 것

　　🔒 중개업 + 관리대행, 컨설팅, 프랜차이즈, 분양대행, 용역알선, 경·공매 대리

③ 대표자는 공인중개사로, **대표자를 제외한** 임원 또는 사원(합명회사 또는 합자회사의 무한책임 사원)의 3분의 1 이상은 공인중개사일 것

④ 대표자, 임원 또는 사원 **전원** 및 분사무소의 책임자가 실무교육을 받았을 것

⑤ 건축물대장에 기재된 건물에 중개사무소를 확보(소유·전세·임대차 또는 사용대차 등 사용권을 확보)할 것. 단, 준공검사 등을 받은 건물로서 **건축물대장에 기재되기 전의 건물은 가능하다.** 이때 건축물대장의 기재가 **지연되는 사유서를** 함께 제출

〈🔒 참고〉

> ㉠ 등록 전 – 등록기준 미달이면 등록 불가함.
> ㉡ 등록 후 – 등록기준 미달이면 임의적 등록취소
> 　（🔒 3년간의 결격기간 적용 안 됨）

〈🔒 참고〉 특수법인

> 1. 원칙적으로 등록해야 한다. 다만, 등록기준(🞉 자본금 5천만 이상 등)은 적용되지 않는다.
> 　🔒 다만, 지역농업협동조합, 산업단지관리기관, 지역산림조합은 법규정상 등록을 하지 않아도 중개업이 가능하다.
> 2. 특수법인도 업무지역이 전국이다.
> 3. 특수법인은 관련분야의 중개업무 외에는 법 제14조(겸업 6종)의 겸업은 성질상 불가.
> 　🔒 예컨대, 지역농협은 농지에 대해서만 매매, 교환 등 중개업이 가능하다.
> 4. 보증금액 2천만원 이상을 **보증설정**하여 등록관청에 신고 해야 한다.
> 5. 확인·설명의무, 손해배상책임, 거래계약서 작성의무 등 일반규정은 적용된다.

⑵ **등록신청 서류**

> 가. **내국인** – (사, 사, 실)
> 　① 여권용 사진
> 　② 중개사무소 확보증명(임대차 계약서 등)
> 　③ 실무교육 수료증사본(실무교육 기관이 수료 여부를 등록관청이 전자적으로 확인할 수 있도록 조치한 경우는 제외한다)
> 나. **외국인 추가**: ④ 무결격증명하는 서류
> 다. **외국법인 추가**: ⑤ 영업소 등기증명하는 서류

등록관청은 공인중개사 **자격증을 발급한 시·도지사**에게 개설등록을 하려는 자(공인중개사인 임원 또는 사원 포함)의 공인중개사자격 확인을 요청하여야 하고, 「전자정부법」에 따라 법인 등기사항증명서와 건축물대장을 확인하여야 한다.

🔒 **주의** : 자격증, 인감증명서, 업무보증설정증서, 건축물대장, 등기사항증명서 등은 제출서류가 아니다.

〈🔒 **보충**〉 개중개사무소 요건

> ㉠ 건축법상으로도 적법한 것이어야 한다.
> ㉡ 가설건축물대장은 제외 - 농막, 조립식 구조물, 컨테이너 등은 불가함.
> ㉢ 무허가 건물은 불가
> ㉣ 소유권이 아닌 **사용권 확보만**으로 등록 가능함.
> ㉤ 휴업 중인 사무소도 공동사무소 설치 가능 🔒 단, **업무정지 기간 중**인 사무소는 불가함.

(3) **종별 변경** - 등록신청서 제출

> "중개사무소의 개설등록을 한 개업공인중개사가 종별을 달리하여 업무를 하고자 하는 경우에는 **등록신청서를 다시 제출**하여야 한다. 이 경우 종전에 제출한 서류 중 변동사항이 없는 서류는 제출하지 아니할 수 있으며 종전의 등록증은 이를 반납하여야 한다."
> 🔒 즉, **신청서를 다시 제출, 종전서류 제출은 재량, 종전 등록증은 반납함.**

(4) **등록처분 및 통지**(개업공인중개사의 신분을 취득)

등록관청은 개설등록 신청을 받은 날부터 7일 이내에 등록신청인에게 서면으로 통지하여야 한다.

(5) **등록증 교부 및 재교부**

① 등록관청은 중개사무소의 개설등록을 한 자가 업무보증을 설정하였는지 여부를 확인한 후 중개사무소 등록증을 지체 없이 교부하여야 한다.

② 등록증 재교부신청(재교부신청서 첨부)

㉠ 등록증 분실·훼손(등록증 첨부하지 않는다)

㉡ 등록증의 기재사항의 변경으로 인한 재교부 : **신청서 + 등록증 + 변경증명서류 첨부**

🔒 **사유** : 법인의 대표자 변경, 상호, 소재지, 성명 등의 변경

〈🔒 **참고**〉 등록관청 ⇨ **다음달 10일까지** 협회 통보의무 〈이.등.분 - 휴, 행, 고〉

> ① 사무소 이전 신고사항
> ② 등록증 교부사항
> ③ 분사무소설치 신고사항
> ④ 휴업·폐업·재개·휴업기간 변경 신고사항
> ⑤ 행정처분사항(등록취소와 업무정지만)
> 🔒 단, 자격취소·정지, 형벌 등은 통보사항이 아님.
> ⑥ 고용인의 고용 또는 종료신고를 받은 때

⑹ **중개업무 개시**

3개월 이내에 업무를 개시하여야 한다. 불가능 한 경우는 미리 휴업신고 해야 한다.

⑺ **등록효력의 상실 사유**

> ① 사망 · 해산　　　　　　　　　② 폐업신고
> ③ 등록취소처분(등록취소 사유만으로는 상실되지 않고, 등록취소처분 있어야 상실)

🔒 휴업과 업무정지처분은 등록효력 상실 사유가 아니다.

---

01 다음 중 중개사무소의 개설등록에 관한 설명으로 틀린 것은 모두 몇 개인가?

> ㉠ 공인중개사(소속공인중개사 제외) 또는 법인이 아닌 자는 중개사무소의 개설등록
> 을 신청할 수 없다.
> ㉡ 등록관청은 중개사무소 개설등록 기준에 적합하지 아니한 경우에는 개설등록을 해
> 주어서는 아니 된다.
> ㉢ 등록의 서면통지를 받고 등록증을 교부받기 전에 중개업을 하게 되면 무등록중개
> 업에 해당한다.
> ㉣ 중개사무소의 개설등록을 한 개업공인중개사가 종별을 달리하여 업무를 하고자 하
> 는 경우에는 등록신청서를 다시 제출하여야 한다.
> ㉤ 외국인이 등록신청할 때 결격사유에 해당되지 않음을 증명하는 외국 정부나 그 밖
> 에 권한 있는 기관이 발행한 서류를 제출하여야 한다.
> ㉥ 개업공인중개사가 등록증의 기재사항의 변경으로 인하여 다시 등록증을 교부받고
> 자 하는 경우에는 등록증을 첨부하여 등록증의 재교부를 신청하여야 한다.
> ㉦ 등록신청 받은 등록관청은 공인중개사자격증을 발급한 시 · 도지사에게 법인의 경
> 우에는 대표자를 포함한 공인중개사인 임원 또는 사원의 공인중개사 자격 확인을
> 요청하여야 한다.

① 0개　　　　② 1개　　　　③ 2개　　　　④ 3개　　　　⑤ 4개

02 중개사무소개설 등록신청 및 신고서류에 관한 설명으로 틀린 것은?

① 중개사무소의 개설등록신청서류로는 실무교육의 수료확인증 사본, 여권용 사진,
중개사무소 확보증명하는 서류 등이다.

② 분사무소 설치신고서류는 사무소를 확보하였음을 증명하는 서류, 책임자의 실무
교육 이수증 사본, 업무보증의 설정 증명서류이다.

③ 종별을 변경하여 업무를 계속 하고자 하는 경우에는 폐업신고 후 종전에 제출한
서류 및 등록증을 반드시 첨부하여 등록증 재교부를 신청하여야 한다.

④ 특수법인이 부수적으로 관련 중개업무를 하기 위해서는 원칙적으로 등록신청을
하여야 한다.

⑤ 공인중개사(소속공인중개사 제외)와 등록기준을 갖춘 법인(협동조합)만이 등록신
청을 할 수 있다.

03 공인중개사법령상 법인 등록기준의 내용으로 옳은 것을 모두 고른 것은?

> ㉠ 상법상 회사 또는 「협동조합 기본법」에 따른 협동조합(사회적 협동조합은 제외)으로서 자본금이 5천만원 이상이어야 한다.
> ㉡ 법인의 대표자, 임원 또는 사원의 전원이 연수교육을 받았을 것
> ㉢ 주택의 분양대행업을 영위할 목적으로 설립된 법인은 개설등록이 가능하다.
> ㉣ 법인의 임원 중 1인이 사기죄로 징역 1년을 선고받고 복역 중 잔형기 6개월을 남기고, 가석방되어 3년이 막 경과한 자가 있는 경우도 등록이 가능하다.
> ㉤ 중개법인이 정관에 부동산 매매업 및 임대업을 포함하고 있다면 등록이 불가하다.
> ㉥ 개업공인중개사가 1개월 업무정지처분을 받자 즉시, 폐업을 하고 익일 다시 등록관청을 바꾸어 등록을 신청하였다면 등록이 가능하다.
> ㉦ 건축물대장(가설건축물대장은 제외)에 기재된 중개사무소를 갖출 것 단, 준공검사, 사용승인 등을 받은 건물로서 건축물대장에 기재되기 전의 건물은 등록이 가능하다.

① 1개　　　　　　② 2개　　　　　　③ 3개
④ 4개　　　　　　⑤ 5개

04 공인중개사법령상 중개사무소 개설등록에 관한 설명으로 틀린 것은? (단, 다른 법률의 규정은 고려하지 않음)

① 대표자가 공인중개사가 아닌 법인은 중개사무소를 개설할 수 없다.
② 법인 아닌 사단은 개설등록을 할 수 없다.
③ 법인이 중개업 및 겸업제한에 위배되지 않는 업무만을 영위할 목적으로 설립 된 경우에 등록할 수 있다.
④ 등록관청은 개설등록을 하고 등록신청을 받은 날부터 7일 이내에 등록신청인에게 서면으로 통지해야 한다.
⑤ 등록한 후에는 3개월 이내에 영업을 개시하지 않을 경우에는 휴업신고를 하여야 한다. 이에 위반한 경우에는 업무정지사유에 해당된다.

05 다음은 중개법인과 특수법인을 비교·설명한 것 중 바르지 못한 내용은?

① 중개법인은 손해배상책임보장을 위한 업무보증 설정금액이 4억원 이상이고, 특수법인은 2천만원 이상을 설정하고 증빙서를 갖추어 등록관청에 신고하여야 한다.
② 중개법인은 이 법에서 인정하는 겸업(6가지)을 할 수 있으나 특수법인은 법인의 성질상 겸업할 수 없다.
③ 중개법인과 마찬가지로 특수법인도 분사무소를 설치시에 주된 사무소를 제외하고 시·군·구별로 설치가 가능하며, 책임자는 공인중개사로 하여야 한다.
④ 중개법인은 등록기준을 갖추어 등록신청을 하여야 하나 한국자산관리공사는 중개법인과 달리 등록신청시에 등록기준을 갖출 필요가 없다.
⑤ 업무지역 범위는 중개법인과 특수법인이 동일하다.

06 현행법상 공인중개사가 중개영업을 개시하기까지 이행하여야 할 제도의 순서가 빠른 것부터 바르게 나열한 것은?

> ㉠ 실무교육이수　　　　　　　　㉡ 중개사무소 확보
> ㉢ 등록신청서 제출　　　　　　　㉣ 공제 등 업무보증 설정
> ㉤ 중개보수·실비표, 등록증 등 게시　㉥ 등록증 교부
> ㉦ 영업개시

① ㉠ − ㉡ − ㉢ − ㉣ − ㉥ − ㉤ − ㉦　　② ㉡ − ㉢ − ㉠ − ㉣ − ㉥ − ㉤ − ㉦
③ ㉡ − ㉠ − ㉣ − ㉢ − ㉥ − ㉤ − ㉦　　④ ㉡ − ㉢ − ㉠ − ㉥ − ㉣ − ㉤ − ㉦
⑤ ㉠ − ㉡ − ㉥ − ㉣ − ㉢ − ㉤ − ㉦

제2절 등록증 게시의무 및 사무소 명칭

1. 게시의무 〈등, 신, 자, 식(실), 사, 업〉

> ① 등록증 원본(분사무소는 신고확인서 원본)
> ② 개업공인중개사 및 소속공인중개사의 자격증 원본(단, 부칙 제6조 제2항의 자는 제외)
> ③ 중개보수 및 실비의 요율 및 한도액 표
> ④ 사업자등록증
> ⑤ 업무보증 설정 증명증서

〈🔒 주의〉
① **등록증, 자격증, 신고확인서 − 원본 게시**
② 법인의 사원·임원과 고용인의 소속공인중개사도 모두 게시하여야 한다.
③ 위반 제재: 100만원 이하 과태료 사유이다.

2. 중개사무소 명칭 + 문자 사용 의무

(1) 의 무
　① 개업공인중개사는 그 사무소의 명칭에 "공인중개사사무소" **또는** "부동산중개"라는 문자를 사용하여야 한다.
　② 부칙 제6조 제2항의 개업공인중개사는 그 사무소의 명칭에 **"공인중개사사무소"**라는 문자를 사용하여서는 아니 된다.
　③ 개업공인중개사가 아닌 자**는** "공인중개사사무소", "부동산중개" 또는 이와 유사한 명칭을 사용하여서는 아니 된다.
　④ 개업공인중개사가 옥외광고물을 설치하는 경우, 중개사무소 등록증에 표기된 개업공인중개사(대표자·분사무소는 책임자의 성명)을 옥외광고물 중 벽면 이용간판, 돌출간판 또는 옥상간판에 성명을 인식할 수 있는 정도의 크기로 표기하여야 한다.

〈🔒 주의〉

> ㉠ **옥외광고물을 설치시에** 전화번호는 표기 의무 없다.
> ㉡ 등록증에 표기된 성명, 즉 가명, 예명 등 불가
> ㉢ **옥외광고물을 설치할 의무는 없다**.

(2) 제 재

① **등록관청**은 사무소명칭 표시규정을 위반한 사무소의 간판 등에 대하여 철거를 명할 수 있다. 이에 위반의 경우에는 행정대집행법에 의하여 **대집행**을 할 수 있다.

② 개업공인중개사가 그 사무소의 명칭에 "공인중개사사무소", "부동산중개"라는 문자를 사용하지 아니한 경우, 100**만원 이하의 과태료**에 처한다.

③ 중개인이 명칭에 "공인중개사사무소"의 문자를 사용한 자에 대하여는 100**만원 이하의 과태료**에 처한다.

④ 개업공인중개사가 **아닌 자**가 "공인중개사사무소", "부동산중개" 또는 이와 유사한 명칭을 사용한 경우, 1년 이하의 징역 또는 1천만원 이하의 벌금에 처한다.

3. 중개대상물의 표시 · 광고

(1) **전단지 등 중개대상물 표시 · 광고**(인터넷이 아닌 표시 · 광고)

① 개업공인중개사가 의뢰받은 중개대상물에 대하여 표시 · 광고를 하려면 중개사무소, 개업공인중개사에 관한 사항 등을 명시하여야 하며, **중개보조원**에 관한 사항은 명시해서는 아니 된다.

② "명시할 사항"은 다음 각 호의 사항을 말한다. 🔒 **명,소 - 연,등,성!**

> 1. 중개사무소의 명칭, 소재지, 연락처 및 등록번호
> 2. 개업공인중개사의 성명(법인인 경우에는 대표자의 성명)
>   즉, 중개사무소 + 개업공인중개사 성명을 명시하여야 한다.
>   🔒 중개대상물에 대한 내용은 명시 의무사항이 아니다.

〈🔒 주의〉

> ㉠ 중개보조원에 관한 사항은 명시 금지사항이다.
> ㉡ 인적 사항(주소, 주민등록)은 명시의무가 아니다.
> ㉢ **제재**: 과태료 100만원 이하

(2) **인터넷을 이용한 표시 · 광고**

① 개업공인중개사가 인터넷을 이용하여 중개대상물에 대한 표시 · 광고를 하는 때에는 1)의 5가지 + 외에 중개대상물의 종류별로 소재지, 면적, 가격 등의 사항을 명시하여야 한다.

> 1. 소재지   2. 면적   3. 가격   4. 중개대상물 종류   5. 거래 형태
> 6. 건축물 및 그 밖의 토지의 정착물인 경우 다음 각 목의 사항
>   가. 총 층수   나. 사용승인·사용검사·준공검사 등을 받은 날
>   다. 해당 건축물의 방향, 방의 개수, 욕실의 개수, 입주가능일, 주차대수 및 관리비

② 제재: 과태료 100만원 이하

(3) 부당한 표시·광고(허위매물 및 가격 등) 금지

> **법 제18조의2 제4항**
> 개업공인중개사는 중개대상물에 대하여 다음의 부당한 표시·광고를 해서는 아니 된다.

① **허위매물(부존재)의 표시·광고금지**: 중개대상물이 존재하지 않아서 거래를 할 수 없는 중개대상물에 대한 표시·광고

② **허위가격 등 과장표시·광고금지**: 중개대상물의 가격 등을 거짓으로 표시·광고 또는 과장되게 하는 표시·광고

③ **기타 부동산거래질서문란 표시·광고금지**

> ㉠ 중개대상물이 존재하지만 실제로 중개의 대상이 될 수 없는 중개대상물
> ㉡ 중개대상물이 존재하지만 실제로 중개할 의사가 없는 중개대상물
> ㉢ 기만적인 표시·광고 − 입지조건, 생활여건, 가격 및 거래조건 등 중개대상물 선택에 중요한 영향을 미칠 수 있는 사실을 빠뜨리거나 은폐·축소하는 등의 방법으로 소비자를 속이는 표시·광고

④ 제재: 등록관청이 부과 − 과태료 500만원 이하

(4) 국토교통부장관의 표시·광고의 모니터링

> **제18조의3 【인터넷 표시·광고 모니터링】** 국토교통부장관은 인터넷을 이용한 중개대상물에 대한 표시·광고가 법 규정을 준수하는지 여부를 모니터링 할 수 있다.

① 국토교통부장관의 자료제출 및 조치권
   ㉠ 모니터링을 위하여 정보통신서비스 제공자에게 관련 자료의 제출을 요구
   ㉡ 정보통신서비스 제공자에게 이 법 위반이 의심되는 표시·광고에 대한 확인 또는 추가정보의 게재 등 필요한 조치를 요구할 수 있다.
      🔒 정보통신 서비스 제공자가 ㉠㉡ 위반시는 과태료 500만원 이하이다.

② 국토교통부장관은 모니터링 업무를 대통령령으로 정하는 기관에 위탁할 수 있다.
   🔒 **현재 위탁기관**: 한국인터넷광고재단

③ 모니터링 업무 내용
   ㉠ **모니터링 기관은** 업무를 수행한 경우 해당 업무에 따른 **결과보고서**를 다음 각 호의 구분에 따른 기한까지 국토교통부장관에게 제출해야 한다.

> ⓐ **기본 모니터링 업무(분기별 실시)**: 매 분기의 마지막 날부터 30일 **이내**
> ⓑ **수시 모니터링 업무(국·장의 위반의심 판단)**: 해당 모니터링 업무를 완료한 날부터 15일 **이내**

④ **국토교통부장관**은 제3항에 따라 제출받은 결과보고서를 시·도지사 및 등록관청에 통보하고 필요한 조사 및 조치를 요구할 수 있다.

⑤ **시·도지사 및 등록관청**은 요구를 받으면 신속하게 조사 및 조치를 완료하고, **완료한 날부터** 10일 이내에 그 결과를 국토교통부장관에게 통보해야 한다.

⑸ **개업공인중개사 아닌 자의 표시·광고금지**: 개업공인중개사가 아닌 자는 중개대상물에 대한 표시·광고를 하여서는 아니 된다."

① 제재 : 1년 이하의 징역 또는 1천만원 이하의 벌금형에 해당한다.

② 포상금 사유에 해당된다. <🔒 **포상금 사유** : 부,양,무, 시,체,방, 표시>

---

01 공인중개사법령상 중개사무소 안에 게시하여야 할 의무 사항 내용으로 틀린 것은?

> ㉠ 법인의 사원·임원의 공인중개사자격증 원본을 모두 게시하여야 한다.
> ㉡ 중개보수·실비의 요율 및 한도액표를 게시하여야 한다.
> ㉢ 중개사무소등록증 원본(중개법인의 분사무소신고확인서 원본)을 게시하여야 한다.
> ㉣ 개업공인중개사 자격증 원본 및 사업자등록증을 게시하여야 한다.
> ㉤ 소속공인중개사의 자격증을 게시하지 않으면 의무에 개업공인중개사가 처벌을 받게 된다.
> ㉥ 실무교육이수증, 협회회원 등록증, 고용신고서 등 게시의무가 아니다.
> ㉦ 게시의무에 위반한 개업공인중개사는 6개월 범위 내의 업무정지 사유에 해당된다.

① ㉠, ㉤   ② ㉠, ㉦   ③ ㉣, ㉦
④ ㉣   ⑤ ㉦

02 중개사무소 명칭에 문자사용 의무에 관한 설명으로 틀린 것은?

① 개업공인중개사는 "공인중개사사무소" 또는 "부동산중개"라는 문자를 선택하여 사용할 수 있으나 중개인은 사무소의 명칭에 "공인중개사사무소"라는 문자를 사용하여서는 아니 된다.

② 옥외광고물을 설치하는 경우 가명, 예명이 아닌 등록증에 표기된 개업공인중개사의 성명(법인은 대표자, 분사무소는 책임자)을 표기하여야 한다.

③ 시·도지사는 위반한 사무소의 간판 등에 대하여 철거를 명하거나 행정대집행법에 의하여 대집행을 할 수 있다.

④ "태평양 부동산 중개법인(주)"는 적법하나 "신세계 부동산 사무소"는 부적법하다.

⑤ 개업공인중개사가 이 표시의무를 위반한 경우 100만원 이하 과태료이며, 개업공인중개사가 아닌 자가 위반한 경우에는 1년 이하의 징역 또는 1천만원 이하의 벌금에 해당한다.

03 공인중개사법령상 중개사무소의 명칭 등에 관한 설명으로 옳은 것은?

① 개업공인중개사는 옥외광고물을 설치할 의무를 부담한다.

② 중개인인 개업공인중개사는 그 사무소의 명칭에 "공인중개사사무소" 또는 "부동산중개"라는 문자를 사용해야 한다.

③ 개업공인중개사가 설치한 옥외광고물에 성명을 표기하지 않으면 500만원 이하의 과태료 부과대상이 된다.

④ 개업공인중개사가 옥외광고물에 성명을 표기하는 경우에 인식할 수 있는 정도의 크기로 표기하여야 한다.

⑤ 개업공인중개사가 아닌 자도 부득이 한 경우에는 등록관청에 승인을 받고 "공인중개사사무소", "부동산중개" 또는 이와 유사한 명칭을 사용할 수 있다.

04 공인중개사법령상 중개사무소 명칭에 관한 설명으로 옳은 것은?

① 개업공인중개사가 의뢰받은 중개대상물에 대하여 표시·광고를 하려는 경우, 중개사무소의 명칭은 명시하지 않아도 된다.

② 공인중개사가 중개사무소의 개설등록을 하지 않은 경우, 그 사무소에 "공인중개사사무소"라는 명칭을 사용할 수 없지만, "부동산중개"라는 명칭은 사용할 수 있다.

③ 공인중개사인 개업공인중개사가 관련 법령에 따른 옥외광고물을 설치하는 경우, 중개사무소등록증에 표기된 개업공인중개사의 성명을 표기할 필요는 없다.

④ 중개사무소 개설등록을 하지 않은 공인중개사가 "부동산중개"라는 명칭을 사용한 경우, 국토교통부장관은 그 명칭이 사용된 간판 등의 철거를 명할 수 있다.

⑤ 공인중개사인 개업공인중개사는 그 사무소의 명칭에 "공인중개사사무소" 또는 "부동산중개"라는 문자를 사용하여야 한다.

05 현행 공인중개사법령상 개업공인중개사의 중개사무소의 명칭으로서 부적합한 것은?

① 집주름 부동산 중개(주)

② 딸기 공인중개사사무소

③ 김득신 공인중개사사무소

④ 광개토대왕 부동산개발(주)

⑤ (주)신세계 부동산중개법인

06 공인중개사법령상 중개대상물의 표시·광고에 관한 설명으로 틀린 것은?

① 개업공인중개사가 의뢰받은 중개대상물에 대하여 표시·광고를 하려면 개업공인중개사의 성명과 중개사무소의 명칭, 소재지, 연락처, 등록번호를 명시하여야 한다.

② 개업공인중개사가 의뢰받은 중개대상물에 대하여 표시·광고를 할 때 개업공인중개사의 주소, 주민등록번호 등 인적 사항에 관한 사항을 명시하여야 한다.

③ 개업공인중개사가 인터넷을 이용하여 중개대상물에 대한 표시·광고를 하는 때에는 중개대상물의 종류별로 소재지, 면적, 가격, 방과욕실 개수, 주차대수 등의 사항을 명시하여야 한다.

④ 개업공인중개사는 중개대상물이 존재하지 않아서 실제로 거래를 할 수 없는 중개대상물에 대한 표시·광고를 해서는 아니 된다.

⑤ 개업공인중개사는 중개대상물의 가격 등 내용을 사실과 다르게 거짓으로 표시·광고하거나 사실을 과장되게 표시·광고를 해서는 아니 된다.

07 다음 중 개업공인중개사가 인터넷을 이용하여 중개대상물에 대한 표시·광고를 하는 때에 명시 할 의무 사항이 아닌 것은?

> ㉠ 사무소의 연락처 및 등록번호
> ㉡ 중개대상물에 대한 소재지, 면적, 가격
> ㉢ 거래 형태(매매·교환·임대차 등)
> ㉣ 건축물의 사용승인·사용검사·준공검사 등을 받은 날
> ㉤ 건축물의 방향, 방의 개수, 욕실의 개수, 입주가능일, 주차대수 및 관리비
> ㉥ 중개대상물에 대한 공법상 이용제한 및 거래규제

① ㉥　　　　　② ㉠, ㉢, ㉥　　　　③ ㉥
④ ㉢, ㉥　　　　⑤ ㉠

08 다음 중 중개대상물의 표시·광고에 관한 설명으로 틀린 것은?

① 개업공인중개사가 의뢰받은 중개대상물에 대하여 표시·광고를 하는 경우에 중개보조원에 관한 사항은 명시해서는 아니 된다.

② 국토교통부장관은 인터넷을 이용한 중개대상물에 대한 표시·광고가 중개대상물 표시·광고의 규정을 준수하는지 여부를 모니터링 할 수 있다.

③ 국토교통부장관은 모니터링 결과에 따라 정보통신서비스 제공자에게 이 법 위반이 의심되는 표시·광고에 대한 확인 또는 추가정보의 게재 등 필요한 조치를 요구할 수 있다.

④ 국토교통부장관의 모니터링을 위한 관련자료 제출 요구에 위반한 경우에는 정보통신서비스 사업자는 500만원 이하의 과태료에 처한다.

⑤ 인터넷을 이용하여 중개대상물에 대한 표시·광고를 하는 때에는 중개대상물의 종류별로 소재지 등의 명시의무에 위반 한 경우에는 500만원 이하의 과태료에 처한다.

09 개업공인중개사는 중개대상물에 대하여 부당한 표시 · 광고를 하여서는 아니 된다. 다음 중 부당 · 표시 · 광고에 해당되는 것은?

> ㉠ 중개대상물이 존재하지 않아서 실제로 거래를 할 수 없는 중개대상물에 대한 표시 · 광고
> ㉡ 중개대상물의 가격 등 내용을 사실과 다르게 거짓으로 표시 · 광고하거나 사실을 과장되게 하는 표시 · 광고
> ㉢ 중개대상물이 존재하지만 실제로 중개의 대상이 될 수 없는 중개대상물에 대한 표시 · 광고
> ㉣ 중개대상물이 존재하지만 실제로 중개할 의사가 없는 중개대상물에 대한 표시 · 광고
> ㉤ 중개대상물의 입지조건, 생활여건, 가격 및 거래조건 등 중개대상물 선택에 중요한 영향을 미칠 수 있는 사실을 빠뜨리거나 은폐 · 축소하는 등의 방법으로 소비자를 속이는 표시 · 광고

① 모두   ② ㉠, ㉡, ㉢, ㉤   ③ ㉠, ㉡, ㉢
④ ㉢, ㉣, ㉤   ⑤ ㉡, ㉢, ㉤

10 다음 중 국토교통부장관의 표시 · 광고의 모니터링에 관한 내용으로 타당한 것은?

> ㉠ 국토교통부장관은 공공기관, 정부출연연구기관, 비영리법인으로서 인터넷 표시 · 광고 모니터링 또는 인터넷 광고 시장 감시와 관련된 업무를 수행하는 법인인 기관에 모니터링 업무를 위탁할 수 있다.
> ㉡ 국토교통부장관은 업무위탁기관에 예산의 범위에서 위탁업무 수행에 필요한 예산을 지원할 수 있다.
> ㉢ 모니터링기관은 기본 모니터링 업무의 결과보고서를 매 분기의 마지막 날부터 30일 이내에 국토교통부장관에게 제출해야 한다.
> ㉣ 모니터링기관은 수시 모니터링 업무의 결과보고서를 모니터링 업무를 완료한 날부터 15일 이내에 국토교통부장관에게 제출해야 한다.
> ㉤ 시 · 도지사 및 등록관청은 국토교통부장관으로부터 필요한 조사 및 조치요구를 받으면, 조사 및 조치를 완료한 날부터 10일 이내에 그 결과를 국토교통부장관에게 통보해야 한다.
> ㉥ 모니터링기관은 기본 모니터링 업무를 수행하려면 다음 연도의 모니터링 기본계획서를 매년 12월 31일까지 국토교통부장관에게 제출해야 한다.

① 모두   ② 5개   ③ 4개   ④ 3개   ⑤ 2개

제3절 2중등록과 2중소속금지 및 무등록중개업

1. 2중등록금지

> 개업공인중개사는 이중으로 중개사무소의 개설등록을 하여 중개업을 할 수 없다.

① 종별이나 등록관청을 달리 해도 이중등록은 금지된다.
② 제재: 절대적 등록이 취소와 1년 이하의 징역 또는 1천만원 이하의 벌금형에도 해당된다.

2. 2중소속금지(🔒 종사자 모두에게 적용됨)

> 개업공인중개사 <등>은 **다른 개업공인중개사의 소속공인중개사 · 중개보조원 또는 개업공인중개사인 법인의 사원 · 임원이 될 수 없다.**

① '개업공인중개사뿐만 아니라 중개업에 종사하는 모두가 금지된다.
② 중개업이 아닌 다른 업종, 즉 <**투잡**>**은 이중소속에 해당되지 않는다.**
③ 제 재

> ㉠ **개업공인중개사** : 절대적 등록취소와 1년 이하의 징역 또는 1천만원 이하의 벌금형
> ㉡ **소속공인중개사** : 자격정지사유와 1년 이하의 징역 또는 1천만원 이하의 벌금형
> ㉢ **중개보조원** : 행정처분 대상은 아니며, 행정형벌인 1년 이하의 징역 또는 1천만원 이하의 벌금형에 해당된다.

3. 무등록업자

① **등록신청 후 등록처분이 있기 전**에 중개업을 하면 무등록중개업이다.
② **등록처분 및 통지 후 등록증교부 전에** 중개업을 한 경우는 무등록중개업(×)
③ 업무정지, 휴업기간 중에 중개업을 하는 경우는 무등록중개업(×)
④ 제재 : 3년 이하 징역 또는 3천만원 이하 벌금형에 해당
⑤ 무등록중개업의 효력

> ㉠ 사법상 거래계약(매매 등) 효력에는 영향이 없다
> ㉡ 보수청구권 인정되지 않는다.
> ㉢ 무등록중개업자 신고시 - 포상금 대상이다.

> ### ≪ 관련판례 ≫
> ㉠ 거래당사자가 무등록업자에게 중개를 의뢰하거나 미등기 부동산의 전매에 대하여 중개를 의뢰하였다고 하더라도 그 중개의뢰행위 자체는 처벌 대상이 될 수 없다. 따라서, 중개의뢰인의 **중개의뢰행위를** 공동정범 행위로 처벌할 수 없다.
> ㉡ **공인중개사 자격이 없는 자가 중개사무소 개설등록을 하지 아니한 채** 부동산매매계약을 중개하면서 매매당사자와 사이에 체결한 중개보수 지급약정은 강행규정에 위배되어 **무효이다.**
> ㉢ 컨설팅사업자가 부수하여 부동산중개를 업으로 하는 것은 무등록중개업에 해당된다.
> ㉣ 무자격자가 **"업"이 아닌 우연히 1회 거래를 중개**하면서 한 중개보수 약정은 무효가 아니다.

01 다음 중 「공인중개사법」상 이중등록에 관한 설명으로 틀린 것은?
① 개업공인중개사가 이중으로 중개사무소의 개설등록을 한 경우에는 반드시 등록을 취소하여야 한다.
② 종전의 중개사무소를 사실상 폐쇄하였으나 중개사무소의 폐업신고를 완전히 이행하지 아니한 채 새로운 등록을 받은 경우 이중등록이 된다.
③ 개업공인중개사가 종별을 달리하든 지역을 달리하든 이중등록은 금지되며, 모든 등록이 취소된다.
④ 개업공인중개사가 업무정지기간 중에 폐업하고 다시 그 기간 중에 등록을 하는 것은 허용된다.
⑤ 이중등록금지를 위반한 경우 1년 이하의 징역 또는 1천만원 이하의 벌금에 처해진다.

02 다음은 「공인중개사법」상 이중소속에 관한 설명이다. 옳은 것은?
① 중개법인의 사원·임원으로 중개업에 종사하면서 다른 중개법인의 사원·임원으로 또 다시 소속되어 중개업무를 수행하는 것은 예외적으로 허용된다.
② 공인중개사인 개업공인중개사가 택배회사에서 또다시 근무하는 것은 이중소속에 해당되어 현행법상 금지된다.
③ 개업공인중개사가 이중소속을 한 경우 업무정지처분을 받을 수 있고, 업무정지기간 중에 이중소속을 한 경우에는 등록이 취소된다.
④ 중개보조원이 이중소속을 한 경우에는 1년 이하의 징역 또는 1천만원 이하의 벌금에 해당하지만 행정처분은 받지 않는다.
⑤ 소속공인중개사가 이중소속을 한 경우에 공인중개사의 자격이 취소되고, 1년 이하의 징역 또는 1천만원 이하의 벌금에 처해진다.

03 다음 중 무등록중개업에 관한 다음 설명 중 틀린 것은?
① 등록신청 후 등록처분이 있기 전에 중개업을 하는 경우는 무등록중개업에 해당된다.
② 무등록업자의 중개행위로 인하여 완성된 거래당사자간의 법률행위 그 자체의 효력은 유효하다.
③ 거래당사자가 무등록업자에게 중개를 의뢰하거나 미등기 부동산의 전매에 대하여 중개를 의뢰하였다고 하더라도 그 중개의뢰행위 자체는 처벌대상이 될 수 없다.
④ 무등록업자가 거래당사자와 한 중개보수 약정은 무효이다.
⑤ 부동산컨설팅업자가 아파트분양권 매매에 대한 중개를 업을 한 경우에 그 매매계약이 무효임으로 중개보수를 청구할 수 없다.

제4절 등록의 결격사유 등

1. 결격의 효과

① 결격사유 자는 중개사무소의 개설등록을 할 수 없다.

② 결격사유 자는 소속공인중개사 또는 중개보조원이 될 수 없다.

③ 결격사유자도 **공인중개사 자격은 취득할 수 있다.**

　　단, 자격취소자는 3년간 시험응시 불가하다.

④ 결격사유는 개업공인중개사의 절대적 등록취소 사유이다.

　　〈🔒 주의〉 자격취소 사유가 아니다.

⑤ 모든 법 + 징역형 또는 금고형의 **집행유예는** 결격사유에 해당된다. 🔒 **단, 선고유예(×)**

⑥ 이 법 위반으로 300만원 이상 벌금형 − 결격사유에 해당된다.

　　그러나 다른 법(**예** 도로교통법) 위반으로 300만원 이상 벌금형을 선고는 결격이 아니다.

> 🔒 양벌규정(제50조)에 따라, 즉 고용인의 위법행위로 개업공인중개사가 300만원 이상의 벌금형을 받아도 결격사유가 아니다.

⑦ 법인의 사원, 임원 중 1인만 결격이어도 **절대적 등록취소 사유이다**(단, 사원·임원 2개월 이내 사유를 해소하면 된다).

⑧ **고용인이 결격사유 해당**: 사유 발생일로부터 2개월 이내 해소하여야 한다(해소하지 못하면 **업무정지 사유이다**).

⑨ **과태료처분은 결격 사유가 아니다.**

2. 결격사유

① 제한능력자

> ㉠ 미성년자: 예외 없이 결격이다(법정대리인 동의나 성년의제 − ×).
> ㉡ 피성년후견인, 피한정후견인 − 법원의 후견 종료심판으로 벗어남.
> 　　**〈🔒 주의〉 피특정후견인: 결격 (×)**
> ㉢ 파산자 − 면책결정 또는 복권결정시 즉시 벗어남. 〈주의〉 **복권신청 (×)**
> 　　🔒 **신용불량, 개인회생 인가 − 결격 (×)**

② **모든 법(이 법 + 다른 법) 위반 − 징역 또는 금고형**

> (1) **모든 법 위반 + 징역형 또는 금고 실형의 선고**
>
> > ① **집행종료**: ㉠ **만기석방**: 3년간　　㉡ **가석방**: 잔형기 + 3년
> > ② **집행면제(법률변경, 특별사면)**: 3년간　　🔒 **일반사면 − 즉시**
>
> (2) 금고 또는 징역형의 집행유예: 유예기간 종료 + 2년 ⇨ 결격기간
> 　　🔒 **징역·금고·벌금: 선고유예는 결격이 아니다.**

3. 「공인중개사법」의 위반의 경우

① 자격취소 – 3년간

② 소속공인중개사의 자격정지 – 자격정지 기간 중에 있는 자는 결격

③ 등록취소 – 원칙: 3년간

<예외: 단, 다음의 경우는 결격기간 3년이 적용되지 않는다.>

> 가. 사 유
> ㉠ 사망 또는 해산 – 등록이 취소된 경우
> ㉡ 결격사유(예 파산자) – 등록이 취소된 경우
> ㉢ 등록기준 미달(예 자본금 5천 미만) – 등록이 취소된 경우
> 나. 재등록개업공인중개사가 위법행위 승계로 등록 취소된 경우:
> <🔒3년에서 폐업기간을 공제한 나머지 기간이 결격임>

④ 업무정지 처분을 받고 폐업 한 자: 당 업무정지기간 동안 – 결격이다.

⑤ 업무정지 처분을 받은 중개법인: 업무정지의 사유가 발생한 당시의 사원 또는 임원이었던 자는 당 업무정지기간 동안 – 결격이다.

〈🔒주의〉

> ㉠ 사유가 발생한 당시이고, / 업무정지 처분 당시가 아니다.
> ㉡ 사원 또는 임원이 결격이고 / 고용인은 결격이 아니다.

⑥ 이 법 위반으로 벌금형 300만원 이상 선고: 3년간 🔒 단, 다른 법 위반 벌금형 – 결격(×)

⑦ 사원·임원 중에 1인만 결격이어도 **법인 자체**가 결격이다. 단, 2개월 이내 해소 – 결격(×)

---

01 「공인중개사법」상 등록의 결격사유 효과가 아닌 것은?

① 공인중개사가 결격사유에 해당하면 중개사무소 개설등록을 받을 수 없고, 소속공인중개사로도 중개업에 종사할 수 없다.

② 개업공인중개사가 결격사유에 해당하면 등록이 취소된다.

③ 개업공인중개사가 결격사유에 해당한 경우라도 등록의 효력이 그 즉시 소멸하는 것은 아니다.

④ 법인의 사원·임원 중 1인만이라도 결격이면 중개법인이 결격이 되며, 2개월 이내에 그 결격사유를 해소하지 않으면 업무정지처분을 받게 된다.

⑤ 고용인이 결격사유에 해당하면 2개월 이내에 그 결격사유를 해소하여야 한다.

02 다음 중 「공인중개사법」상의 결격사유에 해당하는 자를 모두 고른 것은?

> ㉠ 법정대리인의 동의를 얻은 피한정후견인
> ㉡ 이 법 위반으로 500만원의 과태료를 선고받은 자
> ㉢ 파산선고를 받고 복권된 후 1년이 경과한 자
> ㉣ 혼인을 한 미성년자
> ㉤ 금고형 집행 중에 잔형기 1년을 남기고 가석방되어 3년 6개월이 된 자
> ㉥ 개인회생을 신청하여 개시결정을 받은 자
> ㉦ 형의 집행유예기간이 종료되고 2년이 경과한 자

① ㉠, ㉣, ㉤   ② ㉡, ㉢, ㉦   ③ ㉢, ㉣, ㉥
④ ㉣, ㉡, ㉢   ⑤ ㉠, ㉡, ㉢

03 다음 중 결격사유 기간 및 효과에 관한 설명으로 틀린 것은?

① 재등록개업공인중개사에 대하여 폐업(1년)신고 전의 위반행위를 이유로 등록이 취소된 A는 등록취소된 후 2년이 경과한 경우는 결격사유가 아니다.

② 징역형 또는 금고형을 선고받은 경우는 모든 법 위반, 벌금형을 선고 받은 경우는 이 법 위반인 경우만 결격사유에 해당된다.

③ 파산자는 면책결정 또는 복권결정을 받으면 결격사유에서 벗어나 중개업에 종사할 수 있다.

④ 부동산 거래신고에 관한 법률상 토지거래허가 위반으로 300만원 벌금형을 받은 경우는 결격사유에 해당된다.

⑤ 가석방의 경우에는 가석방처분의 실효 또는 취소됨이 없이 유기형의 경우에는 가석방 후 잔형기에 3년, 무기수는 가석방 후 10년에 3년을 더한 기간이 결격이다.

04 다음 중 등록취소 된 날로부터 3년간 결격기간이 적용되는 것은?

> ㉠ 파산선고를 받아 등록이 취소된 경우
> ㉡ 이 법을 위반하여 300만원의 벌금형을 선고받아 등록이 취소된 경우
> ㉢ 중개법인의 임원 중 공인중개사 자격이 있는 임원이 1/3이 부족하여 등록이 취소된 경우
> ㉣ 공인중개사 자격이 취소되어 등록이 취소된 경우
> ㉤ 이중소속으로 인하여 등록이 취소된 경우
> ㉥ 개인인 개업공인중개사의 사망으로 등록이 취소된 경우
> ㉦ 부정한 방법으로 등록한 것을 이유로 등록이 취소된 경우

① 1개   ② 2개   ③ 3개
④ 4개   ⑤ 5개

05 공인중개사법령상 중개사무소 개설등록의 결격사유에 해당하지 않는 자는?
① 공인중개사의 자격이 정지된 자로서 자격정지기간 중에 있는 자
② 금고 이상의 실형의 선고를 받고 그 집행이 종료되거나 집행이 면제된 날부터 3년이 경과되지 아니한 자
③ 중개대상물 매매업으로 300만원의 벌금형의 선고를 받고 3년이 경과되지 아니한 자
④ 업무정지처분을 받은 개업공인중개사인 법인의 업무정지의 사유가 발생한 당시의 임원이었던 자로서 당해 업무정지기간이 경과되지 아니한 자
⑤ 피특정후견인

06 2023년 9월 10일 현재 공인중개사법령상 중개사무소 개설등록 결격사유에 해당하는 자는?
① 2023년 4월 15일 파산선고를 받고 2023년 9월 10일 복권된 자
② 2023년 2월에 선고유예 2년을 받고 유예기간 중에 있는 자
③ 부동산거래신고 위반으로 2022년 11월 15일 과태료 500만원을 선고받은 자
④ 업무정지기간 중에 중개업을 하여 2020년 11월 15일 개설등록이 취소된 자
⑤ 2023년 8월 20일 중개법인이 업무정지 4개월 처분을 받았을 때 당해 업무정지 사유발생 당시의 고용인

중개사무소 중개업무 등

제1절 중개사무소 설치 및 이전

1. 중개사무소 설치

(Ⅰ) 개업공인중개사의 설치

① **2중사무소 설치 금지(1등록 1사무소 원칙)** : 개업공인중개사는 그 등록관청의 관할 구역 안에 중개사무소를 두되, 1개의 중개사무소만을 둘 수 있다.

② 임시 중개시설물 **설치금지** : 개업공인중개사는 천막 그 밖에 이동이 용이한 임시 중개시설물을 설치하여서는 아니 된다.

③ **제재** : 임의적 등록취소와 1징역 또는 1천만 벌금형에 해당된다.

(2) 법인의 분사무소 설치

① 특 징

> ㉠ 중개법인(특수법인 포함)만이 설치 가능하다. / 개인인 개업공인중개사는 불가
>
> ㉡ 주된 사무소는 등록주의, / 분사무소는 신고주의다.
>
> ㉢ 주된 사무소는 대표자, / 분사무소는 책임자가 독자적으로 중개 업무를 수행한다.

② 분사무소 설치요건

  ㉠ 분사무소는 주된 사무소 소재지가 속한 시·군·구를 제외한 시·군·구별로 설치하여야 한다(주된 사무소 관할 구역 외 분사무소 소재 원칙).

  ㉡ 분사무소는 시·군·구별로 1개소를 초과하여 설치할 수 없다.

  ㉢ 분사무소에는 공인중개사를 책임자로 두어야 한다. 다만, 특수법인의 경우에는 그러하지 아니하다(재량사항).

    🔖 사원·임원, 소속공인중개사는 책임자가 될 수 없다.

③ 분사무소 설치 절차 : 분사무소의 설치신고를 하려는 자는 주된 사무소의 소재지를 관할하는 등록관청에 제출하여야 한다.

  ㉠ 신고 서류(사,실,보)

> ⓐ 중개사무소 확보 서류(**예** 임대차계약서 등)
>
> ⓑ 분사무소 책임자의 실무교육 이수증 사본
>
> ⓒ 업무보증의 설정을 증명할 수 있는 서류

    🔖 자격증, 건축물대장, 부동산등기사항증명서는 제출서류가 아니다.

  ㉡ 주된 사무소의 업무처리

    ⓐ 신고확인서를 교부(처리기간 7일)

    ⓑ 분사무소설치 예정지 관할 시·군·구청장에 지체 없이 통보한다.

    ⓒ 다음달 10일까지 공인중개사협회 통보

ⓒ 신고확인서 재교부 신청 - **주사무소 등록관청**에 신청한다.

ⓔ 지방자치단체의 조례에 따른 수수료 납부

(3) 공동사무소 설치

① 공동사무소 설치

ⓐ 설치목적: 업무의 효율적인 수행을 위하여 **다른 개업공인중개사**와 중개사무소를 공동으로 사용 가능 🔒 다만, 개업공인중개사가 업무의 정지기간 중에 있는 경우(×)

ⓑ 설치요건: 아무런 제한 없이 설치 가능하다.

🔒 개업공인중개사 종별 불문하고 설치 가능하다.

ⓒ 설치 방법

ⓐ 중개사무소의 **개설등록 또는 중개사무소의 이전신고로** 가능하다.

ⓑ 등록 또는 이전신고시에 중개사무소를 사용할 권리가 있는 다른 개업공인중개사의 승낙서를 첨부하여야 한다. 🔒 임대인의 승낙서가 아니다.

ⓒ **공동사무소의 특징 - 각각 독립적이다.**

> - 개별등록 주의
> - 업무수행의 독립성, 고용인의 고용 및 책임도 각각
> - 등록증 등 게시의무, 업무보증 설정 등 각각 한다.
> - 다양한 종별·유형의 설치 가능. 사무소 면적제한 없다.

2. 중개사무소 이전

(1) 개업공인중개사의 사무소 이전

① **관할구역 〈내〉 이전 신고: (이 ⇨ 사, 등)**

ⓐ 이전 신고: 등록관청에 **이전 후 10일 이내**에 신고한다.

ⓑ 이전신고 받은 등록관청(분사무소는 주된 사무소)은 등록증과 신고서류를 검토한 후 **변경사항을 기재하여** 교부할 수 있다(선택).

② **관할구역 〈외〉로 이전: (이 ⇨ 사, 등)**

ⓐ 등록증과 사무소확보 서류를 첨부하여 **이전한 후에 이전 후**의 중개사무소를 관할하는 등록관청에 **10일 이내**에 신고하여야 한다.

ⓑ 중개사무소의 이전신고를 받은 등록관청은 그 내용이 적합한 경우에는 중개사무소 **등록증을** 재교부하여야 한다.

ⓒ 서류 송부: 이전 후 등록관청은 종전의 등록관청에 관련서류를 송부하여 줄 것을 요청하여야 한다. 종전의 등록관청은 지체 없이 관련서류를 이전 후 등록관청에 송부한다.

ⓔ 송부할 서류

> ⓐ 이전신고를 한 중개사무소의 부동산중개사무소**등록대장**
> ⓑ 부동산중개사무소 개설등록 **신청서류**
> ⓒ 최근 **1년**간의 행정처분 및 행정처분절차가 진행 중인 경우 그 관련서류

🔒 중개사무소의 이전신고 서류와 이전 후의 등록관청에 **송부할 서류는 같지 않다.**

        ⑩ 이전신고 후 등록관청은 다음달 10일까지 협회 통보하여야 한다.
   ③ **위법행위 처분관청**: 중개사무소 신고 전에 발생한 사유로 인한 개업공인중개사에 대한 행정처분은 이전 후 등록관청이 이를 행한다.
(2) 법인의 분사무소 이전
   ① 이전 신고서류
      ㉠ 사무소 확보증명서류
      ㉡ 분사무소 신고확인서
   ② 신고관청: 분사무소를 이전하고 난 후 **10일 이내** 주된 사무소 관할 등록관청에 신고한다.
   ③ 신고확인서를 재교부(관할 외 이전): 등록관청은 그 내용이 적합한 경우에는 분사무소설치 **신고확인서를 재교부하여야 한다.**
   ④ 통보의무: 등록관청은 분사무소의 이전신고를 받은 때에는 지체 없이 그 분사무소의 **이전 전 및 이전 후**의 시장·군수 또는 구청장에게 이를 통보하여야 한다.
   ⑤ 송부서류 유·무: 분사무소를 이전하는 경우에는 서류를 **송부하지 않는다.**
   ⑥ 설치 및 이전신고 후 등록관청은 다음 달 10일까지 **협회 통보**하여야 한다.
      🔒 **분사무소 기준**: 주택에 대한 중개보수 조례는 분사무소가 기준이다.
(3) **제재**: 이전신고 위반 - 100만원 이하의 과태료
(4) **간판철거 의무 -〈이. 등. 폐〉**
   ① 개업공인중개사는 다음의 경우에는 지체 없이 사무소의 간판을 철거하여야 한다.

   > 1. 등록관청에 중개사무소의 **이전**사실을 신고한 경우
   > 2. 중개사무소의 개설**등록** 취소처분을 받은 경우
   > 3. 등록관청에 **폐업** 사실을 신고한 경우

   〈🔒 **주의**〉 일시정지 상태인 **휴업이나 업무정지처분**은 간판 철거의무가 없다.
   ② **등록관청**은 간판의 철거를 개업공인중개사가 이행하지 아니하는 경우에는「행정대집행법」에 따라 대집행을 할 수 있다.

---

01 다음은 중개사무소 설치에 관한 내용이다. 바르지 못한 것은?
   ① 개업공인중개사는 그 등록관청의 관할구역 안에 중개사무소를 두되, 1개의 중개사무소만을 둘 수 있다.
   ② 서울특별시 강남구에 사무소 개설등록을 한 경우에 중개사무소 설치는 관할인 강남구 내에 1개만 설치하여야 한다.
   ③ 개업공인중개사가 중개사무소를 등록관청 관할 외로 이전 한 경우에도 중개사무소는 변경된 관할구역 내에 두어야 한다.
   ④ 아파트 분양권의 전매 및 상담, 홍보를 하기 위하여 모델하우스 앞 보도 상에 설치한 1평 정도의 돔형 천막이 이 법상 설치가 금지되는 임시중개시설물에 해당된다.
   ⑤ 개업공인중개사는 중개사무소를 중개업 외에 다른 겸업업무와 함께 사용할 수 없다.

02 다음은 법인의 분사무소의 설치에 관한 내용이다. 틀린 것은?

① 법인은 관할구역 외의 지역에 분사무소를 설치 할 수 있으며, 신고 서류로는 보증의 설정을 증명할 수 있는 서류도 포함된다.

② 주된 사무소가 속한 시·군·구를 제외한 시·군·구에 설치하되 각 시·군·구별로 1개소를 초과할 수 없다.

③ 중개법인이나, 다른 법률의 규정에 따라 중개업을 할 수 있는 법인이 분사무소를 설치할 경우 분사무소에는 공인중개사를 책임자로 두어야 한다.

④ 분사무소의 설치신고를 받은 등록관청은 그 신고내용이 적합한 경우에는 신고확인서를 교부하고, 지체 없이 그 분사무소설치 예정지역을 관할하는 시장·군수·구청장에게 통보하여야 한다.

⑤ 분사무소설치 신고확인서를 교부한 등록관청은 이를 다음달 10일까지 공인중개사협회에 통보하여야 한다.

03 법인인 개업공인중개사가 분사무소를 설치하려고 하는 경우 '제출서류'와 관련하여 틀린 것은?

① 등록관청은 「전자정부법」에 따른 행정정보의 공동이용을 통하여 법인등기사항증명서를 확인하여야 한다.

② 분사무소 책임자의 공인중개사자격증 사본을 제출하여야 한다.

③ 분사무소 책임자의 실무교육의 수료확인증 사본을 원칙적으로 제출하여야 한다.

④ 건축물대장에 기재되지 않은 건물에 분사무소를 확보하였을 경우에는 건축물대장에 기재가 지연되는 사유를 적은 서류도 함께 제출하여야 한다.

⑤ 보증의 설정을 증명할 수 있는 서류를 제출하여야 한다.

04 개업공인중개사가 중개사무소를 등록관청 관할 외로 이전하는 경우에 관한 설명으로 옳은 것은?

① 중개사무소 이전 전의 등록관청은 이전 후의 등록관청에 등록신청서류와 등록증을 지체 없이 송부하여야 한다.

② 중개사무소를 이전하기 위해서는 미리 등록관청에 10일 전에 신고하여야 한다.

③ 강남구에 소재한 개업공인중개사 A가 중개보수를 초과 받고 송파구로 사무소를 이전해 갔다면 행정처분은 강남구청장이 행한다.

④ 중개인은 특·광·도 내에서만 사무소 이전이 가능하고, 다른 개업공인중개사는 전국으로 이전이 가능하다.

⑤ 분사무소는 관할 내든·외의 이전이든 불문하고 송부서류는 없다.

05 공인중개사법령상 법인인 개업공인중개사가 등록관청 관할지역 외의 지역으로 중개사무소 또는 분사무소를 이전하는 경우에 관한 설명으로 옳은 것은?

① 중개사무소 이전신고를 받은 등록관청은 그 내용이 적합한 경우, 중개사무소등록증의 변경사항을 기재하여 교부하거나 중개사무소등록증을 재교부하여야 한다.

② 건축물대장에 기재되지 않은 건물에 중개사무소를 확보한 경우, 건축물대장의 기재가 지연된 사유를 적은 서류를 첨부할 필요가 없다.

③ 중개사무소 이전신고를 하지 않은 경우 500만원이라 과태료 부과대상 이다.

④ 분사무소 이전신고는 이전한 날부터 10일 이내에 이전할 분사무소의 소재지를 관할하는 등록관청에 하면 된다.

⑤ 등록관청은 분사무소의 이전신고를 받은 때에는 지체 없이 그 분사무소의 이전 전 및 이전 후의 소재지를 관할하는 시장·군수 또는 구청장에게 이를 통보하여야 한다.

06 공인중개사법령상 중개사무소를 등록관청의 관할지역 외의 지역으로 이전하고 이를 신고한 경우, 이에 관한 설명으로 옳은 것(○)과 틀린 것(×)을 바르게 표시한 것은?

> ㉠ 개업공인중개사는 이전한 날부터 10일 이내에 이전 전의 등록관청에 이전사실을 신고해야 한다.
> ㉡ 이전신고 전에 발생한 사유로 인한 개업공인중개사에 대한 행정처분은 이전 전의 등록관청이 이를 행한다.
> ㉢ 중개사무소 등록증은 사무소 이전 신고서류이나 최근 1년간의 행정처분 및 행정처분절차가 진행 중인 경우 그 관련서류는 송부서류에 해당된다.

① ㉠ (×), ㉡ (×), ㉢ (×)   ② ㉠ (×), ㉡ (○), ㉢ (×)
③ ㉠ (×), ㉡ (×), ㉢ (○)   ④ ㉠ (○), ㉡ (○), ㉢ (×)
⑤ ㉠ (○), ㉡ (○), ㉢ (○)

07 공인중개사인 개업공인중개사 甲과 부칙 제6조 제2항의 자 乙의 공동사무소에 관한 설명으로 타당한 것은?

① 乙이 임차한 중개사무소를 공동으로 사용하기로 하고 甲이 중개사무소를 이전하는 경우, 甲은 사무소이전신고서에 건물주의 사용승낙서를 첨부해야 한다.

② 乙이 고용한 소속공인중개사 B의 업무상 행위로 인하여 중개의뢰인에게 발생한 손해에 대하여 甲도 연대하여 책임을 진다.

③ 중개업무를 수행하던 甲이 업무정지처분을 받더라도 乙은 계속하여 중개업무를 수행할 수 있다.

④ 공동사무소에서 사용할 인장의 경우 甲을 대표자로 하여 甲의 인장만을 등록하고 이를 사용할 수 있다.

⑤ 甲·乙은 손해배상책임을 보장하기 위한 업무보증을 공동으로 가입하였다.

제2절 개업공인중개사의 업무 범위

1. 개업공인중개사의 업무의 지역적 범위

① 법인(특수법인) 및 분사무소와 공인중개사인 개업공인중개사의 **업무활동 범위는 전국**이다.

② 부칙 제6조 제2항의 자(중개인)

> ㉠ 원칙적으로 중개사무소 기준으로 특·광·도 관할 내만이다.
>
> ㉡ **예외** : 거래정보망에 가입·이용시는 **공개된 중개대상물**은 관할구역 외의 것도
> 가능하다(**위반시** : 업무정지 사유).

2. 개업공인중개사 별 중개대상물의 취급 범위

종별에 따른 중개대상물의 취급범위에는 **차이가 없다.**

3. 법인인 개업공인중개사의 겸업 - 〈관.상.경 - 분양.알선〉!!!

(1) 법인의 겸업제한 규정

> 제14조 【중개법인의 겸업제한 등】 ① 법인인 개업공인중개사는 〈**중개업 및 다음 6가지**
> **업무만**〉 할 수 있다. 〈주의〉 기타 업무는 일체 할 수 없다.
>
> > ① 상업용 건축물 및 주택의 임대관리 등 부동산의 **관리대행**
> > ② 부동산의 이용 및 개발, 거래에 관한 **상담**
> > ③ 개업공인중개사를 대상으로 한 중개업의 **경영**기법 및 경영정보의 제공
> > ④ 주택 및 상가의 분양대행
> > ⑤ 기타 중개업에 부수되는 업무로서 주거이전에 부수(도배, 이사)한 용역 알선
> > ⑥ 개업공인중개사가 (**경매**)대상 부동산의 매수신청 또는 입찰신청의 (**대리**)를 하
> > 고자 하는 때에는 〈법원에 등록〉을 하고 그 감독을 받아야 한다.
> > 　🔒 단, 개업공인중개사는 〈**공매**〉대상 부동산에 대한 / 권리분석 / 취득의 알선과
> > 　　 / 매수신청 또는 입찰신청의 대리는 / 법원 **등록 없이 할 수 있다.**

(2) 중개법인의 겸업 제한 주요 내용

① 부동산컨설팅업은 일반인, 개업공인중개사 등 모두를 대상으로 가능하다.

② 주택 및 상가의 분양 대행(규모에 상관없이 첫 분양이든 미분양이든 모두 가능하다.

③ 프랜차이즈업은 **개업공인중개사만**을 대상으로 하여야 한다.

④ 농업용 및 공업용의 건축물 등은 부동산관리대행은 할 수 없다.

⑤ 중개법인은 토지 분양대행은 할 수 없다.

⑥ 도배·이사업체의 소개 등 주거이전에 부수되는 **용역의 알선**을 할 수 있다.
　 단, 도배업이나 이사업을 직접 운영 할 수는 없다.

⑦ **경매** 부동산**대리**행위는 법원에 **등록**을 해야 한다.
　🔒 다만, 단순한 권리분석 및 취득알선은 등록 할 필요가 없다.

⑧ **공매**는 부동산에 대한 권리분석 및 취득의 알선과 매수신청 또는 입찰신청의 대리는 등록할 필요가 없다.

⑨ 겸업은 이 법의 법정보수 규정을 적용되지 않는다. 당사자 합의로 정한다.

⑩ 중개법인이 겸업 범위를 위반한 경우(임의적 등록취소 사유)

〈🔒 보충〉

> 중개법인은 금융업, 부동산매매업, 임대업, 개발업, 건설업, 부동산거래정보망, 일반인 대상 프랜차이즈업, 용역업, 동산에 대한 경·공매대리 등을 할 수 없다.

(3) 개인인 개업공인중개사의 겸업 범위

① 개인 개업공인중개사는 다른 법률이 특별히 제한하지 않는 한 어떤 겸업도 가능하다.

② 개인 개업공인중개사는 **중개법인의 겸업 6가지도** 할 수 있다.

　(🔒 **단, 중개인**은 경·공매대상 부동산의 권리분석 및 취득의 알선, 대리행위는 불가).

③ 개인 개업공인중개사가 중개법인보다도 겸업범위가 넓다.

　🔒 **특수법인**: 성질상 중개법인의 법 제14조의 겸업을 할 수 없다.

---

01 개업공인중개사의 업무범위에 대한 설명으로 옳은 것은?

① 특수법인도 상업용 건축물 및 주택의 임대업을 할 수 있다.

② 법 부칙 제6조 제2항에 규정된 개업공인중개사는 토지 분양대행을 할 수 없다.

③ 법 부칙 제6조 제2항의 자가 다른 개업공인중개사와 공동으로 중개하는 경우에는 업무지역이 전국으로 확대된다.

④ 개업공인중개사가 취급할 수 있는 중개대상물의 범위는 개업공인중개사의 종별에 따른 차이가 없다.

⑤ 공인중개사인 개업공인중개사는 토지나 건축물에 대한 매매업을 할 수 있다.

02 개업공인중개사의 중개업무 및 겸업에 관한 설명으로 옳은 것은?

> ㉠ 지역산림조합은 임야, 입목 외의 중개대상물은 중개할 수 없다.
> ㉡ 부칙 제6조 제2항의 자가 소속공인중개사를 고용 하면 업무지역이 전국으로 확대된다.
> ㉢ 부동산 공매의 권리분석이나 취득알선, 대리는 법원에 등록하지 않아도 된다.
> ㉣ 중개법인은 부동산거래정보망 사업을 할 수 있다.
> ㉤ 중개법인 아닌 개업공인중개사는 주거이전 용역업, 즉 도배업이나 이사업이 가능하다.
> ㉥ 중개법인 아닌 개업공인중개사는 주택·상가건축물, 토지 분양대행을 할 수 있다.

① ㉠, ㉢, ㉣, ㉤　　　　　② ㉠, ㉢, ㉤, ㉥

③ ㉡, ㉢, ㉣, ㉤　　　　　④ ㉠, ㉡, ㉣, ㉥

⑤ ㉠, ㉢, ㉣, ㉥

03 개업공인중개사의 겸업에 관한 내용이다. 틀린 것은?

① 법인인 개업공인중개사가 「국세징수법」에 의한 공매대상 부동산에 대한 입찰신청의 대리를 할 때에는 법원에 등록을 할 필요가 없다.

② 법인인 개업공인중개사는 주택의 분양대행업무를 할 수 있을 뿐 주택의 건설 및 분양업무는 할 수 없다.

③ 공인중개사인 개업공인중개사는 부동산의 개발에 관한 상담을 하고 의뢰인으로부터 합의된 보수를 받을 수 있다.

④ 중개법인은 A소유 20층 상업용 건축물의 임대관리 업무를 위임받아 임대관리를 대행해 주고 매월 일정보수를 받을 수 있다.

⑤ 중개법인은 전국에 분포되어 있는 개업공인중개사를 대상으로 국토교통부장관의 지정받아 거래정보망사업을 할 수 있다.

04 공인중개사법령상 법인인 개업공인중개사가 겸업할 수 있는 업무를 모두 고른 것은?
(단, 다른 법률의 규정은 고려하지 않음)

> ㉠ 주택의 임대관리 및 부동산의 임대업
> ㉡ 부동산의 개발에 관한 상담
> ㉢ 주택용지의 분양대행
> ㉣ 부동산금융업무 및 펀드 조성
> ㉤ 법인인 개업공인중개사를 대상으로 한 중개업의 경영기법 제공

① ㉠, ㉡   ② ㉢, ㉣   ③ ㉠, ㉢, ㉤
④ ㉡, ㉢, ㉣   ⑤ ㉡, ㉤

05 법인인 개업공인중개사 甲, 공인중개사인 개업공인중개사 乙, 부칙 제6조 제2항 규정에 의한 개업공인중개사 丙의 업무범위와 관련한 비교·설명으로 틀린 것은?

① 甲·乙·丙은 일반인 대상으로 부동산개발에 대한 상담업무를 할 수 있다.

② 乙과 丙은 다른 법률에서 제한하지 않는 한 어떤 겸업이든 가능하다. 따라서, 토지 분양대행도 가능하다.

③ 甲은 주택임대업을 할 수 없지만, 乙과 丙은 주택임대업과 매매업을 할 수 있다.

④ 甲·乙·丙은 중개업의 경영기법 및 경영정보의 제공업무를 하고 보수를 받을 수 있다.

⑤ 甲이 도배업이나 이사업체를 직접 운영하면 등록이 취소될 수 있으나, 乙과 丙은 가능하다.

제3절 개업공인중개사와 고용인

(1) 고용인의 신고 및 등록관청의 업무

① 개업공인중개사는 이들을 **고용 한 경우에는 업무개시 전**까지, 종료한 때에는 **종료일부터 10일 이내**에 등록관청에 신고하여야 한다(**위반** : 업무정지 사유).

② 소속공인중개사는 실무교육 또는 중개보조원은 직무교육을 **받도록 한 후 업무개시 전**까지 등록관청에 신고(전자문서에 의한 신고를 포함)하여야 한다.

③ **중개보조원 고용인원 제한** : 중개보조원의 수는 개업공인중개사와 소속공인중개사를 **합한 수의 5배를** 초과하여서는 아니 된다(🔒 **위반** : 절대적 등록취소 + 1년 이하의 징역 또는 1천만원 이하의 벌금).

④ **중개보조원의 신분(직위) 고지의무** : 중개보조원은 중개의뢰인에게 중개보조원이라는 사실을 미리 고지한다(🔒 **위반** : 500만원 이하의 과태료 사유 해당).
단, 개업공인중개사가 상당한 주의와 감독을 다 했으면 면책)

⑤ 외국인을 고용하는 경우에는 **결격사유**에 해당되지 아니함을 증명하는 서류를 첨부하여야 한다.

⑥ **등록관청**은 자격증을 발급한 시·도지사에게 그 소속공인중개사의 자격 확인을 요청하여야 하며, 결격사유 해당 여부와 교육수료 여부를 확인하여야 한다.

(2) 고용인(사원·임원)의 불법행위에 대한 개업공인중개사의 책임

> 소속공인중개사 또는 중개보조원의 **업무상 행위**는 그를 고용한 개업공인중개사의 행위로 **본다.**"

구 분	고용인 책임	개업공인중개사책임	특 징
민사 책임	불법행위(고의, 과실)	법 제15조(~ 본다) **무과실 책임**	부진정연대책임
행정 처분	㉠ 소속공인중개사가 **예** 금지행위 위반하면 자격정지 해당함. ㉡ 중개보조원이 금지행위에 위반해도 **행정처분 대상** - ×	법 제15조(~ 본다) ⇩ 개업공인중개사가 이를 위반한 것으로 간주된다. 따라서, 임·취 또는 업무정지처분을 받을 수 있다.	🔒 중개보조원 행정처분 대상 - (×) 행정형벌 대상 - (○)
행정 형벌	징역형 또는 벌금형으로 처벌된다. (3 - 3) 또는 (1 - 1)	양벌규정에 따라 **개·공은 벌금형**으로 처벌됨. 단, 상당한 주의의무를 다했으면 처벌(×) <즉, 과실책임주의>	법 제50조 **양벌규정**으로 개업공인중개사는 (징역형 - ×)

(3) 기타 주요 내용

① 고용인의 **업무상 행위만** 개업공인중개사행위로 간주함(주의 : **모든 행위가** ×)
🔒 **업무상 행위 판단 기준** : 객관적 외형상으로 판단한다. 🔒 주관적(×)

② 고용인의 업무상 행위에 대하여 개업공인중개사는 민사·형사·행정책임을 질 수 있다.

③ 고용인의 업무상 위법행위로 인하여 개·공의 **자격증이 취소되는 경우는 없다.**

④ 개·공은 고용인의 불법에 대하여 대위배상을 한 경우에는 **구상권을 행사할 수 있다.**

⑤ 양벌규정(법 제50조)은 고용인이 **행정형벌 규정에 위반한 경우에 적용**되고, 행정처분과 과태료의 경우에는 적용되지 않는다.

⑥ **양벌규정**에 따라 개업공인중개사는 **벌금형을 받을 수 있으나** 그 위반행위를 방지하기 위하여 **상당한 주의와 감독**을 다한 경우에는 그러하지 아니하다.

⑦ 개·공이 **양벌규정에 따라** 300만원 **이상의 벌금형**을 선고 받았더라도, 이로 인하여 결격사유자가 되거나 **등록이 취소되지는 않는다.**

---

01 공인중개사법령상 개업공인중개사의 고용인과 관련된 설명으로 옳은 것은? (다툼이 있으면 판례에 따름)

① 중개보조원의 업무상 과실로 인한 불법행위로 의뢰인에게 손해를 입힌 경우 개업공인중개사가 손해배상책임을 지고 중개보조원은 그 책임을 지지 않는다.

② 개업공인중개사가 소속공인중개사를 고용한 경우 그 업무개시 후 10일 이내에 등록관청에 신고해야 한다.

③ 소속공인중개사는 고용신고일 전 1년 이내에 직무교육을 받아야 한다.

④ 중개보조원의 업무상 행위는 그를 고용한 개업공인중개사의 행위로 추정한다.

⑤ 소속공인중개사에 대한 고용신고를 받은 등록관청은 공인중개사 자격증을 발급한 시·도지사에게 그 자격 확인을 요청해야 한다.

02 다음은 고용인과 개업공인중개사의 책임관계에 관한 설명으로 틀린 것은?

① 업무상 행위로 인한 불법행위 성립요건에는 고의, 중과실, 경과실이 모두 포함된다.

② 고용인의 업무상 위법행위로 인하여 개업공인중개사의 자격증이 취소되는 경우는 없다.

③ 고용인의 위법행위는 개업공인중개사의 행위로 간주됨으로 개업공인중개사의 민사책임은 과실책임주의, 형사책임은 무과실책임주의에 해당된다.

④ 고용인의 행위가 외형상 객관적으로 중개업무와 밀접한 관련이 있는 행위는 개업공인중개사의 행위로 간주된다.

⑤ 중개보조원이 중개업무와 관련된 행위를 함에 있어서 과실로 거래당사자에게 손해를 입힌 경우, 그를 고용한 개업공인중개사뿐만 아니라 중개보조원도 손해배상책임이 있다.

03 개업공인중개사 A는 소속공인중개사 B를 고용하여 중개사무소를 운영하고 있다. 다음 중 위법행위에 대한 A와B의 책임에 관한 다음 설명 중 옳은 것은?

> 소속공인중개사 B는 토지를 매수하고자 하는 甲에게 그 토지에 대하여 소송이 제기된 사실을 속이고 매도인 乙과의 토지매매를 성사시켜 甲에게 7천만원의 손해를 발생케 하였다.

① 甲은 손해를 발생시킨 B를 상대로 먼저 손해배상청구를 한 후 배상능력이 없으면 A를 상대로 손해배상청구를 하여야 한다.

② B는 3년 이하의 징역이나 3천만원 이하의 벌금형에 처해지고, A는 3천만원 이하의 벌금형에 처해진다.

③ 만일 B가 500만원의 벌금형을 선고받으면 A도 양벌규정을 적용받아 동일하게 500만원의 벌금형이 선고된다.

④ A는 자신에게 과실이 없음을 입증하여도 손해배상책임을 면할 수 없으나, 그 업무에 관하여 상당한 주의와 감독을 다한 경우에는 형사책임은 면할 수 있다.

⑤ A가 양벌규정에 의하여 300만원 벌금형을 선고받으면 A는 결격사유에 해당되어 중개사무소의 개설등록이 취소된다.

04 공인중개사법령상 개업공인중개사의 고용인에 관한 설명으로 틀린 것은?

① 외국인을 소속공인중개사로 고용 신고하는 경우에는 그의 공인중개사 자격을 증명하는 서류를 첨부해야 한다.

② 중개보조원의 업무상 행위는 그를 고용한 개업공인중개사의 행위로 본다.

③ 개업공인중개사 또는 고용인의 불법행위로 피해가 발생 한 경우에 피해자에게도 과실이 있다면 손해배상금을 산정함에는 과실상계한다.

④ 개업공인중개사가 고용할 수 있는 중개보조원의 수는 개업공인중개사와 소속공인중개사를 합한 수의 5배를 초과하여서는 아니 된다.

⑤ 소속공인중개사에 대한 고용 신고는 전자문서에 의하여도 할 수 있다.

05 다음 중 개업공인중개사와 고용인의 책임관계에 대한 기술한 내용으로 옳은 것은 모두 몇 개인가?

> ㉠ 고용인의 업무상 행위로 손해를 입은 중개의뢰인은 개업공인중개사가 설정한 보증기관을 상대로 하여 직접 손해배상금의 지급을 청구할 수 없다.
> ㉡ 고용인이 위법한 행위로 그를 고용한 개업공인중개사도 동일한 행정형벌을 받게 된다.
> ㉢ 고용인이 중개의뢰인이 맡긴 **계약금을 횡령**한 경우, 업무상 관련행위로 볼 수 없다.
> ㉣ 개업공인중개사가 소속공인중개사와 중개보조원에 대하여 고용신고에 위반하였다면 업무정지 사유에 해당된다.
> ㉤ 고용신고를 받은 등록관청은 고용인의 결격사유 해당 여부와 교육수료 여부를 확인하여야 한다.
> ㉥ 중개보조원은 중개업무를 보조하는 경우 중개의뢰인에게 중개보조원이라는 사실을 미리 알려야 한다. 위반시 중개보조원은 과태료 500만원 이하에 해당된다.

① 1개   ② 2개   ③ 3개   ④ 4개   ⑤ 없음

제4절 인장등록제도

1. 인장등록 의무

개업공인중개사 및 소속공인중개사 🔒 **중개보조원**(×)

2. 등록할 인장

구 분		등록할 인장	등록 장소
중개법인	주사무소	상업등기 규칙에 의해 신고한 법인의 인장(즉, 법인의 인감도장)	등록관청
	분사무소	법인의 대표자가 보증하는 인장을 **등록할 수 있다**(**선택**).	주사무소 등록관청
개인개·공과 소·공		가족관계등록부 또는 주민등록표에 기재되어 있는 성명이 나타난 인장으로서 그 크기가 가로·세로 각각 7mm **이상**~30mm 이내인 인장	등록관청

3. 핵심 포인트

① 인장등록 시기 : 개업공인중개사는 중개사무소 **개설등록 신청시부터 업무를 개시하기 전까지**, 소속공인중개사는 **고용 신고시부터 업무를 개시하기 전까지** 중개행위에 사용할 인장을 등록관청에 등록(**전자문서에 의한 등록**을 포함)하여야 한다.

🔒 법인의 분사무소는 주된 사무소의 등록관청에 등록한다.

② 변경등록 : 등록한 인장을 변경한 경우에는 개업공인중개사 및 소속공인중개사는 변경일 부터 **7일 이내**에 그 변경된 인장을 등록관청에 등록(**전자문서에 의한 등록**을 포함)하여야 한다.

③ 개업공인중개사 및 소속공인중개사가 등록하여야 할 인장 – 가족관계등록부 또는 주민등록표에 기재되어 있는 성명이 나타난 인장(**7밀리~30밀리 이내**)을 등록한다.

④ 법인인 개업공인중개사의 경우에는 「상업등기규칙」에 따라 신고한 **법인의 인장**이어야 한다. 다만, 분사무소는 「상업등기규칙」에 따른 법인의 **대표자가 보증하는 인장**을 등록할 수 있다.

⑤ 인장 등록 방법 – 중개법인은 **인감증명서 제출**로 갈음하며, 개인개업공인중개사 및 소속공인중개사는 **인장등록신고서**에 날인하여 제출한다.

🔒 중개사무소 개설등록신청시에는 등록신청서에 날인 제출한다.

⑥ 개업공인중개사 및 소속공인중개사는 중개행위를 함에 있어 등록된 인장을 직접 사용하여야 한다.

🔒 본질적인 중개행위에 중개보조원이 등록한 인장을 사용하여 문서를 작성 교부하였다면 이는 **등록증 대여**에 해당되어 절대적 등록취소사유이다.

⑦ 인장 미등록, 등록한 인장 미사용, 변경한 인장 미등록은 **업무정지사유**에 해당한다.

---

01 공인중개사법령상 인장의 등록에 관한 설명으로 옳은 것은?

> ㉠ 개업공인중개사 및 소속공인중개사는 중개행위를 함에 있어 등록된 인장만을 사용하여야 한다.
> ㉡ 법인인 개업공인중개사는 「상업등기규칙」에 의하여 신고한 법인의 인장이어야 한다.
> ㉢ 개인인 개업공인중개사나 소속공인중개사의 인장등록방법은 인장등록신고서(등록증 원본 첨부)에 등록할 인장을 날인하여 제출한다.
> ㉣ 개업공인중개사는 중개행위에 사용할 인장을 전자문서에 의한 방법으로 등록할 수 있다.
> ㉤ 등록한 인장을 변경한 경우에는 7일 이내에 그 변경된 인장을 등록관청에 등록하여야 한다.
> ㉥ 법인의 분사무소는 「상업등기규칙」 규정에 따라 법인의 대표자가 보증하는 인장을 등록할 수 있다.
> ㉦ 소속공인중개사의 인장등록은 당해 소속공인중개사의 고용신고와 같이 할 수 있다.
> ㉧ 인장등록의무 위반시에 개업공인중개사는 업무정지사유, 소속공인중개사는 자격정지사유이다.

① 모두 ② 1개 ③ 2개 ④ 3개 ⑤ 4개

02 공인중개사법령상 인장등록 등에 관한 설명으로 옳은 것은?

① 등록할 인장은 원칙적으로 가로·세로 각각 7mm 이상 40mm 이내인 인장이어야 한다.

② 개업공인중개사가 등록된 인장을 날인하지 않은 거래계약서는 효력이 없다.

③ 분사무소에서 사용할 인장은 분사무소 소재지 시장·군수 또는 구청장에게 등록해야 한다.

④ 분사무소에서 사용할 인장은 「상업등기규칙」에 따라 신고한 법인의 인장이어야 하고, 「상업등기규칙」에 따른 인감증명서의 제출로 갈음할 수 없다.

⑤ 법인의 소속공인중개사가 등록하지 아니한 인장을 사용한 경우, 6개월의 범위 안에서 자격정지처분을 받을 수 있다.

03 다음 중 「공인중개사법」상 각종 의무기간을 기술한 것 중 맞는 것은?

> ㉠ 중개사무소를 이전한 경우에는 10일 이내에 신고하여야 한다.
> ㉡ 고용인을 고용한 경우에는 10일 이내에 신고를 하여야 한다.
> ㉢ 분실 등으로 인장변경등록은 지체 없이 하여야 한다.
> ㉣ 개업공인중개사는 등록 후 15일 이내에 업무보증을 설정하여야 한다.
> ㉤ 전속중개계약을 체결 후 7일 이내에 일간신문 등에 중개대상물에 대한 정보를 공개하여야 한다.

① ㉠, ㉡, ㉤   ② ㉠, ㉤   ③ ㉠, ㉡   ④ ㉡, ㉤   ⑤ ㉡, ㉣, ㉤

04 공인중개사법령상 중개업무에 사용되는 인장에 관한 설명으로 틀린 것은?

> ㉠ 법인인 개업공인중개사는 「상업등기규칙」에 의하여 신고한 법인의 대표자의 인장을 등록하여야 한다.
> ㉡ 개업공인중개사는 **등록신청시부터 업무개시 전**까지 중개행위에 사용할 인장을 등록관청에 등록하여야 한다.
> ㉢ 분사무소는 법인의 대표자가 보증하는 인장을 등록 하여야 한다.
> ㉣ 등록인장을 변경할 경우 등록증원본을 인장변경신고서에 첨부하여 등록관청에 제출하여야 한다.
> ㉤ 등록된 인장을 사용하지 않았다면 그 거래계약서의 효력은 인정되지 않는다.

① 1개   ② 2개   ③ 3개   ④ 4개   ⑤ 모두

제5절 휴업 및 폐업

1. 휴업·폐업의 핵심 정리

① 3개월 초과 휴업·폐업은 반드시 **등록증을 첨부**하여 사전에 **방문**하여 신고한다.
  🔒 즉, 전자신고는 불가능하다.

② 개업공인중개사가 **3개월 이하** 휴업할 경우에는 신고 의무가 없다.

③ 중개사무소의 개설 **등록 후** 업무를 개시하지 아니하는 경우도 휴업으로 간주된다. 따라서, 3개월 초과시는 신고의무가 발생한다.

④ 3개월을 초과하는 **휴업, 폐업, 휴업한 중개업의 재개, 휴업기간의 변경**은 모두 "**사전신고**"사항이다.

⑤ 중개업재개 · 휴업기간 변경신고의 경우에는 **등록증 · 신고확인서를 첨부하지 않는다.** 🔓 따라서, 전자신고나 방문신고 모두 가능하다.

⑥ 신고시 법정서식은 동일서식으로 되어 있으며, 수수료는 없고, 처리기간은 "즉시"이다.

⑦ 중개업 휴 · 폐업 등의 신고와 사업자등록 휴업 · 폐업신고 병행처리!

　㉠ **부동산 중개업 휴 · 폐업 등의 신고시**에 사업자등록을 한 사업자가 휴업 또는 폐업신고서를 함께 제출하여 신고 할 수 있다. 이 경우 각 신고서를 함께 제출하여야 한다.
　　🔓 **처리** : 등록관청은 함께 제출받은 신고서를 지체 없이 관할 세무서장에게 송부한다.

　㉡ **관할 세무서장**에 중개업 휴 · 폐업 등의 신고를 할 수 있다. 이때 세무서장은 등록관청에 신고서를 송부한다.

⑧ 부득이 한 사유가 없는 휴업은 6개월을 초과할 수 없다. – <**요,입, – 취,임**)

1. 질병으로 인한 요양	2. 징집으로 인한 입영
3. 취학	4. 임신 또는 출산
5. 그 밖에 국토교통부장관이 정하여 고시하는 사유	

⑨ **휴업기간 변경신고(연장)**는 변경신고서에 의해 등록관청에 미리 신고하여야 한다.

　㉠ 방문, 전자신고 모두 가능하다.
　㉡ 부득이 한 사유가 없으면 6개월 범위 내에서 가능하고, 부득이 한 사유가 있다면 6개월을 초과해서 가능하다.

⑩ **중개업 재개신고** : 등록관청은 반납받은 중개사무소 등록증 또는 신고확인서를 즉시 **반환해야 한다.** 🔓 방문, 전자신고 모두 가능하다.

⑪ 분사무소는 **주된 사무소 등록관청**에 사전에 신고하여야 한다.

　㉠ 분사무소가 3개월을 초과하여 <휴업>와 <폐업>하려는 경우는 **신고확인서를 첨부하여 방문신고** 하여야 한다.
　㉡ 분사무소가 부동산중개업을 <재개>하려는 경우와 휴업기간을 <변경>하려는 경우는 **방문 · 전자신고가 모두 가능하다.**
　　🔓 분사무소 설치, 이전, 휴업, 폐업은 모두 주된 사무소에 신고한다.
　　🔓 휴업한 부동산중개업을 재개하려는 경우와 휴업기간을 변경하려는 경우는 신고확인서를 첨부를 첨부하지 않는다.

2. 제 재

① **3개월 초과 휴업, 폐업, 휴업한 중개업의 재개 또는 휴업기간의 변경**신고 위반 : 100만원 이하의 과태료

② **6개월을 초과하여 휴업**한 경우 등록관청은 중개사무소의 개설등록을 취소할 수 있다.

01 다음 중 휴업 또는 폐업에 관한 설명으로 옳은 것은?

① 휴업기간 - 부득이 한 사유가 없는 한 3개월 초과 불가능

② 부득이한 사유 - 휴업기간 제한 없이 몇회든 변경가능

③ 3개월 초과 휴업신고 - 사전 신고, 등록증(분사무소는 신고확인서)첨부, 전자문서 신고도 가능

④ 재개신고 - 사전 신고, 등록증(분사무소는 신고확인서)첨부, 방문 신고 또는 전자 문서신고

⑤ 휴업과 업무정지간 중인 개업공인중개사는 공동사무소를 설치할 수 없다.

02 공인중개사법령상 개업공인중개사의 휴업에 관한 설명으로 틀린 것을 모두 고른 것은?

> ㉠ 중개사무소 개설등록 후 업무를 개시하지 않고 3개월을 초과하는 경우에는 신고해 야 한다.
> ㉡ 법령에 정한 사유를 제외하고 휴업은 6개월을 초과할 수 없다.
> ㉢ 분사무소는 주된 사무소와 별도로 휴업할 수 없다.
> ㉣ 휴업신고는 원칙적으로 휴업개시 후 휴업종료 전에 해야 한다.
> ㉤ 휴업기간 변경신고서에는 중개사무소 등록증(분사무소는 신고확인서)을 첨부해야 한다.

① ㉠, ㉡   ② ㉢, ㉤   ③ ㉠, ㉡, ㉣

④ ㉡, ㉢, ㉤   ⑤ ㉢, ㉣, ㉤

03 다음 중 휴·폐업 등에 대한 내용으로 타당한 것은?

> ㉠ 개업공인중개사가 3개월 이하 휴업할 경우에는 신고 의무가 없다.
> ㉡ **휴업, 폐업, 휴업한 중개업의 재개, 휴업기간의 변경은 사전에 미리 신고**하여야 한다.
> ㉢ 분사무소의 휴업·폐업신고는 신고확인서를 첨부하여 방문신고하여야 한다.
> ㉣ 개업공인중개사가 **무단으로 6개월을 초과**하여 휴업한 경우 중개사무소의 **등록을 취소**할 수 있다.
> ㉤ 등록관청은 휴업·폐업, 재개, 변경 신고사항을 다음 달 10일까지 협회에 통보하여 야 한다.
> ㉥ 휴업은 간판을 철거할 의무가 없으나 폐업의 경우에는 철거하여야 없다.
> ㉦ 법정서식은 동일서식으로 되어 있으며, 신고서에는 휴업은 휴업기간, 재개는 재개 일, 변경은 원래 휴업기간 및 변경휴업기간을 기재하여야 한다.
> ㉧ 개업공인중개사가 휴업신고 의무자이며 고용인은 휴업 등의 신고의무가 없다.

① 모두   ② 1개   ③ 2개   ④ 3개   ⑤ 5개

Chapter 05

중개계약 및 거래정보망사업자

1. 일반 중개계약

법 제22조
"국토교통부장관은 일반중개계약의 표준이 되는 서식을 정하여 그 사용을 **권장할 수 있다.**"

≪ 출제 키포인트 ≫

① 중개의뢰인의 청약과 이를 승낙하는 개업공인중개사와 당사자로서 체결하는 계약 (법률행위)이다.
② 법정표준서식이 있으나 개업공인중개사는 법정표준서식을 사용할 의무는 없다(재량).
③ 법정표준서식을 사용할 경우에는 2부를 작성하여, 중개의뢰인 일방에 교부하여야한다.
　🔒 다만, 현행법상 **보관기간**에 대한 명확한 규정이 없다
④ 개업공인중개사가 일반중개계약을 체결하고 거래정보망에 중개대상물 정보를 공개하는 것도 재량이다. 🔒 다만, 거래정보사업자에 통보(컴퓨터에서 삭제)는 의무이다.
⑤ 일반중개계약서의 필요적 기재사항 - <**물, 가, 수, 준**>

2. 전속 중개계약

≪ 출제 키포인트 ≫

(I) 개업공인중개사의 의무 - 다음과 같은 의무를 규정하였다.
　① 법정서식 사용의무와 중개계약서 보관의무(3년)를 명문화하였다.
　② 중개대상물에 관해 **7일 이내(지체 없이 ×)** 정보공개의무(일간신문 또는 부동산 거래정보망)

　　〈개업공인중개사가 공개하여야 할 중개대상물에 관한 정보의 내용(영 제20조)〉
　　🔒 <**물.벽.수.도 / 공.공.소.금**>
　　1. 중개대상물의 종류, 소재지, 지목 및 면적, 건축물의 용도·구조 및 건축연도 등 중개대상물을 특정하기 위하여 필요한 사항
　　2. 벽면 및 도배의 상태
　　3. 수도·전기·가스·소방·열공급·승강기 설비, 오수·폐수·쓰레기 처리 시설 등의 상태
　　4. 도로 및 대중교통수단과의 연계성, 시장·학교 등과의 근접성, 지형 등 입지 조건, 일조(日照)·소음·진동 등 환경조건

5. 소유권·전세권·저당권·지상권 및 임차권 등 중개대상물의 권리관계에 관한 사항

🔒 다만, 각 권리자의 주소·성명 등 인적 사항에 관한 정보는 공개하여서는 아니 된다.

6. 공법상의 이용제한 및 거래규제에 관한 사항

7. 중개대상물의 거래예정금액 및 공시지가

🔒 다만, 임대차의 경우에는 공시지가를 공개하지 아니할 수 있다.

③ 정보공개 후 지체 없이 의뢰인에 서면 통지의무

④ 중개대상물에 관한 확인·설명의무를 성실·정확하게 이행하여야 한다.

⑤ 중개대상물에 관한 확인·설명의무 소홀로 인한 재산상 손해배상과 중개보수 과다징수시 차액환급 등 규정이 있다.

⑥ **2주일에 1회 이상** 업무처리상황을 서면 통지할 의무

(2) **중개의뢰인의 의무** - 다음과 같은 의무를 규정하였다.

① 거래 계약체결시 - 약정된 중개보수를 지급할 의무가 있다.

② **위약금(법정보수 전액)**

㉠ 유효기간 내에 다른 개업공인중개사에 의뢰하여 거래계약체결(중개완성)된 경우

㉡ 유효기간 내에 전속 개업공인중개사가 소개한 상대방과 둘만으로 거래계약체결(중개완성)한 경우

③ **소용비용(법정보수 50% 범위 내에서 사회통념상 상당한 비용)**: 유효기간 내에 의뢰인 **스스로** 발견한 상대방과 거래한 경우

🏠 **일반중개계약서 및 전속중개계약서 법정서식의 비교**

구 분	일반중개계약서(권장서식)	전속중개계약서(강제서식)
의뢰내용	매도·매수·임대·임차·기타(　　)	
1. 개업공인중개사의 권리의무	거래계약이 조속히 이루어지도록 성실히 노력할 의무	① 2주일에 1회 이상 업무처리상황 통지의무 ② 정보공개 및 공개사항 통지의무 ③ 확인설명의무의 성실이행의무
2. 의뢰인의 권리의무	① 다른 개업공인중개사에게도 의뢰할 수 있음. ② 개업공인중개사가 확인·설명의무를 이행하는 데 협조의무	① 위약금(100%) 지불의무 - 다른 업자 통한거래, 소개한 상대방과 업자 배제 거래 ② 비용 지불의무 - 의뢰인 스스로 거래
3. 유효기간	3개월을 원칙으로 하되 별도의 약정이 있으면 약정이 우선함.	
4. 중개보수	거래가액의　　% (또는　　원) 지급 🔒 법정수수료 범위 초과 수수 금지	

5. 손해배상규정	① 중개보수 또는 실비의 과다수령 ⇨ 차액환급(전액환급 ×)
	② 확인설명을 소홀히 하여 재산상 피해발생 ⇨ 손해액 배상책임(배제 특약무효)
6. 기타약정사항	이 계약에 정하지 아니한 사항에 대해서는 달리 약정할 수 있다. 🔓 **이 계약에 정해진 사항에 대해서는 달리 약정할 수 없다.**
7. 작성, 보관	2통 작성하여 1통씩 보관 (일반중개계약서 - 보관기간규정 ×, 전속중개계약서 - 3년 보존)
8. 서명 또는 날인 등	**중개의뢰인** : 주소, 성명, 생년월일, 전화번호 **개업공인중개사** : 주소, 성명, 생년월일, 전화번호, 상호, 등록번호

Ⅰ. **권리이전용**(매도 · 임대 등)
　1. 소유자 및 등기명의인 - 성명, 주민번호(외국번호), 주소
　2. **중개대상물 표시**
　　⑴ **건물** : 소재지, 건축연도, 면적, 구조, 용도(방향 ×)
　　⑵ **토지** : 소재지, 지목, 면적, 지구 · 지역, 현재용도
　　⑶ 은행융자, 권리금, 제세공과금 등(또는 월임대료, 보증금, 관리비용)
　3. 권리관계　　　　　　　　　4. 거래규제 및 공법상 제한사항
　5. 중개의뢰가액　　　　　　　6. 기타
Ⅱ. **권리취득용**(매수 · 임차 등)
　1. 희망물건의 종류　　　　　　2. 취득희망금액
　3. 희망지역　　　　　　　　　4. 그 밖의 희망조건
　　<중개수수료 요율표 수록>

---

01 다음 중 이 법상에 일반중개계약서에 관한 설명으로 타당한 것은?
　① 중개의뢰인은 중개의뢰내용을 명확하게 하기 위하여 개업공인중개사에게 일반중개계약서의 작성을 요청하여야 한다.
　② 등록관청은 일반중개계약의 표준이 되는 서식을 정하여 이의 사용을 권장할 수 있다.
　③ 개업공인중개사는 중개의뢰인의 일반중개계약서의 작성요청이 있으면 일반중개계약서를 작성하여야 하고, 1부를 3년간 보존하여야 한다.
　④ 공인중개사법령은 일반중개계약서의 표준서식을 정하고 있다.
　⑤ 일반중개계약의 유효기간은 약정이 없으면 유효기간은 6개월이다.

02 공인중개사법령상 일반중개계약에 관한 설명으로 틀린 것은?

① 일반중개계약의 체결은 서면 또는 구술로 가능하다.

② 중개의뢰인의 요청에 의하여 일반중개계약서가 작성된 경우라도 개업공인중개사는 정보공개의무를 부담하지 아니한다.

③ 일반중개계약을 체결한 개업공인중개사는 부동산거래정보망에 중개대상물에 관한 정보를 공개하여 거래가 성립되더라도 거래정보사업자에게 거래사실을 통보할 의무가 없다.

④ 중개대상물의 위치 및 규모, 거래예정가격 등을 필수적으로 기재하여야 한다.

⑤ 중개의뢰인은 동일한 내용의 일반중개계약을 다수의 개업공인중개사와 체결할 수 있다.

03 다음 중 전속중개계약에 관한 설명으로 옳은 것은?

① 법령은 전속중개계약서에 대한 표준서식을 규정하고 있지 않다.

② 전속중개계약은 당사자간의 약정으로 유효기간을 정할 수 있기 때문에 법으로 유효기간을 정하지 않고 있다.

③ 부동산거래정보망에 당해 중개대상물에 관한 정보를 공개할 때에는 국토교통부장관으로부터 지정을 받은 정보망에 공개해야 한다.

④ 전속중개계약을 체결하고자 하는 경우, 중개의뢰인과 개업공인중개사는 합의하여 전속중개계약서의 내용과 다른 약정을 할 수 있다.

⑤ 소속공인중개사가 중개의뢰를 접수한 경우 이 법 시행규칙 별지서식 전속중개계약서에는 개업공인중개사와 소속공인중개사가 함께 서명 또는 날인하도록 하고 있다.

04 甲은 2023년 9월 10일 자기 소유의 주택매매와 관련하여 개업공인중개사 乙과 유효기간 5개월의 전속중개계약을 체결하였다. 옳은 설명은?

① 전속중개계약의 유효기간은 3개월이므로 甲과 乙 간의 전속중개계약의 기간은 3개월로 단축된다.

② 乙이 전속중개계약서를 보존해야 하는 기간은 5년이다.

③ 乙이 일간신문에 중개대상물에 관한 정보를 공개한 경우 지체 없이 甲에게 그 내용을 문서로써 통지해야 한다.

④ 甲이 비공개를 요청하지 않는 한 乙은 2023년 9월 24일까지는 중개대상물에 관한 정보를 공개해야 한다.

⑤ 乙은 甲에게 계약체결 후 2주일에 1회 이상 중개업무처리상황을 통지해야 하며, 그 방법에는 제한이 없다.

05 공인중개사법령상 전속중개계약을 체결한 때 개업공인중개사가 공개해야 할 중개대상물에 관한 정보 내용이 아닌 것은?

① 지형 등 입지조건
② 중개대상물의 종류
③ 공법상의 이용제한에 관한 사항
④ 도로 및 대중교통수단과의 연계성
⑤ 소유권자의 주소·성명 등 인적 사항에 관한 정보

06 공인중개사법령상 일반중개계약서와 전속중개계약서의 서식에 공통으로 기재된 내용이 아닌 것은?

① 첨부서류로서 중개보수 요율표
② 계약의 유효기간
③ 개업공인중개사의 중개업무 처리상황에 대한 2주에 1회 이상 통지의무
④ 중개대상물의 확인·설명에 관한 사항
⑤ 개업공인중개사가 중개보수를 과다 수령한 경우 차액 환급

07 다음 중 일반중개계약서와 전속중개계약서와 관련된 내용으로 틀린 것은?

> ㉠ 토지에 대한 임대차 중개를 의뢰한 경우에는 공시지가를 공개하지 아니할 수 있다.
> ㉡ 중개의뢰인이 비공개를 요청한 경우에는 이를 공개해서 아니되며 이에 위반시에 임의적 등록취소 사유에 해당된다.
> ㉢ 의뢰인이 유효기간 내에 스스로 발견한 제3자와 직접 거래계약을 체결한 경우에 개업공인중개사는 중개보수의 50%를 확정비용으로 청구할 수 있다.
> ㉣ 개업공인중개사는 유효기간 내에 다른 개업공인중개사에 의뢰하여 거래계약체결한 경우는 **약정된 보수의 전액을 위약금으로 청구할 수 있다.**
> ㉤ 개업공인중개사는 **부동산거래정보망과 일간신문에** 당해 중개대상물에 관한 정보를 공개하여야 한다.
> ㉥ 표준서식의 **권리이전용(매도·임대 등)에는** 소유자 및 등기명의인, 중개대상물 표시, 권리관계, 거래규제 및 공법상 제한사항, 중개의뢰가액을 기재하여야 한다.
> ㉦ 표준서식의 **권리취득용(매수·임차 등)에는** 희망물건의 종류, 취득희망금액, 희망지역 그 밖의 희망조건을 기재하여야 한다.

① 1개   ② 2개   ③ 3개   ④ 4개   ⑤ 5개

3. 부동산거래정보사업자

≪ 출제 키포인트 ≫

1. 부동산거래정보망의 특징 요약
   ① 개업공인중개사 상호간에 중개대상물의 중개에 관한 정보교환체계이다.
       🔒 단, 일반인, 의뢰인, 무등록개업공인중개사 등은 이용 불가함.
   ② 정보사업자의 지정권자, 지도 · 감독권자, 청문권자, 지정 취소권자, 운영규정 승인, 과태료 부과 · 징수권자(500만원 이하)는 **모두 국토교통부장관이다.**
   ③ 개인이나 법인사업자 가능 🔒 **단, 중개법인은 불가함.**
   ④ 일반 · 전속중개계약을 체결한 개업공인중개사 모두 이용 가능
       🔒 다만, 정보공개 의무 여부에 전속과 일반 중개계약에 차이점이 있다.
   ⑤ 지정신청의 절차

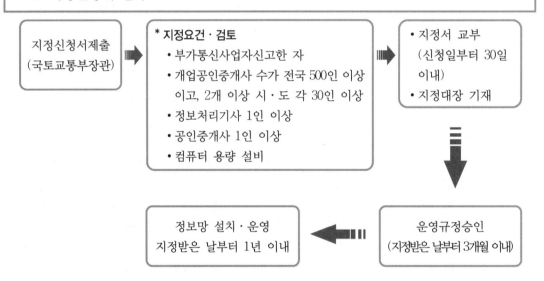

지정신청서제출
(국토교통부장관)

* **지정요건 · 검토**
• 부가통신사업자신고한 자
• 개업공인중개사 수가 전국 500인 이상이고, 2개 이상 시 · 도 각 30인 이상
• 정보처리기사 1인 이상
• 공인중개사 1인 이상
• 컴퓨터 용량 설비

• 지정서 교부
  (신청일부터 30일 이내)
• 지정대장 기재

정보망 설치 · 운영
지정받은 날부터 1년 이내

운영규정승인
(지정받은 날부터 3개월 이내)

⑥ **지정취소 사유(재량취소, 청문을 요한다, 다만, 4.는 제외) − <거, 운, 정, 해, 일(1년)>**

1. 거짓 기타 부정한 방법으로 지정을 받은 때
2. 운영규정의(변경)승인을 받지 아니하거나, 운영규정의 위반
   (🔒 **병과 − 과태료 500만원 이하**)
3. 정보 공개 위반 한 때(**예** 개업공인중개사로부터 의뢰받은 정보에 한하여 공개, 의뢰와 다르게 공개, 개업공인중개사의 정보 차별적 공개)
   (🔒 **병과: 행정형벌 1징역 − 1벌금형 해당**)
4. 개인인 거래정보사업자의 사망 또는 법인 해산(청문 ✕)
5. 지정을 받은 날부터 1년 이내에 설치 · 운영하지 아니한 때

⑦ 개업공인중개사 : 정보를 **거짓으로 공개 또는** 거래가 완성된 때에는 지체 없이 거래정보 **사업자에게 통보**(위반 : 업무정지에 해당)

01 다음 중 거래정보사업자의 지정요건으로 틀린 것은?

① 「전기통신사업법」의 규정에 의한 부가통신사업자일 것

② 정보처리기사 1명 이상을 확보할 것

③ 공인중개사 1명 이상을 확보할 것

④ 가입·이용신청을 한 개업공인중개사의 수가 전국적으로 500명 이상이고, 서울특별시에서 100명 이상, 광역시와 도에서 각 20명 이상의 가입·이용신청 할 것

⑤ 국토교통부장관이 정하는 용량 및 성능을 갖춘 컴퓨터설비를 확보할 것

02 공인중개사법령상 부동산거래정보망 운영 및 이용에 관련한 제재 등에 관한 설명으로 옳은 것(○)과 틀린 것(×)을 바르게 짝지은 것은?

> ㉠ 거래정보사업자가 개업공인중개사의 정보공개에 대해 차별 취급한 경우에는 지정이 취소될 수 있으며, 1년 이하 징역 또는 1천만원 이하의 벌금에 처한다.
> ㉡ 거래정보사업자가 운영규정에 위반하여 당해 부동산거래정보망을 운영한 경우 지정이 취소될 수 있으며, 500만원 이하의 과태료에 처한다.
> ㉢ 거래정보사업자가 거짓 그 밖의 부정한 방법으로 지정을 받은 경우 1년 이하의 징역 또는 1천만원 이하의 벌금형에 처한다.
> ㉣ 개업공인중개사가 부동산거래정보망에 중개대상물에 관한 정보를 거짓으로 공개한 경우 6개월 이하의 업무정지처분을 받을 수 있다.

① ㉠ (○), ㉡ (○), ㉢ (○), ㉣ (×) ② ㉠ (×), ㉡ (○), ㉢ (×), ㉣ (○)

③ ㉠ (○), ㉡ (×), ㉢ (×), ㉣ (○) ④ ㉠ (○), ㉡ (○), ㉢ (×), ㉣ (○)

⑤ ㉠ (×), ㉡ (○), ㉢ (×), ㉣ (×)

03 공인중개사법령상 부동산거래정보망에 관한 설명으로 옳은 것은?

① 거래정보사업자로 지정받기 위하여 신청서를 제출하는 경우, 공인중개사 자격증 원본을 첨부해야 한다.

② 국토교통부장관은 거래정보사업자 지정신청을 받은 날부터 14일 이내에 이를 검토하여 그 지정 여부를 결정해야 한다.

③ 전속중개계약을 체결한 개업공인중개사가 부동산거래정보망에 임대차에 대한 중개대상물 정보를 공개하는 경우, 임차인의 성명을 공개해야 한다.

④ 거래정보사업자로 지정받은 법인이 해산하여 부동산거래정보망사업의 계속적인 운영이 불가능한 경우, 국토교통부장관은 청문을 거치지 않고 사업자지정을 취소할 수 있다.

⑤ 거래정보사업자는 개업공인중개사로부터 의뢰받은 중개대상물의 정보뿐만 아니라 일반인이 의뢰한 중개대상물의 정보도 부동산거래정보망에 공개할 수 있다.

04 공인중개사법령상 부동산거래정보망에 관한 설명으로 옳은 것은?

> ㉠ **개업공인중개사 상호간에 중개대상물의 중개에 관한 정보교환체계이다.**
> ㉡ **법인인 개업공인중개사는 겸업의 제한에 걸려서 거래정보망사업이 불가하다.**
> ㉢ 일반·전속중개계약을 체결한 개업공인중개사도 모두 **거래정보망** 이용이 가능하다.
> ㉣ 지정서류으로는 500명 이상의 개업공인중개사로부터 받은 부동산거래정보망가입·이용신청서 및 그 개업공인중개사의 **중개사무소 등록증 사본을 제출하여야 한다.**
> ㉤ **개업공인중개사는** 정보를 거짓으로 공개해서는 아니되면 공개 후 거래완성시 지체 없이 거래사실을 거래정보사업자에게 통보하여야 한다.
> ㉥ **거래정보사업자는** 개업공인중개사로부터 의뢰받은 정보에 한해 공개하여야 하며, 개업공인중개사에 따라 차별적으로 공개해서는 아니 된다. 이에 위반시에 지정이 취소될 수 있다.

① 모두   ② 1개   ③ 2개   ④ 3개   ⑤ 4개

Chapter 06 개업공인중개사 등의 업무상 의무

제1절 개업공인중개사 등의 기본윤리와 비밀준수

1. 개업공인중개사 등의 기본윤리

> **개업공인중개사 및 소속공인중개사는** 전문직업인으로서의 품위를 유지하고 신의와 성실로써 공정하게 중개 관련 업무를 수행하여야 한다(**법 제29조**).
> 🔒 <선량한 관리자의 주의의무>는 규정에 없다.
> 　단, 민법(제681조)의 규정된 것을 판례가 인용하여 보충적용하는 의무이다.

> ≪ 판례 ≫
> ① 중개계약은 **민법상 위임유사 계약**으로써 개업공인중개사는 중개의뢰계약의 본 취지에 따라 중개업무를 처리할 선량한 관리자의 주의의무가 있다.
> ② 개업공인중개사는 매도자가 진정한 처분권자인지 선량한 관리자의 주의와 신의·성실로써 **부동산등기부와 주민등록증, 등기권리증 등**으로 확인·조사할 의무가 있다.

2. 개업공인중개사 등의 비밀준수의무

> ① 개업공인중개사 등이라 함은 개업공인중개사의 소속공인중개사, 중개보조원, 법인의 사원·임원 **모두에게 적용**된다.
> ② 예외 – 법정에서 증언을 해야 하는 경우, 수사기관에서 심문(참고인조사)을 받는 경우, 이 법에 따른 매수의뢰인에게 **확인·설명할 의무**인 경우 등
> ③ 피해자가 그 처벌을 원하지 않는다는 명시적 의사표시를 한 경우 이에 반하여 처벌할 수 없는 **반의사불벌죄**이다.
> ④ **제재**: 행정형벌로써 1년 이하 징역 또는 1천만원 이하 벌금

01 다음 중 「공인중개사법」상 개업공인중개사는 물론 소속공인중개사, 중개보조원 및 중개법인의 임원·사원 모두에게 적용되는 규정으로 바르게 묶은 것은?

㉠ 등록의 결격사유	㉡ 이중소속금지
㉢ 연수교육	㉣ 품위유지
㉤ 인장등록	㉥ 거래사고 예방교육
㉦ 비밀준수	㉧ 금지행위

① ㉠, ㉡, ㉢, ㉣, ㉥   ② ㉣, ㉤, ㉥, ㉦, ㉧

③ ㉠, ㉣, ㉤, ㉥, ㉦   ④ ㉡, ㉢, ㉣, ㉦, ㉧

⑤ ㉠, ㉡, ㉥, ㉦, ㉧

02 개업공인중개사 등은 중개행위를 하는 과정에서 알게 된 비밀을 준수해야 한다. 비밀 준수의무에 대한 기술 중 옳은 것은?

① 중개업무를 담당하지 않는 중개보조원에게는 비밀준수의무가 없다.

② 개업공인중개사 등이 중개업무에 종사하는 기간 동안 준수해야 하는 의무이다.

③ 개업공인중개사 등은 이 법 및 다른 법률에 특별한 규정이 있는 경우에도 비밀을 누설하여서는 아니 된다.

④ 비밀준수의무를 위반한 경우에는 1년 이하 징역 또는 1천만원 이하 벌금형에 해당된다.

⑤ 피해자가 처벌을 원하지 않아도 처벌되는 사회적 범죄에 해당된다.

03 다음 「공인중개사법」상 개업공인중개사의 의무 중 거래당사자에게 부담하는 의무가 아닌 것은?

① 거래계약서를 작성하는 때에 확인·설명서를 작성하여 교부하는 행위

② 중개가 완성되어 업무보증 설정에 관한 보장금액 등 법정사항을 설명하는 행위

③ 신의·성실의무와 공정중개행위

④ 중개가 완성되기 전에 법정사항을 조사·확인하여 대장·등기사항증명서 등을 제시하고 성실·정확하게 설명하는 행위

⑤ 계약금 등을 개업공인중개사 명의로 금융기관 등에 예치하는 경우에 지급보장에 관한 보증설정증서의 사본을 교부하거나 전자문서를 제공하는 행위

제2절 개업공인사 등의 금지 행위

1. 법 규정

법 제33조

① 개업공인중개사 (등)은 다음 각 호(1호~9호)의 행위를 하여서는 아니 된다.
　🔒 <기.수.매.무/관.직.쌍.투.시.체> 중개업 종사자 모두에 적용됨. / **단, 일반인은 제외**

법 제33조

② 누구든지 시세에 부당한 영향을 줄 목적으로 다음 어느 하나의 방법으로 개업공인
　중개사 등의 업무를 **방해**해서는 아니 된다. 🔒 누구나 모두에 적용

2. 금지행위의 구체적 내용

(1) **1호** : 중개대상물의 매매를 업으로 하는 행위는 금지!

① 거주 목적이나 중개사무소로 활용 할 목적으로 건물 등을 **일회적**으로 한 매매는 허용된다.
　🔒 단, 매매의 **상대방이 중개의뢰인인 때**에는 **직접거래**가 되어 금지된다.
② 단지 내 구분소유 상가를 통매입하여 개별적으로 분양, 판매는 매매업에 해당된다.
③ 개인인 개업공인중개사는 부동산 임대업은 가능하다 🔒 단, 중개법인은 불가
④ 거주목적 없이 건물신축 후 매매행위를 반복하면 매매업이 될 수 있다.
⑤ 중개대상물의 매매업을 금지함으로 **중개대상물이 아닌 것**은 이 법상 금지행위가 아니다.

(2) **2호** : 무등록업자임을 알면서 중개를 의뢰받거나 자기의 명의를 이용하게 하는 행위 금지!
따라서, 무등록업자임을 모르고 한 협력행위는 금지행위가 아니다.
　🔒 제재 : **무등록업자는**(3 - 3), **개업공인중개사 등은** (1 - 1)로 **처벌된다.**

(3) **3호** : 법정보수 또는 실비를 사례, 증여 등 어떠한 명목으로 초과하여 금품수수 행위 금지!
① 중개보수 상한선을 초과수수는 금지되나 할인, 면제, 무상은 금지행위가 아니다.
② 중개의뢰인간 쌍방 합의로 일방이 중개보수를 전액 지급하더라도 법정보수 이내면 위반이 아님.
③ **순가중개계약 자체와 초과보수 약정만으로는 처벌할 수 없다.**
　🔒 보수의 약정 · 요구만으로는 처벌할 수 없다.

(4) **4호** : 기망 - 중개대상물의 중요사항에 관하여 거짓된 언행 기타의 방법으로 판단을 그르치게~ 금지!
① 매도인의 의뢰가격을 숨기고 상당히 높은 가격으로 매도하고 **차액취득**
② 개발제한 구역으로 편입된 임야라서 매매가 어려움에도 곧바로 비싼 가격에 전매할 수 있다고 기망
③ 미확정개발계획을 확정된 것처럼 유포한 경우
④ 소송사실 은닉, 맹지 여부, 법적 및 물리적 중요한 하자 숨김, 담합으로 중요사항 속히는 행위 등

⑸ **5호**: 부동산의 분양·임대 등과 관련 있는 증서 등의 매매·교환 등을 중개하거나 매매업 하는 행위 금지!

① 주택법상 주택공급질서 교란행위

> － 입주자저축증서(주택청약예금증서, 주택상환사채, 철거민 입주권(딱지) 등
> － 분양 신청을 하여 당첨이 되면 아파트의 **"분양예정자로 선정될 수 있는 지위"**를 가리키는 데에 불과한 입주권(접수증, 딱지) 증서에 해당

② **제재**: 거래당사자는 주택법으로 3년 이하 징역 또는 3천만원 이하 벌금에 해당

🔒 단, 아파트분양권, 상가분양계약서(권), 도·정법상의 "입주자로 선정된 지위"인 입 주권은 관련 있는 증서가 아니다.

⑹ **6호**: 중개의뢰인과 직접거래를 하거나 거래당사자 쌍방을 대리하는 행위

① **직접거래**

　㉠ **직접거래에 해당되는 경우**

> ⓐ 직접거래, 쌍방대리는 (민법은 본인 동의 얻으면 가능) 본인의 동의를 얻어도 할 수 없다.
> ⓑ **중개의뢰인**에는 대리인, 사무처리를 위탁받은 수임인도 포함된다.
> ⓒ 단, 1회도 허용되지 않는다.
> ⓓ 매매 등 모든 거래를 금지한다.
> ⓔ 개업공인중개사가 중개의뢰인의 부동산을 타인과 공동매입한 경우도 포함 된다.

　㉡ 직접거래에 해당되지 않는 경우

　　ⓐ 개업공인중개사가 매도인으로부터 매도 중개 의뢰를 받은 다른 개업공인중개사 의 중개로 부동산을 매수하여 매수 중개의뢰를 받은 또 다른 개업공인중개사의 중개로 매도한 경우(판)

　　ⓑ **생활정보지, 지인, 개업공인중개사의 처의 소유재산을 중개하는 경우 등**

　　　🔒 전세계약서상 명의자는 남편이지만, 이들은 **부부관계로서 경제적 공동체 관계** 이고, 개업공인중개사가 해당 아파트에 실제로 거주했으며, 자신이 직접 시세 보다 저렴한 금액으로 임차하는 이익을 얻었기에 직접거래에 해당된다(대판 2021도6910).

　　　🔒 **개업공인중개사 자신의 비용으로 토지를 택지로 조성하여 분할한 다음 타에 매도 하되 토지의 소유자에게는 확정적인 금원을 지급하고 그로 인한 손익은 개업공인 중개사에게 귀속시키기로 하는 약정을 한 경우**: 이는 중개계약의 상대방으로 볼 수 없다(**위임 및 도급계약 복합 성질**). 따라서, 직접거래의 상대방인 의뢰인으 로도, 수익이 과다한 경우에 이는 중개보수 초과(중개업이 아님)로도 볼 수 없 다(대판 2005도4494). 🔒 즉, 중개계약이 아님으로 **직접거래도 중개보수 초과수수 로도 볼 수 없음**으로 금지행위 위반 아니다.

② **쌍방 대리**

   ㉠ 중개의뢰인의 일방만을 대리하는 **일방대리는 가능하다.**

   ㉡ 이행행위(중도금, 잔금 등)의 **쌍방대리는 가능하다.**

⑺ **7호 투기조장**: 탈세를 목적으로 소유권 보존등기 또는 이전등기를 하지 아니한 부동산이나… 중개하는 등 **투기를 조장하는 행위**

① 탈세를 목적으로 중간생략등기 절차에 의한 **미등기전매**의 중개 금지

② 관련법령에 의해 **양도 등 전매제한**된 부동산의 매매행위 등 중개 금지(**예** 분양권 전매 금지 대상을 중개하는 것)

> 🔒 개업공인중개사가 단기전매 차익을 얻을 목적으로 중개의뢰인의 미등기 전매를 중개한 경우 결과적으로 중개의뢰인이 **전매차익을 얻지 못했다 하더라도** 이는 투기조장행위에 해당(판)

⑻ **8호 시세조작**: 부당한 이익 또는 제3자에게 부당한 이익을 얻게 할 목적으로 거짓으로 거래가 완료된 것처럼 꾸미는 등 시세에 부당한 영향을 주거나 줄 우려 행위는 금지

⑼ **9호 단체를 구성**: 특정 중개대상물에 대하여 중개를 제한하거나 단체 구성원 이외의 자와 공동중개를 제한하는 행위. 예컨대, 개업공인중개사들이 불법단체(**예** 회원망 조직, 카르텔 등)를 조직·형성하여 회원들간 담합 등으로 신규진입을 막는 행위 등을 규제함.

> **법 제33조 제2항(방해행위 금지)** "**누구든지** 시세에 부당한 영향을 줄 목적으로 다음 어느 하나의 방법으로 개업공인중개사 등의 업무를 방해해서는 아니 된다."
>
> 1. 안내문, 온라인 커뮤니티 등 − **특정 개업공인중개사 등에 대한 중개의뢰를 제한** 도는 유도
> 2. 안내문, 온라인 커뮤니티 등 − 시세보다 현저하게 높게 표시·광고 또는 **특정 개업공인중개사 등에게만 중개의뢰**를 하도록 유도
> 3. 안내문, 온라인 커뮤니티 등 − **특정 가격 이하로 중개를 의뢰 못하게 유도**(최저가격 통제)
> 4. **정당한 표시·광고 행위를 방해**
> 5. **시세보다 현저하게 높게 표시·광고하도록 강요, 대가를 약속**하고 시세보다 현저하게 높게 표시·광고하도록 유도

≪ 판례 보충 정리 ≫

① '분양대행'과 관련하여 교부받은 금원은 보수초과 수수가 금지되는 금원이 아니다.
② **직접거래의 중개의뢰인은 중개의뢰를 받았다는 점이 전제되어야만** 하고, 중개인이 중개의뢰인으로부터 의뢰받은 매매·교환·임대차 등과 같은 권리의 득실·변경에 관한 행위의 직접 상대방이 되는 경우를 의미하므로 **토지소유자와의 도급계약**은 직접거래로 볼 수 없다.
③ 당해 중개대상물의 거래상의 중요사항'에는 당해 중개대상물 자체에 관한 사항뿐만 아니라 그 중개**대상물의 가격** 등에 관한 사항들도 그것이 당해 거래상의 중요사항으로 볼 수 있는 이상 포함된다.
④ **상가분양계약서**는 상가의 매매계약서일 뿐이고 분양, 임대관련증서로 볼 수 없다.
⑤ 아파트 당첨권에 대한 매매를 알선하는 행위는 소정의 "부동산의 분양과 관련 있는 증서 등(주택청약예금증서, 청약저축통장, 주택상환사채 등)의 매매를 알선, 중개하는 행위"에 해당한다고 볼 수 없다.

---

01 공인중개사법령상(법 제33조 제1항) 금지행위에 관해 기술한 내용으로 틀린 것은?

① 개업공인중개사, 법인의 사원·임원, 소속공인중개사, 중개보조원 등에게 적용되는 규정이다.
② 금지행위를 위반한 경우 개업공인중개사는 임의적 등록취소, 소속공인중개사는 자격정지처분 사유에 해당된다.
③ 개업공인중개사 등의 금지행위 위반으로 중개의뢰인에게 손해가 발생한 경우에는 당연히 그 손해를 배상할 책임이 있다.
④ 소속공인중개사나 중개보조원의 업무상 행위는 개업공인중개사의 행위로 간주되므로 고용인이 금지행위에 위반하게 되면 개업공인중개사가 행정처분으로서 중개사무소개설등록의 취소나 업무정지처분을 받을 수 있다.
⑤ 개업공인중개사가 금지행위를 위반하여 거래를 중개하였다면 거래당사자간의 거래계약의 효력에도 직접적으로 영향을 미치게 된다.

02 공인중개사법령상 공인중개사인 개업공인중개사의 금지행위가 아닌 것은?

① 토지의 매매를 업으로 하는 행위
② 등기된 입목의 매매를 업으로 하는 행위
③ 중개의뢰인과 직접 중개대상물을 거래하는 행위
④ 건축물의 매매를 업으로 하는 행위
⑤ 일방의 중개의뢰인을 대리하여 타인에게 중개대상물을 임대를 중개하는 행위

03 다음 중 법 제33조(제1항, 제2항)의 금지행위의 위반에 대한 제재의 내용이 3년 이하의 징역 또는 3천만원 이하의 벌금형인 것은 모두 몇 개인가?

> ○ 소속공인중개사가 토지 매매를 업으로 하고 있다.
> ○ 개업공인중개사가 법정 한도를 초과하는 액면금액의 당좌수표를 교부받았다.
> ○ 중개보조원이 입주자저축증서 매매를 업으로 했다.
> ○ 개업공인중개사가 공장부지 매입의뢰를 받고 맹지를 도로에 접한 것으로 기망하여 중개
> ○ 무등록업자임을 알면서 그에게 자기의 명의를 이용하게 협력행위
> ○ 부당한 이익 또는 제3자에게 부당한 이익을 얻게 할 목적으로 거짓으로 거래가 완료된 것처럼 꾸미는 등 시세에 부당한 영향을 주는 행위
> ○ 개업공인중개사들이 불법단체(예 카르텔 등)를 조직하여 공동중개 제한행위
> ○ 온라인 커뮤니티 등을 이용하여 특정 개업공인중개사 등에 대한 중개의뢰를 제한 등으로 개업공인중개사 등의 업무를 방해하는 행위

① 1개   ② 2개   ③ 3개
④ 4개   ⑤ 5개

04 공인중개사법령상 개업공인중개사의 금지행위에 해당하는 것을 모두 고른 것은? (다툼이 있으면 판례에 따름)

> ○ 중개의뢰인을 대리하여 타인과 중개대상물 임대차계약을 체결하는 행위
> ○ 상업용 건축물의 분양을 대행하고 법정의 중개보수 또는 실비를 초과하여 금품을 받는 행위
> ○ 중개의뢰인인 소유자로부터 대리권을 수여받은 대리인과 중개대상물을 직접 거래하는 행위
> ○ 광업재단을 매매를 업으로 하는 행위

① ㉠, ㉡   ② ㉢, ㉣   ③ ㉠, ㉡, ㉣
④ ㉠, ㉢, ㉣   ⑤ ㉡, ㉢, ㉣

05 공인중개사법령상 개업공인중개사 등의 금지행위에 관한 설명으로 옳은 것은?

① 법인인 개업공인중개사의 사원이 중개대상물의 매매를 업으로 하는 것은 금지되지 않는다.
② **거주목적이나 중개사무소 활용 목적으로 일회적인 건물 매매도 금지행위에 해당된다.**
③ 개업공인중개사가 중개의뢰인과 직접거래를 하는 행위를 금지하는 규정은 효력규정이다.
④ **개업공인중개사가 중개의뢰받은 주택을 저렴한 가격으로 남편명의로 전세계약을 체결하고 해당 아파트에 실제 거주하는 경제적 공동체 관계에 있는 경우** 직접거래에 해당된다.
⑤ 중개보조원이 중개의뢰인과 직접 거래를 하는 것은 금지되지 않는다.

06 다음 중 「공인중개사법」상 금지행위에 해당하지 않는 것은?

ㄱ 중개법인이 건설회사에서 분양하는 단지 내 상가 등을 일괄적으로 전체를 매입하여 일반 개인들에게 개별적으로 분양 또는 판매하는 행위

ㄴ 개업공인중개사 甲은 중개의뢰인 乙이 전매차익을 노려 계약금만을 걸어놓고 중간생략등기의 방법으로 단기전매하고자 하는 의도를 알고 전매를 중개하였으나 전매차익을 남기지 못한 경우

ㄷ 부동산의 분양·임대 등과 관련 있는 증서 예컨대, 입주자저축증서 등을 중개하는 것은 물론 매매를 업으로 하는 행위

ㄹ 분양권 매매를 중개하고, 총분양금액에 프리미엄을 합산한 금액으로 중개보수를 수수한 경우

ㅁ 대토권, 세차장 구조물, 권리금 등은 매매업

ㅂ 순가중계계약을 하고 개업공인중개사가 수령한 차액이 법정보수 초과한 행위

ㅅ 개업공인중개사가 권리관계 확인을 요청한 매도자 A와 매수자 B 간의 매매계약을 체결하고 중개보수와 실비를 A와 B로부터 각각 받은 경우

① 1개 ② 2개 ③ 3개 ④ 4개 ⑤ 5개

제3절 중개대상물의 행위의무

1. 중개대상물의 확인·설명 의무

≪ 출제 키포인트 ≫

(1) 확인·설명의무 내용

① **법적 의무자**: 개업공인중개사

🔒 소속공인중개사는 재량사항이며, 중개보조원은 금지사항이다.

② 상대방은 권리취득의뢰인이다.

③ **확인·설명 시기**: 중개완성 전까지(거래계약체결)

④ **제시할 공적 서면**: 등기부등본(토지, 건물), 건축물관리대장, 지적도, 토지이용계획 확인서 등이다.

🔒 등록증이나 중개대상물의 확인·설명서는 제시서면 − ✕

⑤ **방법**: 개업공인중개사는 성실·정확하게 구두로 설명하고, 근거 서면을 제시하여야 한다. 🔒 서면만을 주거나, 서면제시 없이 구두로만 해서는 아니 된다.

⑥ **제재**: 과태료 500만원 이하

구 분	중개대상물확인·설명사항 (물,벽,수,도 − 공,소,금 − 실,세,주)	전속중개시 공개할 사항 (물,벽,수,도 − 공,공 − 소,금)
①	중개대상물의 종류·소재지·지목·면적·구조·건축연도 등 당해 중개대상물에 관한 기본적인 사항	중개대상물의 종류 소재지·지목·면적·구조·건축연도 등 당해 중개대상물을 특정하기 위하여 필요한 사항

②	**벽**면·바닥면 및 도배의 상태	벽면 및 도배의 상태
③	**수도**·전기·가스·소방·열공급·승강기 및 배수 등 시설물의 상태	수도·전기·가스·소방·열공급·승강기설비·오수·폐수·쓰레기처리시설 등의 상태
④	**도로** 및 대중교통수단과의 연계성, 시장·학교 등과의 근접성 등 입지조건, 일조·소음·진동 등 환경조건	도로 및 대중교통수단과의 연계성, 시장·학교 등과의 근접성, 지형 등 입지조건, 일조·소음·진동 등 환경조건
⑤	**토지이용계획, 공법**상 이용제한 및 거래규제에 관한 사항	**공법**상 이용제한 및 거래규제에 관한 사항
⑥	**소유**권·전세권·저당권·지상권·임차권 등 당해 중개대상물에 대한 권리관계에 관한 사항	소유권·전세권·저당권·지상권·임차권 등 당해 중개대상물에 대한 권리관계에 관한 사항 다만, 각 **권리자의 주소·성명 등 인적 사항**에 관한 정보는 공개하여서는 아니 된다.
⑦	거래예정**금액**	중개대상물의 거래예정**금액, 공시지가**(매매 등) **〈다만, 임대차의 공시지가**(재량)〉
⑧	중개보수 및 **실비**의 금액과 그 산출내역	(×)
⑨	중개대상물에 대한 권리를 취득함에 따른 조세의 종류 및 **세율**	(×)
⑩	**주택** 임대차 − 확정일자기관 정보 ＋ 국세·지방세 체납 확인열람 가능	(×)

(3) **확인·설명의무 위반에 대한 관련 판례**
① 개업공인중개사가 선순위의 확정일자를 갖춘 선순위 임차인의 존재를 확인·설명하지 아니한 채 전세권만 설정하면 임차보증금을 확보할 수 있다고 잘못 설명을 하여, 해당 주택의경매시 임차보증금을 전혀 배당 받지 못한 경우손해배상책임이 있다.
② 임차목적물의 근저당권 설정 사실을 고지하지 아니한 개업공인중개사의 기망행위로 인한 손해배상에 있어, 등기부를 열람하지 아니한 임차인의 과실로 **과실상계**를 인정한바 있다.
③ 중개의뢰인이 개업공인중개사에게 소정의 **수수료를 지급하지 아니하였다고 해**서 개업공인중개사의 **확인·설명의무와** 이에 위반한 경우의 **손해배상의무가 소멸되는 것은 아니다.**
④ 개업공인중개사가 실제의 **피담보채무액에 관한 그릇된 정보를 제대로 확인하지도 않은 채** 의뢰인에게 그대로 전달한 경우 **선량한 관리자의 주의의무에 위반**된다.
⑤ **후견인과 거래하는 매수인은 개업공인중개사를 통하여** 후견인이 피한정후견인이 부동산을 1년 이상 관리를 전담하여 온 사실만을 확인하였을 뿐 **친족회의 동의에** 관하여는 전혀 확인하지 않았다면 주의의무를 다하지 못한 과실이 인정된다.

⑥ 개업공인중개사가 중개대상물의 현황을 **측량까지 하여** 중개의뢰인에게 **확인·설명할 의무는 없다.**

⑦ 개업공인중개사가 중개 의뢰인의 요구에 따라 **잔금 지급일에 거래계약서를 재작성함에 있어** 중개 의뢰인의 확인 요청에 따라 그 시점에서의 **제한물권 상황을 다시 기재하게 되었으면** 중개 대상물의 권리관계를 다시 확인하여 보거나 적어도 중개의뢰인에게 이를 확인하여 본 후 잔금을 지급하라고 주의를 환기시킬 의무가 있다.

⑧ 중개대상물에 대한 **권리관계와 시세에 관한 확인·설명의무**를 소홀히 한 개업공인중개사에게 손해배상책임을 인정하되, 개업공인중개사의 설명만을 믿고 섣불리 **임대차계약을 체결한 임차인의 과실을 참작하여 손해배상책임의 범위를 결정하였다.**

⑨ 개업공인중개사가 **아파트의 교환계약을 중개할 당시** 양도의뢰인이 과연 당해 **아파트의 분양예정자인지, 다른 분양예정자가 있는지 여부를 조사 확인할 의무가 있다.**

2. 중개대상물 상태자료 요구

개업공인중개사는 확인·설명을 위하여 필요한 경우에는 중개대상물의 매도의뢰인 등에게 당해 중개대상물의 **상태에 관한 자료를 요구할 수** 있다. 이에 불응한 경우에는 이 사실을 **권리취득 의뢰인에게 설명하고** 중개대상물 확인·설명서에 기재하여야 한다.

3. 소유자등 증표 확인(법 제25조의2)

개업공인중개사는 중개업무의 수행을 위하여 필요한 경우에는 중개의뢰인에게 주민등록증 등 신분을 확인할 수 있는 **증표를 제시할 것을 요구할 수 있다.**

4. 중개대상물 확인·설명서 작성(법 제25조 제3항) 〈🔒 중개완성 후 작성〉

① 개업공인중개사는 중개가 완성되어 거래계약을 작성하는 때에는 확인·설명서 3부를 작성한다.

② 거래당사자 쌍방에 각 1부씩 교부하고, 개업공인중개사는 3년 동안 원본·사본·전자문서를 보관한다. 다만, 확인·설명사항이 「전자문서 및 전자거래 기본법」에 따른 **공인전자문서센터에 보관된 경우에는 그러하지 아니하다.**

③ 서명 및 날인

> ㉠ 개업공인중개사(법인은 대표자, 분사무소는 책임자)와 당해 업무를 수행한 소속 공인중개사가 함께 서명 및 날인해야 한다.
> 🔒 기명 및 날인이 아니다.
> 🔒 중개보조원은 서명 및 날인 의무가 없으나 반면에 금지사항도 아니다.
> ㉡ 서명만 하고 날인을 안 했거나, 날인만 하고 서명을 안 했으면 **업무정지사유이다.**
> ㉢ 권리이전의뢰인과 권리취득의뢰인에게는 서명 또는 날인하면 된다.
> ㉣ 공동중개에 관여한 개업공인중개사 모두가 중개대상물 확인·설명서에 함께 서명 및 날인하여야 한다.

④ 제 재
   ㉠ 개업공인중개사가 확인·설명서를 교부 또는 보존하지 아니한 경우와 서명 및 날인을 하지 아니한 경우: 업무정지
   ㉡ 소속공인중개사가 서명 및 날인을 하지 아니한 경우: 자격정지

---

01 다음은 현행법상의 중개대상물에 대한 확인·설명의무에 관한 내용이다. 바르지 못한 것은?

① 법적 의무자는 개업공인중개사이며, 소속공인중개사는 재량이다.
② 확인·설명하여야 하는 사항은「공인중개사법」시행령에 규정되어 있다.
③ 확인·설명 시기는 중개의뢰를 받은 때부터 중개완성 전까지이다
④ 개업공인중개사는 중개의뢰인의 요청이 있을 때에만 확인·설명을 하면 된다.
⑤ 중개가 완성되어 거래계약서를 작성하는 때에는 소정의 확인·설명사항을 서면으로 작성하여 반드시 거래당사자에게 이를 교부하여야 한다.

02 다음 중 중개대상물에 대한 확인·설명하여야 할 사항에 해당하는 것은?

> ㉠ 토지거래허가구역, 군사시설보호구역 해당 여부
> ㉡ 중개보수 및 실비의 금액과 그 산출내역
> ㉢ 조건이나 기한이 있는 경우
> ㉣ 업무보증 설정사항
> ㉤ 양도소득세 및 재산세
> ㉥ 벽면·바닥면 및 도배의 상태
> ㉦ 주택 임대차의 경우 확정일자기관에 정보제공 및 국세·지방세 체납확인 열람사항

① ㉠, ㉡, ㉥, ㉦   ② ㉠, ㉤, ㉥   ③ ㉡, ㉢, ㉣
④ ㉢, ㉣, ㉤, ㉦   ⑤ ㉢, ㉣, ㉤, ㉥

03 개업공인중개사가 중개대상물에 대한 확인·설명시에 의뢰인에게 제시하여야 서면은 모두 몇 개인가?

> ㉠ 토지 및 임야대장   ㉡ 부동산종합증명서
> ㉢ 사업자등록증   ㉣ 중개대상물 확인·설명서
> ㉤ 실무 및 연수교육이수증   ㉥ 사무소 개설등록증
> ㉦ 지적도, 토지이용계획확인서

① 1개   ② 2개   ③ 3개
④ 4개   ⑤ 5개

04 다음 중 개업공인중개사가 전속중개계약을 체결한 중개대상물에 대해 공개할 정보의 내용과 매수자 등에게 확인·설명할 사항 중 차이점만 찾으면?

> ㉠ 공법상 이용제한에 관한 사항
> ㉡ 권리를 취득함에 따라 부담하여야 할 조세의 종류 및 세율
> ㉢ 권리관계에 관한 사항
> ㉣ 중개보수 및 실비의 금액과 그 산출내역
> ㉤ 시장·학교 등과의 근접성 등 입지조건
> ㉥ 공시지가, 바닥면
> ㉦ 수도, 전기 등 시설상태

① ㉡, ㉥, ㉦ ② ㉠, ㉢, ㉦ ③ ㉣, ㉤, ㉥ ④ ㉡, ㉣, ㉥ ⑤ ㉣, ㉥, ㉦

05 다음 중 개업공인중개사의 확인·설명의무 등에 관한 설명으로 타당한 것은?

> ㉠ 중개보조원은 취득의뢰인에게 중개대상물에 대한 권리관계 등 주된 내용에 대한 설명업무 등을 할 수 없다.
> ㉡ 개업공인중개사의 자료요구에 대해 중개의뢰인이 자료를 제공하지 않는 경우 개업공인중개사는 이행을 강제조치 할 수 있다.
> ㉢ 법인의 분사무소에서 중개가 완성되어 거래계약서를 작성하면서 확인·설명서를 작성한 경우에는 대표자가 서명 및 날인해야 한다.
> ㉣ 공부에 나타나지 않는 분묘기지권, 유치권은 확인·설명의무가 면제된다.
> ㉤ 상태자료 요구에 불응한 경우 개업공인중개사는 그러한 사실을 권리취득의뢰인에게 설명하고 중개대상물의 확인·설명서에도 기재하여야 한다.
> ㉥ 중개대상물건에 근저당이 설정된 경우에는 그 **채권최고액을 조사·확인하여 의뢰인에게 설명하면 족하고**, 실제의 피담보채무액까지 조사·확인하여 설명할 의무는 없다.
> ㉦ 개업공인중개사는 전대차계약을 중개하는 경우에는 원임대인의 동의, 기간 등을 선량한 관리자주의 의무를 다하여 설명할 의무가 있다.
> ㉧ 선순위의 확정일자를 갖춘 임차인의 존재를 확인·설명하지 아니한 채 전세권만 설정하면 임차보증금을 확보할 수 있다고 잘못 설명한 경우, **경매로 임차보증금을 전혀 배당 받지 못한 경우** 손해배상책임이 있다.

① 2개 ② 3개 ③ 4개 ④ 5개 ⑤ 6개

제4절 거래계약서 작성 등 의무 – 🔒 현재 법정 표준서식은 없다.

① 개업공인중개사는 중개가 완성된 때에는 거래계약서를 작성하여야 한다.

② 거래계약서를 작성한 개업공인중개사가(법인인은 대표자 또는 분사무소의 책임자) 서명 및 날인 하되, 당해 업무를 수행한 소속공인중개사가 함께 서명 및 날인하여야 한다.

③ **거래계약서 법정표준서식**: "국토부장관은 개업공인중개사가 작성하는 거래계약서에 관하여 표준이 되는 서식을 정하여 이의 사용을 권장할 수 있다."

④ 거래당사자에게 교부하고 5년 동안 그 원본, 사본 또는 전자문서를 보존하여야 한다.
   🔒 단, **공인전자문서센터에 보관**된 경우는 (×)

⑤ **필요적 기재사항** − 〈당,물,계,대 − 이,도,조, − 확,특〉

> 1. 거래당사자의 인적 사항　　　　2. 물건의 표시　　　　3. 계약일
> 4. 거래금액(**대금**) · 계약금액 및 그 지급일자 등 지급에 관한 사항
> 5. 권리이전의 내용　　　　　　　6. 물건의 인도일시
> 7. 계약의 조건이나 기한이 있는 경우에는 그 조건 또는 기한
> 8. 중개대상물**확인** · 설명서 교부일자
> 9. 그 밖의 약정내용(특약) − 예 담보책임 등 기재

⑥ **2중계약서 작성금지**: 개업공인중개사는 거래계약서를 작성하는 때에는 거래금액 등 거래 내용을 **거짓으로 기재**하거나 서로 다른 **둘 이상의 거래계약서**를 작성하여서는 아니 된다.
   🔒 **제재**: 임의적 등록취소사유. 단, 행정형벌 (×)

🏠 각종 서식의 비교

	교부의무		보관의무	비 고
쌍방교부	거래계약서(3부 작성) 서명 및 날인	5년	거래계약서원본 · 사본 · 전자문서 보관 🔒 단, 공인전자문서센터 보관시 − ×	법정서식 − ×
	중개대상물 확인설명서(3부 작성), 서명 및 날인	3년	확인 · 설명서 원본 · 사본, 전자문서보관 🔒 단, 공인전자문서센터 보관시 − ×	법정서식 − ○
	업무보증증서 사본		🔒 보증서 게시의무	🔒 게시위반: 과태료 100만
일방교부	전속중개계약서(2부 작성) − 3년 − **표준계약서** − 법정서식(서명 또는 날인)			
	일반중개계약서(2부 작성) − 보관기간 규정 없음 − 법정서식(서명 또는 날인)			

01　다음 중 개업공인중개사의 거래계약서 작성에 관한 설명으로 타당한 것은?

① 분사무소의 경우 대표자와 당해 중개행위를 한 소속공인중개사가 거래계약서에 함께 서명 및 날인하여야 한다.

② 계약은 방식을 요하지 아니하므로 개업공인중개사가 중개를 완성한 경우에도 개업공인중개사는 반드시 거래계약서를 작성하여야 하는 것은 아니다.

③ 중개대상물확인 · 설명서 교부일자와 중개보수는 거래계약서에 기재해야 할 사항이 아니다.

④ 당해 중개행위를 소속공인중개사가 하였더라도 소속공인중개사가 거래계약서를 작성하여야 하는 것은 아니다.

⑤ 공동중개의 경우에는 중개에 참여한 개업공인중개사 중에 대표자 1인만 거래계약서에 서명 및 날인하면 된다.

02 다음 중 개업공인중개사가 부동산매매를 중개하여 거래계약서를 작성하는 때에 필요적 기재사항이 아닌 것은?

㉠ 토지의 소재지, 면적 등	㉡ 거래당사자의 인적 사항
㉢ 물건의 인도일시	㉣ 거래금액 및 공시지가
㉤ 중개보수 및 산출내역	㉥ 중개대상물 확인·설명서 교부일자
㉦ 권리이전의 내용	㉧ 공법상 이용제한 및 거래규제
㉨ 권리취득에 따른 조세의 종류 및 세율	

① 1개   ② 2개   ③ 3개
④ 4개   ⑤ 5개

03 다음은 전속중개계약서, 거래계약서, 확인·설명서를 비교·설명한 것이다. 틀린 것은?
① 전속중개계약서는 중개의뢰시 작성하나 거래계약서와 확인·설명서는 중개완성 시 작성한다.
② 거래계약서는 법정서식이 존재하지 않으나 확인·설명서와 전속중개계약서는 법정서식이 존재한다.
③ 전속중개계약서는 중개의뢰인 일방에게 교부하나 확인·설명서와 거래계약서는 중개의뢰인 쌍방에게 교부한다.
④ 거래계약서는 5년간 보관하나 확인·설명서와 전속중개계약서는 3년간 보관한다.
⑤ 전속중개계약서는 계약당사자가 권리이전의뢰인과 권리취득의뢰인이나 거래계약서는 계약당사자가 거래당사자이다.

04 공인중개사법령상 개업공인중개사의 거래계약서 작성 등에 관한 설명으로 타당한 것은?
① 소속공인중개사가 거래금액 등을 거짓기재를 하거나 둘 이상의 서로 다른 거래계약서를 작성한 경우에는 자격취소 사유에 해당된다.
② 거래계약서는 국토교통부장관이 정하는 표준 서식으로 작성해야 한다.
③ 공인전자문서센터에 보관되지 않은 경우는 개업공인중개사가 거래계약서의 원본, 또는 사본을 3년간 보존하여야 한다. 위반시에 임의적 등록 취소사유에 해당된다.
④ 당사자의 담보책임을 면제하기로 한 경우 그 약정사항은 기재하여야 한다.
⑤ 공동중개의 경우 참여한 개업공인중개사 중에 대표 개업공인중개사만의 서명 및 날인으로 갈음 할 수 있다.

제5절 손해배상책임과 업무보증제도

1. 손해배상책임

```
≪ 출제 키포인트 ≫

손해배상 책임 유형
(1) 개업공인중개사의 불법행위 - 🔒 과실책임주의
    ① 개업공인중개사의 중개행위에 고의·과실(중과실, 경과실)을 포함.
    ② 중개의뢰인에 재산상의 손해발생
        🔒 정신적 손해에 대해서는 민법상 불법행위 책임으로 해결한다.
    ③ 개업공인중개사의 중개행위와 재산상의 손해 발생과는 인과관계가 있어야 한다.
(2) 중개사무소를 타인의 중개행위 장소로 제공한 책임
    ① 장소제공의 목적이나 고의 여부, 대가성 유무를 불문함.
    ② 중개의뢰인에게 재산상 손해가 발생하여야 한다.
        🔒 무과실책임
(3) 고용인의 불법행위 성립: 업무상 행위는 개업공인중개사의 행위로 간주한다.
    🔒 무과실 책임
```

2. 업무보증 제도

개업공인중개사는 <등록 후 - 업무를 개시하기 전까지> 보증설정을 하여 신고하여야 한다.

(1) 설정 방법 및 금액

종 별		보증금액	설정시기	업무보증 설정방법
개인인 개업공인중개사		2억원 이상	업무개시 전	① 보증보험 ② 공제가입(협회) ③ 공탁(현금 등) - 법원
중개법인		4억원 이상 (분사무소마다 2억원 추가)	분사무소는 설치신고 - <전>	
특수 법인	지역농협협동조합	2천만원 이상	업무개시 전	
	기타특수법인	2천만원 이상	업무개시 전	

🔒 개업공인중개사의 매수신청대리: 보증설정 방법과 보증설정 금액이 동일하다.
다만, 보증설정 시기는 다르다.
즉, 중개업은 <등록 후>이나 경매대리는 <등록 전>에 설정하여야 한다.

(2) 업무보증 변경과 보증 재설정

① 변경설정: 기존의 보증의 효력이 있는 기간 중에 설정 + 등록관청에 신고함
② 보증재설정: 보증보험 또는 공제가입 - 보증기간 만료일까지 설정 + 등록관청에 신고함.
🔒 공탁은 기간 만료가 없음으로 재설정(×)

(3) 보증금 지급절차

중개의뢰인이 확정서류(개업공인중개사의 합의서, 화해조서·조정조서, 판결문 등) 첨부하여 보증기관에 직접 청구한다.

⑷ 손해배상지급 후 업무보증금

① 보증보험·공제가입 - 15일 이내에 다시 가입해야 한다.

② 공탁 - 15일 이내에 부족한 금액을 보전해야 한다.

⑸ 제 재

① 보증설정을 아니 한 경우 : **임의적 등록취소**에 해당

② 업무보증 설정에 관한 내용을 설명하고, 관계증서 사본을 교부할 의무 위반 : **과태료 100만 원 이하**

⑹ 판례 등 기타 주요내용

① 공탁금은 폐업 또는 사망한 날부터 3년 이내 금지된다.

② 중개대상물 확인·설명서를 작성하여 교부하지 않았다 하더라도 **중개대상물에 대하여 구두**로 정확하게 확인·설명을 한 경우에는 개업공인중개사에게 손해배상책임이 없다.

③ 공제금을 청구할 수 있는 소멸시효 기간은 공제사고 발생일로부터 **3년이다.**

    <판> **공제금을 청구할 수 있는 소멸시효 기간** : 사고 발생을 알았거나 알 수 있었던 때로부터 기산함.

④ 개업공인중개사인 甲이 자신의 사무소를 **乙의 중개행위의 장소로 제공**하여 을이 그 사무소에서 임대차계약을 중개하면서 거래당사자로부터 임대차보증금의 반환금을 횡령한 경우에 갑은 손해를 배상할 책임이 있다.

⑤ 매매계약을 중개하고 계약체결 후 계약금 및 중도금 지급에도 관여한 개업공인중개사가 잔금 중 일부를 횡령한 경우 **중개행위**에 해당한다.

⑥ 보증기관이 개업공인중개사를 대위해 손해배상금을 지급한 경우에는 업무보증기관은 구상권을 행사할 수 있다.

⑦ **동업관계**에 있는 자들이 공동으로 처리하여야 할 업무를 동업자 중 1인에게 맡겨 그로 하여금 처리하도록 한 경우에 업무집행과정에서 발생한 사고에 대하여 사용자로서 손해배상책임이 있다.

⑧ 보증설정금액으로부터 손해배상을 받을 수 있는 범위는 **재산상 손해에 한하고 정신적 피해는 피해액**은 별도로 민사소송 등의 방법으로 개업공인중개사에게 직접 청구하여야 한다.

⑨ 보증기관은 개업공인중개사가 **고의로 재산상 손해**를 발생시켜도 손해배상금 지급을 거부할 수 없다.

⑩ 개업공인중개사는 손해배상책임을 보장하기 위하여 보증설정을 하고 이를 등록관청에 신고하여야 하지만 **보증기관이 직접 통보**한 경우에는 신고를 생략할 수 있다.

⑪ <업무보증기관>은 개업공인중개사가 **보증 설정한 한도 내에서만 책임**을 진다. 다만 개업공인중개사는 초과된 **전체 손해액**에 대해서도 별도의 책임을 진다.

⑫ 개업공인중개사 또는 고용인의 불법행위로 피해가 발생 한 경우에 **피해자에게도 과실**이 있다면 손해배상금을 산정함에는 **과실상계한다.**

01 피해를 받은 중개의뢰인이 개업공인중개사가 가입한 보증기관을 상대로 손해배상금의 지급을 청구하는 경우에 대한 설명이다. 틀린 것은?

① 중개의뢰인은 개업공인중개사와의 손해배상합의서, 화해조서, 확정된 법원의 판결문 사본 또는 그 밖의 이에 준하는 서류를 첨부하여 보증기관에 손해배상금의 지급을 청구하여야 한다.

② 개업공인중개사의 중개행위시의 보증기관과 중개의뢰인의 손해발생시의 보증기관이 서로 다른 경우에는 중개행위시의 보증기관에 손해배상금의 지급을 청구하여야 한다.

③ 중개의뢰인은 개업공인중개사가 고용한 고용인의 업무상 과실로 인하여 손해를 입은 때에도 보증기관 또는 개업공인중개사와 연대하여 동시에 손해배상금의 지급을 청구할 수 있다.

④ ③의 경우 중개의뢰인에게 손해배상을 한 보증보험회사나 공제기관은 고용인을 상대로 구상권을 행사하여야 한다.

⑤ 설정금액을 초과하는 나머지 손해에 대하여는 개업공인중개사가 별도로 배상을 하여야 한다.

02 「공인중개사법」상 손해배상책임 및 업무보증 설정에 관한 설명으로 옳은 것은?

① 개업공인중개사가 중개행위를 함에 있어서 당사자에게 손해를 발생하게 한 때에는 정신적 피해를 포함하여 모든 손해를 배상할 책임이 있다.

② 중개완성 시 보증관련사항을 거래당사자에게 설명하고 관계증서사본을 교부하거나 전자문서를 제공하여야 한다. 위반시에 업무정지 사유에 해당한다.

③ 공탁 또는 공제의 기간이 만료된 때에는 만료일까지 보증을 다시 설정하여 신고하여야 한다.

④ 고용인의 중개업무와 관련된 불법행위에 대해서 피해자는 보증기관에 손해배상을 청구할 수 있으나 업무관련성이 없는 경우는 보증기관에 청구할 수 없다.

⑤ 보증보험금 또는 공제금은 개업공인중개사가 사망 또는 폐업한 경우 3년 이내에 회수하지 못한다.

03 개업공인중개사의 손해배상책임에 관한 설명 중 옳지 못한 것은? (다툼이 있으면 판례에 따름)

① 동업관계에 있어서 동업자 중 1인에게 맡겨 그가 사무처리 하다가 발생한 사고에 대하여 사용자로서 부진정 연대배상책임이 인정된다.

② 개업공인중개사의 책임은 원칙상 과실책임주의로서 그 과실은 중과실뿐만 아니라 경과실일 경우도 책임을 지지만, 개업공인중개사의 귀책이 없는 경우에는 손해배상책임을 물을 수 없다.

③ 중개보조원이 업무상 행위로 거래당사자인 피해자에게 고의로 불법행위를 저지른 경우라 하더라도, 그 중개보조원을 고용하였을 뿐 이러한 불법행위에 가담하지 아니한 개업공인중개사에게 책임을 묻고 있는 피해자에게 과실이 있다면, 과실상계를 인정한다.

④ 개업공인중개사가 조합주택을 분양함에 있어서 개업공인중개사는 그 사업시행자가 조합주택을 건설·분양할 만한 능력과 신용이 있는지 여부를 조사·확인하여 설명해 줄 의무가 있으므로 개업공인중개사의 부주의로 재산상 손해가 발생한 경우에는 손해배상책임이 있다.

⑤ 개업공인중개사의 착오로 인하여 중개의뢰인이 원래의 목적물이 아닌 다른 점포에 대한 매매계약을 체결한 경우에는 개업공인중개사의 과실은 인정하나 손해배상책임은 인정하지 않는다.

04 「공인중개사법」상에 손해배상책임 및 업무보증제도에 관한 설명으로 맞는 것은?

> ㉠ 개업공인중개사는 업무개시 후 지체 없이 손해배상책임의 보장을 위하여 보증보험 또는 공제에 가입해야 한다.
>
> ㉡ 중개보조원이 중개 업무에 관하여 고의로 인한 위법행위로 거래당사자에게 손해를 입힌 경우, 개업공인중개사는 이 법령에 따른 손해배상책임을 지지 않는다.
>
> ㉢ 개업공인중개사의 부동산 중개 업무를 위한 보증제도와 매수신청대리를 위한 보증제도는 설정방법과 법인 4억, 분사무소마다 2억, 개인개업공인중개사 2억으로 설정금액이 동일하다.
>
> ㉣ 부동산 매매계약체결 후 계약금 등 지급에도 관여한 개업공인중개사가 잔금 중 일부를 횡령한 경우에 중개행위에 포함되어 보증기관에서도 책임을 지게 된다.
>
> ㉤ 개업공인중개사는 보증설정 한도액을 초과한 손해액에 대해서도 배상할 책임이 있다.
>
> ㉥ 중개의뢰인이 판결문 등을 첨부하여 보증기관에 직접 청구하되, 사고 발생을 알았거나 알 수 있었던 때로부터 3년 이내에 청구하여야 한다.
>
> ㉦ 개업공인중개사가 기간만료로 보증을 재설정하고자 하는 경우에는 당해 보증기간 만료 15일 전까지 보증을 재설정하여 등록관청에 신고하여야 한다.
>
> ㉧ 공제계약이 유효하게 성립하기 위하여는 공제계약 당시에 공제사고의 발생 여부가 확정되어 있지 않아야 한다.
>
> ㉨ 개업공인중개사는 자기의 중개사무소를 다른 사람의 **중개행위의 장소로 제공**함으로써 당사자에게 **재산상의 손해**를 발생하게 한 때에는 그 손해를 배상할 책임이 있다.
>
> ㉩ 업무보증을 설정하지 않고 업무개시 한 경우는 임의적 등록취소사유, 보증관계증서 사본 또는 전자문서 교부의무에 위반한 경우는 과태료 100만원 이하 사유이다.

① 2개   ② 3개   ③ 4개   ④ 5개   ⑤ 7개

제6절 계약금 등의 반환채무이행의 보장(예치제도)

≪ 출제 키포인트 ≫

① 임의규정이다.
　🔐 미국 등의 국가에서 이용되는 제도인 에스크로우(ESCROW)와 유사제도
② **예치기간**: 거래계약이 체결된 때부터 ~ 이행이 완료될 때까지(계약금·중도금·잔금)
③ **예치명의자 -** 〈**개업공인중개사 또는 은, 공, 신, 보, 전, 체**)! : 개업공인중개사 또는 은행, 보험회사, 신탁업자, 우체국예금·체신관서, 공제사업자, 계약금·중도금 또는 잔금 및 계약 관련 서류를 관리하는 업무를 수행하는 전문회사
　〈🔐 **주의**〉 **법령에 규정된 자만이 가능.** 따라서, 매도자, 매수자, 소속공인중개사 등은 (×)
④ **예치기관**: 금융기관, 공제사업자, 신탁업자 등 - **(금,공,신 등)!**
　〈🔐 **주의**〉 **기타 기관도 가능하다.** 예 체신관서 등
⑤ **보증서 발급기관**: 금융기관, 보증보험회사 - **(금, 보)!**
⑥ **계약금 등 사전수령**
　㉠ 계약금 등을 사전회수할 수 있는 자는 **매도인·임대인 등이다.**
　㉡ 보증서를 금융기관 또는 보증보험회사에서 발급 받아 계약금 등의 **예치명의자에게 교부하고** 계약금 등을 미리 수령할 수 있다.
⑦ 반환 채무이행 보장에 소요되는 실비는 **권리취득의뢰인**에게 청구한다.
⑧ **개업공인중개사의 의무** < 강행규정>

> ㉠ 계약금 등의 **인출**에 대한 거래당사자의 동의 방법, 반환 채무이행 보장에 소요되는 **실비** 그 밖에 거래안전을 위하여 필요한 사항을 **약정**하여야 한다.
> ㉡ 자기 예치금과 **분리 관리**하고, 거래당사자의 **동의 없이 인출**하여서는 아니 된다.
> ㉢ 당사자에게 **예치된 금액**을 보장하는 보증보험 또는 공제에 가입, 공탁하고, **관계 증서의 사본이나 전자문서를 제공**하여야 한다.

　🔐 계약금 등이 개업공인중개사 등의 명의로 예치되었다하여도 당사자는 **거래계약을 해제**할 수 있다.
　🔐 거래당사자 동의 없이 인출해서는 안 된다(**위반**: 업무정지 사유).

01 다음은 계약금 등의 반환채무이행의 보장에 관한 사항이다. 틀린 것은?

① 개업공인중개사는 거래계약의 이행이 완료될 때까지 계약금 등을 개업공인중개사 명의로 금융기관에 예치하도록 거래당사자에게 권고할 수 있다.

② 계약금 등을 수령할 수 있는 권리가 있는 자는 당해 계약이 해제된 때에 계약금 등의 반환을 보장하는 내용의 보증서를 매수자, 임차인 등에게 교부하여야 한다.

③ 계약금 등은 개업공인중개사 또는 **은행**, **공제**사업자, **신탁**업자, **보험**회사, 계약금 등 및 계약 관련 서류를 관리하는 업무를 수행하는 **전문회사**. **체신관서**의 명의로 예치할 수 있으며, 이 경우 고용인은 예치명의자에 포함되지 않는다.

④ 계약금 등이 개업공인중개사 등의 명의로 예치되었다 하여도 당사자는 매매 등 거래계약을 **해제할 수 있다.**

⑤ 계약금 등을 개업공인중개사의 명의로 금융기관 등에 예치할 것을 의뢰하는 경우 소요되는 비용인 실비의 경우 매수·임차 그 밖의 권리를 취득하고자 하는 중개의뢰인에게 청구할 수 있다.

02 계약금 등의 반환채무이행을 보장하기 위해 매수인이 지불한 계약금 등을 개업공인중개사 명의로 금융기관에 예치하였다. 이에 관한 설명으로 틀린 것은?

① 개업공인중개사는 계약금 이외에 중도금이나 잔금도 예치하도록 거래당사자에게 권고할 수 있다.

② 개업공인중개사는 예치된 계약금에 해당하는 금액을 보장하는 보증보험 또는 공제에 가입하거나 공탁을 해야 한다.

③ 개업공인중개사는 예치된 계약금을 거래당사자의 동의 없이 임의로 인출하여서는 안 된다.

④ 개업공인중개사는 예치된 계약금이 자기소유의 예치금과 분리하여 관리될 수 있도록 해야 한다.

⑤ 개업공인중개사가 계약금 등의 반환채무이행의 보장에 반하는 행위를 한 경우 중개사무소 개설등록을 취소할 수 있다.

Chapter 07

개업공인중개사의 중개보수 및 실비

제1절 중개보수

1. 보수 청구권 발생 : 중개계약시에 정조건부로 발생

2. 중개보수 행사요건
① 중개계약이 유효하게 존재
② 당사자간에 거래계약이 체결되어야 한다.

3. 중개보수 청구권의 행사 여부

(1) 소 멸

개업공인중개사의 고의 또는 과실로 인하여 중개의뢰인간의 거래계약이 무효·취소 또는 해제된 경우에 는 중개보수를 받을 수 없다.

🔒 매매계약이 개업공인중개사의 중개물건의 확인·설명의무를 게을리 한 과실로 인하여 성립되었다가 그 후 해제된 경우, 개업공인중개사는 보수를 받을 수 없으므로 매수인으로부터 이미 수령한 보수를 반환하여야 하고, 또 재산상의 손해를 배상할 책임이 있다.

(2) 행 사

중개의뢰인의 사정(예컨대, 거래당사자간에 합의해제나 중도금 또는 잔금이행지체)으로 계약이 해제된 경우에는 개업공인중개사는 중개의뢰인 쌍방으로부터 법정 중개보수를 받을 수 있다.

4. 중개보수의 지급시기

중개보수의 지급시기는 개업공인중개사와 중개의뢰인간의 **약정에 따르되**, 약정이 없을 때에는 중개대상물의 **거래대금 지급이 완료된 날**로 한다.

5. 중개보수의 요율 체계(주택과 주택 외로 2원화 규정)

> ① 주 택
>   ㉠ 국토교통부령으로 정하는 범위 안에서 특별시·광역시·도 또는 특별자치도("시·도")의 조례로 정한다.
>   ㉡ 중개의뢰인 쌍방으로부터 각각 받되, 그 일방으로부터 받을 수 있는 한도는 규칙에서 정한 거래금액별 상한요율 범위 내에서 시·도 조례로 정하며, 그 요율 범위 내에서 중개의뢰인과 개업공인중개사가 서로 협의하여 결정한다.
> ② 주택 외 : 토지, 상가, 오피스텔, 임야, 사무소 등
>   ㉠ 원칙 : 매매, 교환, **임대차 등 거래금액의 0.9% 이내** ⇨ 서로 **협의**로 결정한다.

ⓛ 예외 : 주거용 오피스텔(2가지 요건 모두 충족 요함)

> ⓐ 전용면적이 85제곱미터 이하
> ⓑ 상·하수도 시설 있는 부엌, 전용수세식 화장실 및 목욕시설 등 주거시설
> 🔒 요율 : 매매·교환은 0.5% / 임대차 등은 0.4%

6. 중개보수 산정공식

① 중개보수 : 거래가액 × 요율 = 산출액과 법정한도액을 비교하여 **적은 쪽**을 받는다.
　🔒 산출액 > 한도액 = 한도액을, / 산출액 < 한도액 = 산출액을 받는다.

② 임대차 : (보증금 + (월세 × 100))으로 계산. 단, 산출된 금액이 5,000만원 미만일 때 "보증금 + (월세 × 70))으로 한다. 🔒 **주택 및 주택 외에 모두 적용한다.**

③ 분양권 : 기 납입금 + 프리미엄을 거래가액으로 하여 요율을 곱해 한도액과 비교하여 적은 금액 🔒 총 분양가가 아님.

④ 교환의 경우에는 **큰 가액**의 중개대상물가액을 기준으로 한다.

⑤ **중첩계약** : 동일한 중개대상물에 대하여 **동일** 당사자간에 매매를 포함한 둘 이상의 거래가 **동일** 기회에 이루어지는 경우에는 **매매계약**에 관한 거래금액만을 적용한다.

⑥ **겸용건축물** : 건축물 중 주택의 면적이 2**분의 1 이상**인 경우에는 주택으로 계산, 주택의 면적이 2분의 1 미만인 경우에는 주택 외의 계산방식으로 한다.
　🔒 **단, 면적이 동일하면 주택 요율이 적용됨.**

⑦ 임대차 계약에서의 권리금과 교환계약에서의 **보충금**은 보수 계산에 포함되지 아니한다.

⑧ 중개대상물의 소재지와 중개사무소의 소재지가 다른 경우에는 개업공인중개사는 **중개사무소의 소재지**를 관할하는 **시·도의 조례**에서 정한 기준에 따라 보수 및 실비를 받아야 한다. 🔒 중개법인은 **분사무소 기준** 조례 적용

⑨ 개업공인중개사는 **주택 외의 중개대상물**에 대하여 중개보수 요율의 범위 안에서 실제 자기가 받고자하는 중개보수의 상한요율을 중개보수·실비의 요율 및 **한도액표에 명시**하여야 하며, 이를 초과하여 중개보수를 받아서는 아니 된다.

⑩ 임대차 계약과 권리금 계약이 한꺼번에 이뤄지고 포괄적으로 수수료(중개보수 + 권리금 수고비)를 받았다면 중개보수 과다청구가 아니다.

⑪ 중개법인의 겸업(剛 컨설팅, 프랜차이즈 등)도 적용되지 않고 당사자 **합의로 정한다.**

제2절 **실 비**

> ≪ 출제 키포인트 ≫
>
> ① 실비의 한도는 **국토교통부령이 정하는 범위 안에서 특별시·광역시 또는 도의 조례로** 정한다.
> ② 개업공인중개사는 법정 실비를 초과하여 금품을 받거나 그 외에 사례·증여 기타 어떠한 명목으로라도 금품을 받는 행위를 하여서는 아니 된다.

③ 실비는 의뢰인과 약정에 의해 **거래계약체결과 무관**하게 받을 수 있다.

④ **중개대상물의 권리관계 등의 확인의 실비**: 매도·임대 등 **권리이전의뢰인**에게 받는다.

⑤ **계약금 등의 반환채무이행 보장에 소요되는 실비**: 매수·임차 그 밖의 **권리를 취득하려는 중개의뢰인**에게 받는다.

⑥ 중개대상물의 소재지와 중개사무소의 소재지가 다른 경우에는 개업공인중개사는 **중개사무소의 소재지를 관할하는 시·도의 조례**에 따라 중개보수 및 실비를 받는다.

≪ 관련 판례 보충 정리 ≫

① 개업공인중개사는 **상인의 자격**을 갖는 것으로, 중개계약에서 유상임을 명시하지 않더라도 중개보수청구권은 인정된다.

② 매매계약의 성립에 **결정적인 기여**를 한 개업공인중개사가 그의 귀책사유 없이 매매계약서 작성에 관여하지 못하였다 하더라도, 동인은 이 법에 따라 상당한 보수를 청구할 권리가 있다.

③ 중개활동이 쌍방의 제시가격차이로 **일시 중단된 상태**에서 중개의뢰자들이 직접 만나 절충 끝에 매매계약을 체결하였더라도 중개인은 거래상의 신의칙에 비추어 그 중개활동에 상응한 보수를 청구할 수 있다.

④ 권리금은 중개대상물이 아니므로 **권리금 조정·알선의 대가**는 법정 중개보수 규정이 적용되는 것이 아니라 개업공인중개사와 의뢰인간에 **합의**하여 받을 수 있다.

⑤ 개업공인중개사가 중개보수 산정에 관하여 **지방자치단체 조례를 잘못 해석**하여 보수를 초과하여 수수한 경우에는 법률착오로 보지 않고, 법 제33조의 금지행위에 해당하여 처벌된다(판).

---

01 개업공인중개사의 보수에 관한 다음 설명 중 틀린 것은?

① 중개를 완성시킨 경우에도 중개보수 지급에 관한 약정을 하지 않은 경우에는 중개의뢰인에게 중개보수를 청구할 수 없다.

② 법인인 개업공인중개사가 행한 공매물건에 대한 취득알선의 보수는 법정보수가 적용되지 않고 당사자간 합의로 정한다.

③ 계약금 등의 반환채무이행 보장에 소요되는 실비의 경우에는 매수·임차 그 밖의 권리를 취득하고자 하는 중개의뢰인에게 청구할 수 있다.

④ 중개보수청구권은 중개계약이 체결되는 때에 발생한다.

⑤ 개업공인중개사는 주택 외의 중개대상물에 대하여 중개보수 요율의 범위 안에서 실제 자기가 받고자 하는 중개보수의 상한요율을 중개보수 및 실비의 요율 및 한도액표에 명시하여야 하며, 이를 초과하여 중개보수를 받아서는 아니 된다.

02 乙이 개업공인중개사 甲에게 중개를 의뢰하여 거래계약이 체결된 경우 공인중개사법령상 중개보수에 관한 설명으로 틀린 것은? (다툼이 있으면 판례에 따름)

① 甲의 고의와 과실 없이 乙의 사정으로 거래계약이 해제된 경우라도 甲은 중개보수를 받을 수 있다.

② 주택의 중개보수는 국토교통부령으로 정하는 범위 안에서 시·도의 조례로 정하고, 주택 외의 중개대상물의 중개보수는 국토교통부령으로 정한다.

③ 甲이 중개보수 산정에 관한 지방자치단체의 조례를 잘못 해석하여 법정 한도를 초과한 중개보수를 받은 경우 「공인중개사법」 제33조의 금지행위에 해당하지 않는다.

④ 법정한도를 초과하는 甲과 乙의 중개보수 약정은 그 한도를 초과하는 범위 내에서 무효이다.

⑤ 중개보수의 지급시기는 甲과 乙의 약정이 없을 때에는 중개대상물의 거래대금 지급이 완료된 날이다.

03 공인중개사법령상 중개보수에 관한 설명으로 틀린 것은? (다툼이 있으면 판례에 따름)

① 공인중개사 자격이 없는 자가 중개사무소 개설등록을 하지 아니한 채 부동산중개업을 하면서 거래당사자와 체결한 중개보수 지급약정은 무효이다.

② 아파트 분양권의 매매를 중개한 경우 당사자가 거래 당시 수수하게 되는 총 대금(통상적으로 계약금, 기 납부한 중도금, 프리미엄을 합한 금액)을 거래가액으로 보아야 한다.

③ 중개대상물인 건축물 중 주택의 면적이 2분의 1 미만인 경우, 주택 외의 중개대상물에 대한 중개보수 규정을 적용한다.

④ 전용면적이 85제곱미터 이하이고, 상·하수도 시설이 갖추어진 전용입식 부엌, 전용수세식 화장실 및 목욕시설을 갖춘 오피스텔의 임대차에 대한 중개보수의 상한 요율은 거래금액의 1천분의 4이다.

⑤ 중개대상물의 소재지와 중개사무소의 소재지가 다른 경우 개업공인중개사는 중개대상물의 소재지를 관할하는 시·도의 조례에 따라 중개보수를 받아야 한다.

04 다음은 개업공인중개사의 보수 중 실비 등에 관한 기술이다. 타당하지 않은 것은?

① 중개대상물의 권리관계 등의 확인에 소요된 실비는 개업공인중개사가 영수증 등을 첨부하여 매도·임대 그 밖의 권리를 이전하고자 하는 중개의뢰인에게 청구할 수 있다.

② 계약금 등의 반환채무이행 보장에 소요된 실비는 개업공인중개사가 영수증 등을 첨부하여 매수·임차 그 밖의 권리를 취득하고자 하는 중개의뢰인에게 청구할 수 있다.

③ 실비도 원칙적으로 거래계약체결을 성사시켜야 받을 수 있으며, 중개보수와는 쌍방으로부터 각각 별도로 받을 수 있다.

④ 개업공인중개사는 법령 및 조례가 정하는 실비의 한도를 초과하여 어떠한 명목으로라도 금품을 더 받아서는 아니 된다.

⑤ 중개보수, 실비의 요율 및 한도액 표는 중개사무소 안의 잘 보이는 곳에 게시하여야 하며, 이를 위반한 경우에는 100만원 이하의 과태료가 부과된다.

05 개업공인중개사 甲은 A소유의 전용면적 85제곱미터인 업무용으로 사용하기 위하여 오피스텔을 B와 보증금 1천 9백만원, 월차임 30만원에 임대차계약을 중개하였다. 甲이 A와 B로부터 받을 수 있는 최고요율에 따른 중개보수의 총액은?

① 320,000원   ② 392,000원   ③ 640,000원
④ 360,000원   ⑤ 720,000원

06 개업공인중개사 甲은 아파트를 매도인 A와 매수인 B가 4억원에 매매계약을 체결하도록 알선 하였고, 동일기회에 그 아파트를 매수인 B가 다시 임차인 C에게 1억 5천만원에 임대차계약을 체결하도록 알선하였다. 개업공인중개사 甲이 A, B, C로부터 받을 수 있는 총보수는? (단, 요율은 주택매매의 경우 2억원 이상 6억원 미만 : 0.4%, 임대차의 경우 1억원 이상 3억원 미만 : 0.3%)

① 160만원   ② 250만원   ③ 320만원
④ 365만원   ⑤ 410만원

07 다음 주택임대차 사례에서 개업공인중개사가 중개의뢰인들로부터 받을 수 있는 중개보수 최고한도액의 총액은?

• 임차보증금 : 3천만원	• 월세 : 10만원
• 요율 : 0.5%	• 계약기간 : 1년(12개월)
• 한도액 : 20만원	

① 200,000원   ② 185,000원   ③ 300,000원
④ 370,000원   ⑤ 400,000원

08 개업공인중개사 A는 甲소유의 지상 3층 건물을 4억원에 乙에게 매매하는 것을 알선하였다. 이 경우 개업공인중개사 A가 받을 수 있는 중개보수 총액은? [단, 건물의 1층·2층 (면적 각각 100m²)은 상가용도이고, 3층면적은 100m²은 주택용도이다. 중개보수 요율은 주택은 0.4%, 상가는 0.9%이다]

① 360만원   ② 720만원   ③ 160만원
④ 320만원   ⑤ 900만원

09 A는 아파트를 3억원에 분양받아 계약금 3천만원, 1차 중도금 3천만원을 납부하였다. 그런데 이 아파트에 2천만원의 프리미엄이 붙어 A는 B에게 분양권을 전매하였다. 개업공인중개사가 이 분양권매매를 중개하였다면 받을 수 있는 중개보수 총액은 얼마인가? (단, 거래가액 5천만원 이상 2억원 미만인 경우 요율 0.5%, 한도액 80만원이며, 거래가액 2억원 이상 6억원 미만인 경우 요율 0.4%, 한도액은 없는 것으로 한다)

① 1,000,000원   ② 1,600,000원   ③ 800,000원
④ 1,200,000원   ⑤ 400,000원

공인중개사 협회 및 보칙

제1절 공인중개사 협회

1. 협회 개관

성 격	① 비영리 사단법인(민법상 사단법인규정 준용) ② 인가주의　　　　　　　　　　　③ 등기주의 ④ 임의설립　　　　　　　　　　　⑤ 복수설립 ⑥ 회원가입 - 임의주의　　　　　⑦ 공인중개사는 회원가입 불가
설립 절차	① 발기인 단계 - 정관작성(회원 300인 이상) ② **창립총회(600인 이상, 과반수 동의)**: 서울 100인 이상, 광역시 및 도 각 20인 이상 🔒 **거래정보사업자: 개·공인 500명 / 2개 이상 시·도 각 30인** ③ **설립인가**: 국토교통부장관 ④ **설립등기**: 성립
조 직	① **지부**: 특별시·광역시·도에 **정관**이 정하는 바에 따라 "**둘 수 있다.**" 　　- 설치한 때에는 시·도지사에게 신고(사후 신고) ② **지회**: 시·군·구에 정관이 정하는 바에 따라 "**둘 수 있다.**" 　　- 설치한 때에는 등록관청에 신고(사후 신고) 🔒 **주된 사무소**: 전국 어디든 설치 가능하다. 🔒 **총회 의결사항**은 국토교통부장관에게 지체 없이 보고한다.

업 무	고유 업무	수탁 업무
	① 회원의 품위유지, 제도연구 ② 회원 지도, 교육, 연수 ③ 윤리헌장, **정보제공 및 공제사업**(비 **회원가입 가능**) ④ 기타	① 실무교육에 관한 업무 ② 시험시행에 관한 업무
	공제사업 (임의사업)	① 고유업무, 비영리사업, 회원간의 상호 부조 목적 ② **공제규정의 제정, 변경**: 국토부장관의 **승인** ③ **책임준비금의 적립비율**: 공제료 수입액의 10 / 100 **이상** ④ 회계분리 및 책임준비금의 다른 용도로 전용: **사전승인**(국토교통 부장관) ⑤ **공제사업 운용실적공시**: 매 회계연도 **종료 후 3개월 이내** 일간신문 또는 협회보에 공시하고 협회 홈페이지에 게시 ⑥ **시정명령**: 국토교통부 장관 ⑦ **검사**: 국토교통부장관 요청 ⇨ 금융감독원 원장
감독자	국토교통부 장관(지부, 지회 포함)	

제 재	🔒 **과태료 500만 이하** − 국토교통부장관이 부과·징수 ① 공제사업 운용실적을 공시하지 아니한 경우 ② 공제업무 개선명령을 불이행 ③ 임원에 대한 징계, 해임요구 불이행 또는 시정명령을 이행하지 아니한 자 ④ 감독상 명령 위반, 즉 업무보고, 자료의 제출, 조사 또는 검사를 거부·방해 또는 기피하거나 그 밖의 명령을 이행하지 아니하거나 거짓으로 보고 또는 자 료제출을 한 자

2. 공제사업 운영위원회

공제사업을 **심의**하고 그 **업무집행을 감독**하기 위하여 **협회**에 운영위원회를 **둔다(필수설치)**.

(1) 구 성

운영위원회의 위원은 협회의 임원, 중개업·법률·회계·금융·보험·부동산 분야 전문가, 관계 공무원 및 그 밖에 중개업 관련 이해관계자로 구성하되, **그 수는 19명 이내**로 한다.

🔒 단, **협회의 임원 중에서 선임하는 위원은 전체 위원 수의 3분의 1 미만**으로 한다.

① 위원의 임기는 **2년으로 하되 1회에 한하여 연임**할 수 있으며, 보궐위원의 임기는 전임자 임기의 남은 기간으로 한다.

② 운영위원회에는 **위원장과 부위원장 각각 1명**을 두되, 위원장 및 부위원장은 위원 중에서 **각각 호선(互選)**한다.

③ 운영위원회의 위원장은 운영위원회의 회의를 소집하며 그 의장이 된다.

④ 운영위원회의 **부위원장은 위원장을 보좌**하며, 위원장이 부득이한 사유로 그 직무를 수행할 수 없을 때에는 **그 직무를 대행한다.**

⑤ 운영위원회의 회의는 **재적위원 과반수의 출석**으로 개의하고, **출석위원 과반수의 찬성**으로 심의사항을 의결한다.

⑥ 운영위원회의 사무를 처리하기 위하여 간사 및 서기를 두되, 간사 및 서기는 공제업무를 담당하는 **협회의 직원 중에서 위원장**이 임명한다.

⑦ 간사는 회의 때마다 회의록을 작성하여 다음 회의에 보고하고 이를 보관하여야 한다.

⑧ **기타 사항**은 운영위원회의 운영에 필요한 사항은 **운영위원회의 심의를 거쳐 위원장**이 정한다.

(2) 위원의 심의 등 업무사항

(3) 재무건전성의 유지(공제금 지급능력과 경영의 건전성)

다음 사항에 관하여 재무건전성 기준을 지켜야 한다.

㉠ 자본의 적정성	㉡ 자산의 건전성	㉢ 유동성의 확보에 관한 사항

① 지급여력비율은 **100분의 100 이상**을 유지할 것

② 구상채권 등 정기적 분류, 대손충당금을 적립할 것

(4) 공제사업 운영의 개선명령

국토교통부장관은 공제사업 운영이 적정하지 아니하거나 자산상황이 불량 등 우려시에 다음의 조치를 명할 수 있다(**위반**: 과태료 500만원).

🔒 <장,례,집 – 적,손>!

1. 자산의 **장부가격**의 변경 　　　2. 자산**예탁기관**의 변경
3. 업무**집행방법**의 변경 　　　　　4. 불건전한 자산에 대한 **적립금**의 보유
5. 가치가 없다고 인정되는 **자산의 손실** 처리
6. **그 밖에** 공제사업의 건전성을 해할 우려가 있는 경우 이에 대한 개선명령

⑸ **징계·해임을 요구**

국토교통부장관은 다음 사항을 위반하여 임원이 공제사업을 불건전하게 운영할 우려가 있는 경우 그 임원에 대한 징계·해임을 요구와 위반행위(**재,공,개**)에 대한 **시정명령권** 있다 (**위반** – 과태료 500만원 이하).

㉠ **재**무건전성 기준미달 　　　　㉡ **공**제규정을 위반하여 업무를 처리
㉢ **개**선명령을 불이행

⑹ **지도·감독 등**(위반: 과태료 500만원 이하)

협회·지부·지회의 지도·감독권자는 **국토교통부장관만**이다.

🔒 **단,** 시·도지사와 등록관청은 협회에 대한 감독권이 없다.

01　다음 중 공인중개사협회의 법적 성격으로 옳은 것은?

㉠ 강제설립주의 　　　　　　　　㉡ 영리법인
㉢ 영리목적 공제사업
㉣ 지부·지회의 감독권자는 국토교통부장관
㉤ 재단법인 　　　　　　　　　　㉥ 허가주의
㉦ 공법인

① 없음　　　② 1개　　　③ 2개　　　④ 3개　　　⑤ 모두

02　공인중개사협회에 대한 설명 중 빈칸에 들어갈 숫자를 바르게 짝지어진 것은?

공인중개사협회를 설립하고자 하는 때에는 발기인이 작성하여 서명·날인한 정관에 대하여 회원 (A)인 이상이 출석한 창립총회에서 출석한 회원 과반수의 동의를 얻어 국토교통부장관의 설립인가를 받아야 하며, 창립총회에는 서울특별시에서는 100인 이상, 광역시·도 및 특별자치도에서는 각각 (B)인 이상의 회원이 참여하여야 한다.

① 600 – 20　　　　　② 300 – 100　　　　　③ 300 – 30
④ 600 – 30　　　　　⑤ 300 – 20

03 공인중개사협회에 관한 설명으로 옳은 것은?

① 협회는 개업공인중개사의 손해배상책임을 보장하기 위하여 수탁업무로서 공제사업을 하여야 한다.

② 협회는 공제사업운영실적을 매 회계연도 종료 후 30일 이내에 일간신문 또는 협회보에 공시하여야 한다.

③ 협회에 대한 과태료 부과·징수나 협회의 주된 사무소와 지부 그리고 지회사무소의 감독기관은 국토교통부장관만이 행한다.

④ 책임준비금(공제료 수입액의 100분의 10 이상)을 다른 용도로 사용하고자 하는 경우에는 금융감독원의 원장의 승인을 얻어야 한다.

⑤ 협회는 회원 600인 이상이 발기인이 되어 정관을 작성하여 창립총회의 의결을 거친 후 국토교통부장관의 인가를 받음으로써 성립한다.

04 공인중개사협회의 조직에 관한 다음 설명 중 틀린 것은?

① 협회는 정관이 정하는 바에 따라 서울특별시·광역시·도에 지부를, 시·군·구에 지회를 둘 수 있다.

② 협회가 그 지부 또는 지회를 설치한 때에는 국토교통부장관에게 신고하여야 한다.

③ 협회는 여러 개 설립될 수 있고, 주된 사무소 소재지에서 설립등기를 하여야 한다.

④ 협회는 총회의 의결내용을 지체 없이 국토교통부장관에게 보고하여야 한다.

⑤ 협회에 대한 감독은 지부나 지회를 포함하여 국토교통부장관이 한다.

05 다음 중 협회의 공제사업에 대한 설명으로 타당한 것은?

㉠ 협회는 개업공인중개사의 손해배상책임을 보장하기 위하여 공제사업을 하여야 한다.

㉡ 공제사업은 영리사업으로서 회원 간의 상호이익을 목적으로 한다.

㉢ 협회는 공제사고 발생률 및 공제금 지급액 등을 종합적으로 고려하여 총 수입액의 100분의 10 이상으로 책임준비금을 적립하여야 한다.

㉣ 협회는 지급여력비율을 100분의 100 이상을 유지하여 재무건전성 기준을 준수하여야 한다.

㉤ 협회는 공제사업을 하고자 하는 때에는 공제규정을 제정하여 금융감독원장의 승인을 얻어야 한다.

㉥ 협회는 공제사업의 운용실적을 매 회계연도 종료 후 3개월 이내에 일간신문 또는 협회보에 공시하고 협회의 인터넷 홈페이지에 게시하여야 한다.

---

① ㉣, ㉥   ② ㉡, ㉣   ③ ㉢, ㉤

④ ㉠, ㉡   ⑤ ㉠, ㉡, ㉢, ㉤

06 공인중개사법령상 국토교통부장관이 공인중개사협회의 공제사업 운영에 대하여 개선조치로서 명할 수 있는 사항이 아닌 것은?

> ㉠ 자산예탁기관의 변경
> ㉡ 자산의 장부가격의 변경
> ㉢ 불건전한 자산에 대한 적립금의 보유
> ㉣ 업무집행방법의 변경
> ㉤ 가치가 없다고 인정되는 자산의 손실처리
> ㉥ 공제사업의 양도

① ㉤, ㉥   ② ㉠, ㉡, ㉣   ③ ㉥
④ ㉡, ㉤, ㉥   ⑤ ㉢, ㉤

07 다음은 협회의 공제사업운영위원회에 관한 설명이다. 틀린 것은?

① 공제사업에 관한 사항을 심의하고 그 업무집행을 감독하기 위하여 협회에 운영위원회를 둔다.

② 운영위원회의 위원 수는 19명 이내로 한다.

③ 협회의 회장 또는 협회 이사회가 협회의 임원 중에서 선임한 사람의 위원의 수는 전체위원 수의 3분의 1 미만으로 한다.

④ 담당공무원과 협회의 회장을 제외한 위원의 임기는 2년으로 하되 1회에 한하여 연임할 수 있으며, 보궐위원의 임기는 전임자 임기의 남은 기간으로 한다.

⑤ 운영위원회에는 위원장과 부위원장 각각 1명을 두되, 위원장 및 부위원장은 국토교통부장관이 임명한다.

08 공인중개사 정책심의위원회(A)와 공제사업운영위원회(B)를 비교 설명한 것 중에 바르지 못한 것은?

① A는 국토교통부에 둘 수 있고, B는 협회에 둔다.

② A, B 모두 회의는 재적위원과반수의 출석으로 개의하고, 출석위원 과반수의 찬성으로 심의사항을 의결한다.

③ A는 위원장이 미리 지명한 위원이 위원장의 직무를 대행하고, B는 부위원장이 위원장의 직무를 대행한다.

④ A의 운영 등에 필요한 사항은 심의위원회의 의결을 거쳐 위원장이 정하고, B의 운영 등에 필요한 사항은 운영위원회의 심의를 거쳐 위원장이 정한다.

⑤ A, B 모두 위원장과 부위원장을 각각 1명씩 둔다.

제2절 개업공인중개사 등의 교육제도

1. 실무교육(강행규정)

① 교육내용 : 개업공인중개사 및 소속공인중개사의 **직무수행에 필요한 법률지식**, 부동산 중개 및 경영 실무, 직업윤리 등

② 교육시간 : 28시간 이상 32시간 이하

③ 실시권자 : 시·도지사

④ 실무교육대상자

> ㉠ 중개사무소 개설등록을 하고자 하는 자
> ㉡ 법인의 경우에는 사원·임원(전원)
> ㉢ 분사무소의 책임자
> ㉣ 소속공인중개사(고용 신고일 전 1년 이내)

🔓 **다만, 다음의 경우에 해당하는 자는 교육대상이 아니다.**

> ㉠ **개업공인중개사** : 폐업신고 후 1년 이내에 중개사무소의 **개설등록**을 다시 신청 하려는 자
> ㉡ **개업공인중개사** : 폐업신고를 한 후 1년 이내에 소속공인중개사로 **고용 신고**를 하려는 자
> ㉢ **소속공인중개사** : 고용관계 종료 신고 후 1년 이내에 중개사무소의 **개설등록**을 신청하려는 자
> ㉣ **소속공인중개사** : 고용관계 종료 신고 후 1년 이내에 **고용 신고를 다시** 하려는 자

2. 연수교육(강행규정)

① 실시권자 : 시·도지사

② 대상 : 실무교육을 받은 개업공인중개사 및 소속공인중개사

③ 내용 : 부동산중개 관련 **법·제도의 변경사항**, 부동산 중개 및 경영 실무, 직업윤리 등

④ 교육시간 : 12시간 이상 16시간 이하

⑤ 연수교육 실시통지 : 연수교육을 실시하려는 경우 실무교육 또는 연수교육을 받은 후 **2년이 되기 2개월 전까지** 연수교육의 일시·장소·내용 등을 **대상자에게 통지**하여야 한다.

⑥ 위반 : 시·도지사가 **과태료 500만원 이하**

3. 직무교육(강행규정)

① 실시권자 : **시·도지사, 등록관청**

② 교육내용 : 중개보조원의 직무수행에 필요한 **직업윤리 등**

③ 대상 : 중개보조원

④ 교육시간 : 3시간 이상 4시간 이하

⑤ 고용 신고일 전 1년 이내에 직무교육을 받아야 한다.
다만, 고용관계 종료신고 후 **1년 이내**에 다시 고용(재취업) - ✕

4. **예방교육**(임의교육)

① 실시권자: 국토교통부장관, 시·도지사 및 등록관청

② 대상: 개업공인중개사 등(중개업 종사자 모두)

③ 통지: 교육일 10일 전까지 교육일시·교육장소 및 교육내용, 그 밖에 교육에 필요한 사항을 공고 또는 교육대상자에게 통지한다.

④ 국토교통부장관, 시·도지사 및 등록관청은 개업공인중개사 등이 예방교육을 받는 경우에 필요한 **비용을 지원할 수 있다**(예 강사비, 연구비 시설 및 장비설치비 등).

5. **교육의 지침**

국토교통부장관은 시·도지사가 실시하는 실무교육, 직무교육 및 연수교육의 전국적인 균형유지를 위하여 필요하다고 인정하면 해당 **교육의 지침을 마련**하여 시행할 수 있다.

6. **관보고시**

시·도지사 또는 시험시행기관장은 업무를 위탁한 때에는 위탁받은 기관의 명칭·대표자 및 소재지와 위탁업무의 내용 등을 **관보에 고시**하여야 한다.

---

01 다음 중 교육제도에 관한 다음 설명 중 틀린 것은?

① 중개사무소의 개설등록을 신청하려는 자는 등록신청일 전 1년 이내에 시·도지사가 실시하는 실무교육을 받아야 한다.

② 시·도지사는 실무교육, 직무교육 및 연수교육에 관한 업무를 협회에 위탁할 수 있다.

③ 법인이 중개사무소를 개설하는 경우에 그 임원·사원(합명회사 또는 합자회사의 무한책임사원을 말함)전원은 실무교육을 받아야 한다.

④ 분사무소의 책임자가 되고자 하는 공인중개사는 고용신고일 전 1년 이내에 시·도지사가 실시하는 연수교육을 받아야 한다.

⑤ 개업공인중개사는 소속공인중개사를 고용한 경우에는 실무교육을 받도록 한 후 업무개시 전까지 등록관청에 신고(전자문서에 의한 신고를 포함한다)하여야 한다.

02 다음 중 「공인중개사법」상 실무교육을 받아야 하는 자에 해당하지 않는 경우는 모두 몇 개인가?

> ㉠ 중개법인의 분사무소 책임자가 되려는 자
> ㉡ 등록을 신청하려는 법인의 공인중개사 자격이 없는 임원
> ㉢ 등록을 신청하려는 법인의 공인중개사 자격이 있는 사원
> ㉣ 개업공인중개사의 소속공인중개사가 되려는 자
> ㉤ 폐업신고 후 1년 이내에 재등록을 신청하려는 공인중개사
> ㉥ 중개보조원이 퇴직 후 1년이 지난 뒤에 다시 취업하려는 경우

① 1개   ② 2개   ③ 3개
④ 4개   ⑤ 5개

03 다음 중 연수교육에 관한 설명으로 틀린 것은?

① 연수교육에 대한 실시권자는 시·도지사이다.
② 연수교육은 법·제도의 변경사항, 부동산중개 및 경영실무, 직업윤리 등을 내용으로 한다.
③ 실무교육을 받은 개업공인중개사 및 소속공인중개사는 실무교육을 받은 후 2년마다 연수교육을 받아야 한다.
④ 연수교육을 실시하고자 하는 때에는 교육일 7일 전까지 교육일시 등을 교육대상자에 통지하여야 한다.
⑤ 연수교육을 정당한 사유 없이 받지 아니한 경우에는 500만원 이하의 과태료에 처해진다.

04 다음 중 개업공인중개사 등의 교육에 대한 설명으로 틀린 것은 모두 몇 개인가?

> ㉠ 국토교통부장관은 실무교육, 직무교육 및 연수교육의 전국적인 균형유지를 위하여 필요하다고 인정하면 해당 교육의 지침을 마련하여 시행할 수 있다.
> ㉡ 직무교육의 실시권자는 등록관청이다.
> ㉢ 직무교육은 직무수행에 필요한 법률지식, 부동산중개 및 경영 실무, 직업윤리 등을 내용으로 한다.
> ㉣ 실무교육 시간은 12시간 이상 16시간 이하로 한다.
> ㉤ 시·도지사는 연수교육을 실시하려는 경우 실무교육 또는 연수교육을 받은 후 2년이 되기 2개월 전까지 연수교육의 일시·장소·내용 등을 대상자에게 통지하여야 한다.
> ㉥ 실무교육을 받지 않았다고 하여 현행법상 과해지는 제재는 없다.

① 1개   ② 2개   ③ 3개
④ 4개   ⑤ 5개

제3절 보 칙

1. 업무위탁

(1) **위탁 교육**(실무교육, 직무교육 및 연수교육)

① 「고등교육법」 – 설립된 대학 또는 전문대학 중 부동산 관련 학과가 개설된 학교

② 협회

③ 「공공기관의 운영에 관한 법률」 – 공기업 또는 준정부기관

(2) **위탁 시험시행**

① 시험시행기관장은 시험의 시행에 관한 업무를 「공공기관의 운영에 관한 법률」 공기업, 준정부기관 또는 협회에 위탁할 수 있다.

🔒 **시험시행기관장은 시험의 시행**에 관한 업무 위탁 – 공기업, 준정부기관 또는 협회에 위탁할 수 있다(**대학은 ×**).

② 시·도지사 또는 시험시행기관장은 업무를 위탁한 때에는 위탁받은 기관의 명칭·대표자 및 소재지와 위탁업무의 내용 등을 관보에 고시하여야 한다.

2. **수수료**(조례에 따른 수수료)

납부(○)	납부(×)
① 중개사무소 개설등록신청(시·군·자치구 조례)	1. 공인중개사 자격증 첫 발급시
② 중개사무소 등록증 재교부신청(시·군·자치구 조례)	2. 휴업·폐업·재개·변경신고시
③ 공인중개사 자격증 재교부신청(시·도 조례)	3. 고용인 고용, 종료 신고시
④ 분사무소 설치신고시(시·군·자치구 조례)	4. 포상금지급 신청시
⑤ 분사무소 신고확인서 재교부(시·군·자치구 조례)	5. 거래정보사업자 지정신청
⑥ 공인중개사 응시수수료	

🔒 **공인중개사자격시험 또는 공인중개사자격증 재교부업무를 위탁한 경우**: 위탁받은 자가 **위탁한 자의 승인을 얻어** 결정·공고하는 수수료를 납부

🔒 **자격시험을 국토교통부장관이 시행하는 경우**: **국토교통부장관이 결정·공고하는 수수료를 납부**

---

01 다음은 공인중개사법령상 행정수수료 납부에 대한 설명이다. 틀린 것은?

① 공인중개사자격시험을 국토교통부장관이 시행하는 경우에는 국토교통부장관이 결정·공고하는 수수료를 납부하여야 한다.

② 공인중개사자격시험 업무를 위탁한 경우에는 당해 업무를 위탁받은 자가 위탁한 자의 승인을 얻어 결정·공고하는 수수료를 납부하여야 한다.

③ 분사무소의 설치신고를 하는 경우에는 주사무소 소재지 관할 시·도의 조례가 정하는 수수료를 납부하여야 한다.

④ 공인중개사자격시험 또는 공인중개사자격증 재교부업무를 위탁한 경우, 위탁받은 자가 **위탁한 자의 승인을 얻어** 결정·공고하는 수수료를 납부하여야 한다.

⑤ 서울특별시장으로부터 공인중개사자격증을 교부받은 자가 경기도 의정부시에서 중개업을 하다가 공인중개사자격증 분실로 인해 재교부를 신청하려면 서울특별시 조례가 정하는 바에 따라 수수료를 납부하여야 한다.

제4절 부동산거래질서교란행위 신고센터의 설치ㆍ운영(법 제47조의2)

① **국토교통부장관**은 "부동산거래질서교란행위"를 방지하기 위하여 신고센터를 설치ㆍ운영할 수 있다.

② **누구든지** 부동산중개업 및 부동산 시장의 건전한 거래질서를 해치는 다음의 **"부동산거래 질서 교란행위"**를 발견하는 경우 그 사실을 **신고센터에 신고할 수 있다.**

> 1. 제7조(자격증 양도ㆍ대여금지), 제8조(유사명칭의 사용금지), 제9조(중개사무소개설등록), 제18조의4(중개보조원의 고지의무) 또는 제33조 제2항(금지행위)을 위반하는 행위
> 2. 제48조 제2호(거짓, 부정하게 등록한 자)에 해당하는 행위
> 3. 개업공인중개사가 제12조 제1항(2중등록금지), 제13조 제1항(2중사무소설치금지)ㆍ제2항(임시중개시설물), 제14조 제1항(법인의 겸업제한 위반), 제15조 제3항(중개보조원 5배 초과 고용금지), 제17조(게시의무), 제18조(명칭 - 문자사용), 제19조(등록증 양도ㆍ대여금지), 제25조 제1항(중개대상물 확인, 설명위반), 제25조의3(주택임대차 중개시 설명의무) 또는 제26조 제3항(2중계약서 작성)을 위반하는 행위
> 4. 개업공인중개사 등이 제12조 제2항(2중소속금지), 제29조 제2항(업무상 비밀준수) 또는 제33조 제1항(금지행위)을 위반하는 행위
> 5. 「부동산 거래신고 등에 관한 법률」 제3조(부동산거래신고 위반), 제3조의2(부동산거래의 해제등신고) 또는 제4조(금지행위 - 거짓신고 요구, 거짓신고 조장ㆍ방조, 의무 아닌 자가 거짓신고, 가장 매매 또는 해제신고)를 위반하는 행위

③ 국토교통부장관은 신고센터의 업무를 **"한국부동산원"에 위탁**한다.

④ 한국부동산원은 신고센터의 운영규정을 정하여(변경 포함) **국토교통부장관의 승인**을 받아야 한다.

⑤ 신고센터는 신고사항에 대해 시ㆍ도지사 및 등록관청 등에 조사 및 조치를 요구해야 한다.

⑥ 조사 및 조치를 요구를 받은 **"시ㆍ도지사 및 등록관청" 등은** 신속하게 조사 및 조치를 완료하고, <**완료한 날부터 10일 이내**>에 그 결과를 "신고센터"에 통보해야 한다.

⑦ 신고센터는 처리 결과를 통보받은 경우 신고인에게 신고사항 처리 결과를 통보해야 한다.

⑧ "신고센터"는 **"매월 10일"까지 직전 달**의 신고사항 접수 및 처리 결과 등을 "국토교통부장관"에게 제출해야 한다.

〈🔒 참고〉

> **신고센터는 다음에 해당하는 경우에는** 국토교통부장관의 승인을 받아 신고사항을 종결할 수 있다.
>
> > 1. 신고내용이 명백히 거짓인 경우
> > 2. 신고인이 제2항에 따른 보완을 하지 않은 경우
> > 3. 신고사항의 처리결과를 통보받은 사항에 대하여 정당한 사유 없이 다시 신고한 경우로서 새로운 사실이나 증거자료가 없는 경우
> > 4. 신고내용이 이미 수사기관에서 수사 중이거나 재판에 계류 중이거나 법원의 판결에 의해 확정된 경우

01 다음 중 국토교통부장관의 부동산거래질서교란행위 신고센터의 설치·운영에 관한 내용으로 타당한 것은?

> ㉠ 국토교통부장관은 신고센터의 업무를 「한국부동산원법」에 따른 "한국부동산원"에 위탁한다.
>
> ㉡ 한국부동산원은 신고센터의 업무 처리 방법, 절차 등에 관한 운영규정을 정하여(변경포함) 국토교통부장관의 승인을 받아야 한다.
>
> ㉢ 신고센터는 신고사항에 대해 시·도지사 및 등록관청 등에 조사 및 조치를 요구해야 한다.
>
> ㉣ 신고센터는 신고내용이 명백히 거짓인 경우, 수사 중, 재판계류 중 또는 판결이 확정된 경우에는 국토교통부장관의 승인을 받아 접수된 신고사항의 처리를 종결할 수 있다.
>
> ㉤ "시·도지사 및 등록관청" 등은 조사 및 조치를 완료하고, 완료한 날부터 10일 이내에 그 결과를 "신고센터"에 통보해야 한다.
>
> ㉥ "신고센터"는 "매월 10일"까지 직전 달의 신고사항 접수 및 처리 결과 등을 "국토교통부장관"에게 제출해야 한다.

① 모두   ② 5개   ③ 4개
④ 3개   ⑤ 2개

제5절 포상금

1. 법 규정(법 제47조)

등록관청은 다음에 해당하는 자를 **등록관청, 수사기관이나 부동산거래질서교란행위 신고센터(한국부동산원)**에 신고 또는 고발한 자에 대하여 포상금을 지급할 수 있다.

2. 지급 사유 – 🔒 부.양.무. 시.체.방. 표시!

> (1) 거짓 그 밖의 부정한 방법으로 사무소의 개설등록한 자 – (**부정** 등록자)
>
> (2) 중개사무소등록증 또는 공인중개사자격증을 다른 사람에게 양도·대여하거나 다른 사람으로부터 양수·대여받은 자 – (**양**)
>
> (3) 중개사무소의 개설등록을 하지 아니하고 중개업을 한 자 – (**무등록업자**)
>
> (4) **법 제33조(금지행위)**: 부당한 이익을 얻거나 제3자에게 부당한 이익을 얻게 할 목적으로 거짓으로 거래가 완료된 것처럼 꾸미는 등 중개대상물의 시세에 부당한 영향을 주거나 줄 우려가 있는 행위 – (**시**)
>
> (5) **법 제33조(금지행위)**: 단체를 구성하여 특정 중개대상물에 대하여 중개를 제한하거나 단체 구성원 이외의 자와 공동중개를 제한하는 행위 – (**체**)

(6) **법 제33조(금지행위)** : 누구든지 시세에 부당한 영향을 줄 목적으로 안내문 등을 이용하여 개업공인중개사 등의 업무를 방해한 자 — (**방**)

(7) 개업공인중개사가 아닌 자가 표시·광고를 한 경우 — (**표시**)

3. 핵심 정리

지급 절차	1. 포상금지급신청서를 **등록관청**에 제출 2. **처분내용 조회** : 검사의 공소제기 또는 기소유예 결정에 한하여 지급 🔓 **법원의 유·무죄를 불문하고 지급한다.** 3. **포상금 지급** ① **지급권자** : 등록관청 ② 1건당 50만원(국고에서 50/100 내 보조) ③ 지급 **결정일부터 1개월** 이내에 지급 ④ 하나의 사건에 대하여 2인 이상이 **공동**으로 신고 또는 고발한 경우 포상금을 **균등 배분** 지급 🔓 합의된 경우는 그에 따라 지급 ⑤ 하나의 사건에 대하여 **2건 이상**의 신고 또는 고발이 접수된 경우 **최초**로 신고 또는 고발한 자에게 포상금을 지급

01 다음 중 포상금 신고·고발 대상자에 해당하지 않는 자를 바르게 묶은 것은?

> ㉠ 폐업신고 후 중개업을 한 자
> ㉡ 거짓 그 밖의 부정한 방법으로 공인중개사자격을 취득한 자
> ㉢ 부동산 투기행위를 조장한 자
> ㉣ 중개대상물의 매매를 업으로 한 자
> ㉤ 개업공인중개사 아닌 자의 표시·광고한 경우
> ㉥ 시세에 부당한 영향을 줄 목적으로 안내문 등을 이용하여 특정 개업공인중개사 등에 대한 중개의뢰를 제한하는 등의 업무를 방해한 자

① ㉡, ㉢, ㉣
② ㉠, ㉢, ㉣
③ ㉠, ㉤, ㉥
④ ㉡, ㉣, ㉤, ㉥
⑤ ㉠, ㉡, ㉢, ㉣

02 다음 중 등록관청에 신고한 甲과 乙이 받을 수 있는 포상금 최대금액은?

> ○ 甲은 중개사무소를 부정한 방법으로 개설등록한 A와 B를 각각 신고하였다.
> ○ 중개사무소의 개설등록을 하지 아니하고, 중개업을 하고 있는 C를 甲과 乙이 공동으로 신고하였다.
> ○ 乙이 중개사무소등록증을 다른 사람에게 양도한 D를 신고한 이후에, 甲도 D를 신고하였다.
> ○ E가 부정한 방법으로 중개사무소를 개설등록한 사실이 등록관청에 의해 발각된 이후 甲과 乙은 E를 공동으로 신고하였다.
> ○ 담당 검사는 A와 E에 대하여 공소제기, C와 D에 대해여 기소유예결정, B에 대하여 무혐의처분을 하였다.
> ○ 甲과 乙사이에 포상금 분배약정은 없었다.

① 甲: 75만원 乙: 75만원
② 甲: 100만원 乙: 100만원
③ 甲: 125만원 乙: 75만원
④ 甲: 125만원 乙: 100만원
⑤ 甲: 150만원 乙: 50만원

Chapter

09

지도·감독 및 행정처분

제1절 행정처분

1. 행정처분 일반

구 분	개업공인중개사		공인중개사		거래정보사업자
처분권자	등록관청		자격증교부 시·도지사		국토교통부 장관
처분내용	등록취소	업무정지	자격취소	소·공: 자격정지	지정취소
처분성격	기속취소 재량취소	재량행위	기속취소	재량행위	재량행위
사전절차	청문	의견제출	청문	의견제출	청문
사후절차	① **협회통보**: 익월 10일까지 ② 등록취소시 등록증 반납 　(7일 내)		① 취소시 **5일** 내 국·장 보고, 　다른 시·도지사에 통지 ② 취소시 **7일** 내 교부 시·도 　지사 에게 자격증 반납		

2. 행정처분 사유

대 상	구 분	사 유
공인 중개사	자격취소 (기속취소)	① **부정 자격취득** ② 타인에게 성명사용, 자격증 **양도·대여**(1 − 1) ③ **자격정지 기간 중에 업무 또는 2중소속** ④ **이 법 + 형법상 사기, 사문서 위조·변조 및 횡령·배임 등 　위반 ⇨ 금고형 이상**(집행유예 포함) 선고
	자격정지 (재량행위)	① **이중소속**(＋ 1 − 1) ② **인장** 미등록 또는 미등록인장 사용 ③ **불성실 확인·설명**, 근거자료 미제시 ④ **확인설명서** 서명·날인 위반 ⑤ **거래계약서** 서명·날인 위반 ⑥ 거래계약서 거짓기재, 2**중계약서** 작성 ⑦ **금지행위(기,수,매,무: ＋1 − 1) 관,직,쌍,투,시체: ＋3 − 3)**
개업공인 중개사	절대적 등록취소 (최근,양,이,사, 업무,5배,부,결)	① **최근 1년 이내에 2회 이상의 업무정지** ⇨ 다시 업무정지 위 　반행위 ② 타인에게 성명 ·상호 사용, **등록증 양도 또는 대여**(1 − 1) ③ **이중소속**(1 − 1) ④ **이중등록**(1 − 1)

		⑤ **사망, 해산** ⑥ **업무정지기간** 중 중개업/자격정지 중인 소·공에게 업무하게 함. ⑦ **5배** 초과 고용 ⑧ **부정** 등록(3 − 3) ⑨ **결격사유**(**예** 임원 2개월 내 해소 ×)
	임의적 등록취소 (금,겸업,미달, 이 − 6.보.전)	① **금지행위**(1 − 1, 3 − 3) ② **겸업 위반**(법인) ③ 등록기준 **미달**(자본금 5천만) ④ **2중사무소** ⑤ **임시시설물** 설치 ⑥ **2중계약서** 작성(거래계약서 거짓기재 등) ⑦ **6개월 초과 휴업** ⑧ **보증 미설정** 업무개시 ⑨ **전속중개계약시** 정보 공개위반 ⑩ 최근 1년 이내 3회 **이상 업·정 또는 과태료** 처분 ⇨ 다시 　 업·정 또는 과태료 행위 ⑪ 사업자단체나 구성원이 독점규제법 위반으로 행위중지 등을 　 **최근 2년 이내에 2회 이상** 받은 경우
	업무정지 <서.인.교(존) − 임.기.중 − 망 >!!	① **거래계약서** − **서명** 및 날인, 거래계약서 **교부** 및 5년 **보존** ② **확인·설명서** − **서명** 및 날인, 확인·설명서 교부 및 3년 **보존** 　<🔒 **주의: 확인·설명 위반** − 과태료 500만원> ③ **전속중개계약서** − 미사용, 전속중개계약서 3년 **미보존** ④ **인장 미등록** 또는 미등록 **인장** 사용 ⑤ **임의적 등록취소 사유** ⇨ 업무정지로 대체 가능 ⑥ (기타) 그 밖에 이 법 또는 이 법에 의한 명령에 위반한 경우 　<🔒 절대적 등록취소, 과태료는 제외> ⑦ **중개인**이 업무지역 위반 ⑧ 거래**정보망**에 거짓공개 또는 거래사실 미통보 ⑨ **최근 1년 내에** 2회 이상 업무정지 또는 과태료 ⇨ 다시 과태 　 료 위반행위 ⑩ 고용인의 결격사유 발생(단, 2개월 내 해소 ×) ⑪ 개업공인중개사가 지도·감독상 명령 위반 ⑫ 독점규제법위반으로 행위중지, 시정명령, 과징금을 받은 경우
거래 정보 사업자	지정취소 (재량취소) = 거,운,정,해,일	① **거짓지정** ② **운영규정** 제정, 변경×, 운영규정위반(500만원 이하 과태료) ③ 개업공인중개사로부터 의뢰받지 않은 **정보공개**, 다르게, 차 　 별적 정보 공개(1 − 1) ④ **사망, 해산** 그 밖의 사유로 정보망의 계속적인 운영이 불가능 ⑤ 정당한 사유 없이 지정을 받은 날부터 **1년 이내**에 정보망 설 　 치·운영 ×

3. 행정처분 종류별 핵심정리

(1) 공인중개사의 자격취소

① 이 법 + 형법상 사기, 사문서 위조·변조 및 횡령·배임 등 ⇨ 금고형 이상 선고

> ㉠ 금고형이나 징역형의 선고시 + **집행유예 선고**를 받은 경우 − 자격취소(○)
> ㉡ 금고형이나 징역형의 **선고유예**를 받은 경우 − 자격취소(×)

② 자격취소권자: **교부한 시·도지사**

③ 자격취소의 효과

> ㉠ 7일 이내에 자격증을 교부한 시·도지사에 자격증을 반납(과태료 100만)
> ㉡ 자격이 취소시에 3년간 − 자격취득 및 중개업 종사 불가함.
> ㉢ 시·도지사는 5일 이내에 국토부장관에 보고, 다른 시·도지사에게 통보

〈🔒 참고〉 자격증을 미반납 또는 사유서를 제출 아니하거나, 또는 거짓으로 사유서를 제출한 자는 과태료 100만원 이하 사유이다.

④ 자격증을 **교부한 시·도지사**와 공인중개사 **사무소의 관할 시·도지사**가 서로 다른 경우: 사무소의 소재지를 관할하는 시·도지사가 자격취소처분 또는 자격정지 처분에 **필요한 절차(예 청문)**를 모두 이행한 후 ⇨ **교부한 시·도지사에게 통보** 한다.
따라서, 최종적으로 **교부한 시·도지가 자격을 취소한다.**

(2) 소속공인중개사의 자격정지

① 시·도지사는 소속공인중개사에게 **6개월의 범위 안**에서 기간을 정하여 그 **자격을 정지할 수 있다.**

② **등록관청**은 소속공인중개사가 위 자격정지 사유에 해당하는 사실을 알게 된 때에는 **지체 없이** 그 사실을 **시·도지사에게 통보**하여야 한다.

③ 자격정지의 기준: 시·도지사는 위반행위의 동기·결과 및 횟수 등을 참작하여 **자격정지기간의 2분의 1의 범위 안에서 가중 또는 경감**할 수 있다. 가중 처분시에도 자격정지기간은 6개월을 초과할 수 없다.

④ 자격정지기간 동안 결격(○), 6개월을 초과하는 자격정지 처분(×), 자격증은 반납(×)

⑤ 자격정지기간 중에 중개 업무를 하거나 다른 개업공인중개사의 2중소속이 된 경우는 자격이 취소된다. <주의> **개업공인중개사가 업무하게 한 경우: 등록취소된다.**

⑥ 자격정지 기준: 시·도지사는 위반행위의 동기·결과 및 횟수 등을 참작하여 자격정지 기간의 2분의 1의 범위 안에서 가중 또는 경감할 수 있다. 단, 가중시에도 6개월을 초과할 수 없다.

위반 행위	정지 기준
1. 둘 이상의 중개사무소에 소속된 경우	6개월
2. 거래계약서에 거래금액 등 거래내용을 거짓으로 기재하거나 서로 다른 둘 이상의 거래계약서를 작성한 경우	6개월
3. 법 제33조 제1항 각(1호~9호)에 규정된 금지행위를 한 경우	6개월

4. 성실·정확하게 중개대상물의 확인·설명을 하지 아니하거나 설명의 근거자료를 제시하지 아니한 경우	3개월
5. 중개대상물확인·설명서에 서명·날인을 하지 아니한 경우	3개월
6. 인장등록을 하지 아니하거나 등록하지 아니한 인장을 사용한 경우	3개월
7. 거래계약서에 서명·날인을 하지 아니한 경우	3개월

⑶ **개업공인중개사의 등록취소**

① 등록취소 <사유>에 해당되어도 등록취소 처분이 행해지기 <전까지>는 등록효력은 유지된다. 🔒 **단, 사망·해산 - 즉시 등록효력 상실한다. 또한 청문 - (×)**

② 중개법인의 사원·임원이 결격이면 법인 자체가 결격 - 절대적 등록취소 사유
🔒 단, 해당 임원 2개월 이내 해소할 경우는 ×

③ 자격정지와 업무정지는 반납 - (×)

④ 등록취소처분 - 등록취소처분을 받은 날로부터 3년간 결격사유에 해당
(🔒 **주의 : 자격이 취소되지는 않는다)**

⑤ 등록취소와 자격취소 - 등록증(등록관청)·자격증(교부한 시·도지사)을 7일 이내에 반납한다(위반 - 과태료 100만원 이하).

⑥ 법인인 개업공인중개사가 해산한 경우에는 그 **법인의 대표자이었던 자**가 7일 이내 반납

⑷ **개업공인중개사의 업무정지**

① 법인인 개업공인중개사에 대하여는 **법인 또는 분사무소별로** 업무의 정지를 명할 수 있다.

② 업무정지처분 기간 중에 사무소 이전은 가능하다.
(단, 업무정지 기간 중인 개업공인중개사가 사무소 공동사용 목적으로 이전은 불가)

③ 소멸시효 - 업무정지처분은 해당 **사유가 발생한 날부터 3년**이 경과한 때에는 이를 할 수 없다. <🔒 **주의 : 등록취소, 자격취소, 자격정지사유에는 이 제도가 없다.>**

④ 등록관청은 다음달 10일까지 협회 통보사항이다. ⇨ (**이, 등, 분, 휴, 행, 고**)

⑤ 등록관청은 위반행위의 동기·결과 및 횟수 등을 참작하여 업무정지기간의 **2분의 1의 범위** 안에서 가중 또는 경감할 수 있다. 이 경우 가중하여 처분하는 때에도 기간은 **6개월을 초과할 수 없다.**

위반행위	기 간
가. 최근 1년 이내에 이 법에 따라 2회 이상 업무정지 또는 과태료의 처분을 받고 다시 과태료의 처분에 해당하는 행위를 한 경우	6개월
나. 임의적 등록취소의 각 호의 하나를 최근 1년 이내에 1회 위반한 경우	6개월
다. 결격사유자인 소속공인중개사 또는 중개보조원으로 둔 경우. 다만, 그 사유가 발생한 날부터 2개월 이내에 그 사유를 해소한 경우는 제외한다.	6개월
라. 중개대상물에 관한 정보를 거짓으로 공개한 경우	6개월
마. 인장등록을 하지 않거나 등록하지 않은 인장을 사용한 경우	3개월
바. 전속중개계약서에 따르지 않고 전속중개계약을 체결하거나 계약서를 보존하지 않은 경우	3개월

아. 거래정보사업자에게 공개를 의뢰한 중개대상물의 거래가 완성된 사실을 그 거래정보사업자에게 통보하지 않은 경우	3개월
자. 중개대상물확인·설명서를 교부하지 않거나 보존하지 않은 경우	3개월
차. 중개대상물확인·설명서에 서명·날인을 하지 않은 경우	3개월
카. 적정하게 거래계약서를 작성·교부하지 않거나 보존하지 않은 경우	3개월
타. 거래계약서에 서명·날인을 하지 않은 경우	3개월
하. 지도감독 - 보고, 자료의 제출, 조사 또는 검사를 거부·방해 또는 기피하거나 그 밖의 명령을 불이행	3개월
거. 부칙 제6조 제6항의 자가 업무지역의 범위를 위반 한 경우	3개월
커. 그 밖에 이 법 또는 이 법에 따른 명령이나 처분을 위반한 경우	**1개월**

4. 행정제재처분 효과 등의 승계

(1) 의 의

폐업신고 후 재등록을 한 때에는 폐업신고전의 개업공인중개사의 지위를 승계한다.

🔒 행정처분을 함에 있어서는 폐업기간과 폐업의 사유 등을 고려하여야 한다.

(2) 관련 내용

> ① **처분효과**: 폐업신고 전의 업무정지, 과태료처분 효과는 - **처분일부터 1년간 승계**
>
> ② **위반행위**: ㉠ 폐업신고 전의 등록취소 사유는 - **폐업기간이 3년 이내면 승계**
>
> \<즉, **폐업기간이 3년을 초과한 경우**는 승계하지 않는다.\>
>
> 🔒 결격기간 계산: 3년에서 **폐업기간을 공제**한다.
>
> ㉡ 업무정지 사유는 **폐업기간이 1년 이내이면 승계**
>
> \<즉, **폐업기간이 1년을 초과한 경우**는 승계하지 않는다.\>

〈🔒 보충〉 승계 기간

구 분	처분 내용	승계기간
1. 처분받은 효과	㉠ 업무정지 처분	처분일로부터 - 1년 이내
	㉡ 과태료 처분	처분일로부터 - 1년 이내
2. 위반행위 사유	㉠ 등록취소 사유	폐업기간 - 3년 이내
	㉡ 업무정지 사유	폐업기간 - 1년 이내

01 공인중개사법령상 공인중개사의 자격취소에 관한 설명으로 옳은 것은?

① 공인중개사 자격취소처분을 받은 개업공인중개사는 중개사무소의 소재지를 관할하는 시·도지사에게 공인중개사자격증을 반납해야 한다.

② 부정한 방법으로 공인중개사의 자격을 취득한 경우 자격취소사유에 해당하며, 1년 이하의 징역 또는 1천만원 이하의 벌금에 처해진다.

③ 시·도지사는 공인중개사의 자격취소처분을 한 때에는 7일 이내에 이를 국토교통부장관에게 보고해야 한다.

④ 자격증을 교부한 시·도지사와 공인중개사 사무소의 소재지를 관할하는 시·도지사가 다른 경우, 자격증을 교부한 시·도지사가 자격취소처분에 필요한 절차를 이행한다.

⑤ 소속공인중개사가 자격정지처분을 받고 그 정지기간 중에 다른 개업공인중개사의 소속공인중개사가 된 경우 자격취소사유가 된다.

02 다음 중 「공인중개사법」상 자격취소 사유가 아닌 것은?

① 부정한 방법으로 공인중개사의 자격을 취득한 경우

② 다른 사람에게 자기의 성명을 사용하여 중개업무를 하게 한 경우

③ 공인중개사의 직무와 관련하여 형법상 업무상의 횡령죄로 징역 1년에 대한 집행유예 2년을 선고받은 경우

④ 공인중개사의 직무와 관련하여 형법상 범죄단체 등의 조직죄 위반으로 금고형을 선고 받은 경우

⑤ 만취운전으로 사고를 내어 도로교통법 위반으로 징역형 2년을 선고 받은 경우

03 다음 중 소속공인중개사에 대한 자격정지사유가 아닌 것은?

① 중개의뢰인과 직접거래 한 경우

② **권리를 취득하고자 하는 중개의뢰인에게 등기사항증명서 등 확인·설명의 근거자료를 제시하지 않은 경우**

③ 거래계약서에 거래금액 등 거래내용을 거짓으로 기재하거나 서로 다른 둘 이상의 거래계약서를 작성한 경우

④ **분양권 매매를 업으로 한 경우**

⑤ 중개의뢰인의 비밀을 누설하여 징역형을 선고 받은 경우

04 공인중개사법령상 중개업무를 수행하는 소속공인중개사의 자격정지에 관한 설명으로 옳은 것은?

① 시장·군수 또는 구청장은 공인중개사 자격정지사유 발생시 6개월의 범위 안에서 기간을 정하여 그 자격을 정지할 수 있다.

② 중개대상물 확인·설명서를 교부하지 아니한 경우는 자격정지사유에 해당한다.

③ 전속중개계약서에 의하지 아니하고 전속중개계약을 체결한 경우는 자격정지사유에 해당한다.

④ 거래계약서에 서명 및 날인을 하지 아니한 경우는 자격정지사유에 해당한다.

⑤ 자격정지기간은 2분의 1의 범위 안에서 가중 또는 감경할 수 있으며, 가중하여 처분하는 때에는 9개월로 할 수 있다.

05 다음 중 국토부령이 정하는 자격정지 처분시에 가중·감경에 대한 부과기준이 틀린 것은?

위반행위	정지 기준
① 둘 이상의 중개사무소에 소속된 경우	6개월
② 인장등록을 하지 아니하거나 등록하지 아니한 인장을 사용한 경우	3개월
③ 성실·정확하게 중개대상물의 확인·설명을 하지 아니하거나 설명의 근거자료를 제시하지 아니한 경우	3개월
④ 중개대상물확인·설명서에 서명·날인을 하지 아니한 경우	3개월
⑤ 거래계약서에 서명·날인을 하지 아니한 경우	6개월

06 「공인중개사법」상 등록취소처분에 관한 설명 중 틀린 것은 모두 몇 개인가?

⊙ 등록취소 사유에 해당하더라도 등록취소 전까지는 등록의 효력이 소멸하지 않는다.
ⓒ 개업공인중개사가 등록취소처분을 받으면 원칙적으로 3년간 결격사유에 해당한다.
ⓒ 등록이 취소되더라도 결격의 효과가 고용인에게 미치는 것은 아니다.
ⓔ 등록이 취소된 자는 등록취소처분을 받은 날부터 5일 이내에 등록관청에 등록증을 반납하여야 한다.
ⓜ 중개법인이 해산으로 등록이 취소된 경우에는 그 법인의 대표자 또는 임원이었던 자가 반납하여야 한다.
ⓗ 등록관청은 등록취소처분 사실을 다음 달 10일까지 협회에 통보하여야 한다.
ⓢ 등록취소처분을 받은 경우에는 7일 이내에 사무소의 간판을 철거하여야 한다.

① 1개   ② 2개   ③ 3개
④ 4개   ⑤ 5개

07 공인중개사법령상 개업공인중개사의 다음 행위 중 중개사무소 개설등록을 반드시 취소해야 하는 것은?

① 중개의뢰인과 직접 거래를 한 경우
② 업무정지기간 중에 중개업무를 한 경우
③ 동일 건에 대하여 서로 다른 둘 이상의 거래계약서를 작성한 경우
④ 중개대상물의 매매를 업으로 하는 행위를 한 경우
⑤ 이동이 용이한 임시 중개시설물을 설치한 경우

08 다음 중 반드시 중개사무소 개설등록을 취소하여야 할 사유가 아닌 것은?

① 개업공인중개사가 2개월 자격정지 기간 중인 소속공인중개사로 하여금 중개업무를 하게 한 경우
② 동작구에 중개사무소 개설등록을 한 개업공인중개사가 강남구에 중개사무소 개설등록을 하여 업무를 하는 경우
③ 개업공인중개사가 중개보조원의 고용제한 인원을 초과하여 고용 한 경우
④ 개업공인중개사 甲이 형법상 상습도박죄로 징역 1년에 집행유예 2년을 선고 받은 경우
⑤ 서초구에 중개사무소를 둔 개업공인중개사가 강남구에 중개사무소를 설치 한 경우

09 공인중개사법령상 개업공인중개사의 사유로 중개사무소 개설등록을 취소할 수 있는 경우가 아닌 것은?

① 중개사무소 등록기준에 미달하게 된 경우
② 국토교통부령이 정하는 전속중개계약서에 의하지 아니하고 전속중개계약을 체결한 경우
③ 이동이 용이한 임시 중개시설물을 설치한 경우
④ 대통령령으로 정하는 부득이한 사유가 없음에도 계속하여 6개월을 초과하여 휴업한 경우
⑤ 손해배상책임을 보장하기 위한 조치를 이행하지 아니하고 업무를 개시한 경우

10 다음 중 개업공인중개사에 대하여 업무정지를 명할 수 있는 경우는 몇 개인가?

> ㉠ 등록하지 아니한 인장을 사용한 경우
> ㉡ 중개보조원이 중개의뢰인에게 중개보조원의 직위(신분)를 고지하지 않은 경우
> ㉢ 고용인 고용신고를 하지 않은 경우
> ㉣ 결격사유에 해당하는 자를 고용인으로 둔 경우
> ㉤ 중개대상물 확인·설명서 1부를 보존하지 아니한 경우
> ㉥ 둘 이상의 중개사무소에 소속한 경우
> ㉦ 2개 이상의 중개사무소를 둔 경우
> ㉧ 법인인 개업공인중개사가 겸업제한에 위반한 경우

① 3개   ② 4개   ③ 5개   ④ 6개   ⑤ 7개

11 다음 중 공인중개사법령상 자격정지처분과 업무정지처분에 관한 비교·설명으로 틀린 것은?

① 자격정지처분은 자격증을 교부한 시·도지사가 하고, 업무정지처분은 등록관청이 한다.

② 자격정지처분의 대상은 소속공인중개사이나, 업무정지처분의 대상은 개업공인중개사이다.

③ 자격정지기간 또는 업무정지기간 중에 있는 자는 중개업무를 할 수 없다.

④ 업무정지처분은 법에 정한 기간이 경과한 때에는 이를 할 수 없으나, 자격정지처분은 그에 관한 규정이 없다.

⑤ 이중소속을 한 경우 소속공인중개사는 자격정지사유에 해당되고, 개업공인중개사는 업무정지사유에 해당된다.

12 다음은 최근 1년 이내에 개업공인중개사가 법위반행위에 대해 해당 처분을 받고 다시 법위반행위를 한 경우이다. 다음 중 개업공인중개사 甲, 乙, 丙이 받을 수 있는 행정처분이 바르게 된 것은?

> ㉠ 甲은 업무정지처분 1회, 과태료처분 1회를 받고 다시 게시의무를 위반한 경우
> ㉡ 乙은 업무정지처분 1회, 과태료처분 2회를 받고 다시 등록인장을 사용하지 않은 경우
> ㉢ 丙은 업무정지처분을 2회, 과태료처분 1회를 받고 다시 거래계약서를 보존하지 않은 경우

① 과태료처분 - 절대적 등록취소 - 업무정지처분
② 업무정지처분 - 임의적 등록취소 - 절대적 등록취소
③ 업무정지처분 - 업무정지처분 - 임의적 등록취소
④ 임의적 등록취소 - 업무정지처분 - 절대적 등록취소
⑤ 임의적 등록취소 - 업무정지처분 - 임의적 등록취소

13 다음 중 행정제재처분효과의 승계 등에 관한 설명으로 옳은 것은?

① 폐업기간이 13개월인 재등록 개업공인중개사에게 폐업신고 전의 업무정지사유에 해당하는 위반행위에 대하여 업무정지처분을 할 수 있다.

② 폐업신고 전에 개업공인중개사에게 한 업무정지처분의 효과는 그 처분일부터 3년간 재등록 개업공인중개사에게 승계된다.

③ 폐업기간이 3년 6개월인 재등록 개업공인중개사에게 폐업신고 전의 중개사무소 개설등록 취소사유에 해당하는 위반행위를 이유로 개설등록취소처분을 할 수 있다.

④ 폐업신고 전에 개업공인중개사에게 한 과태료부과처분의 효과는 그 처분일부터 9개월 된 때에 재등록을 한 개업공인중개사에게 승계된다.

⑤ 재등록 개업공인중개사에 대하여 폐업신고 전의 개설등록취소에 해당하는 위반행위를 이유로 행정처분을 할 때 폐업의 사유는 고려하지 않는다.

14 공인중개사법령상 공인중개사인 개업공인중개사 甲의 중개사무소 폐업 및 재등록에 관한 설명으로 옳은 것은?

① 甲이 중개사무소를 폐업하고자 하는 경우, 국토교통부장관에게 미리 신고하여야 한다.

② 甲이 폐업 사실을 신고하고 중개사무소 간판을 철거하지 아니한 경우, 과태료 부과처분을 받을 수 있다.

③ 甲이 공인중개사법령 위반으로 2023. 2. 8. 1개월의 업무정지처분을 받았으나 2023. 7. 1. 폐업신고를 하였다가 2023. 12. 11. 다시 중개사무소 개설등록을 한 경우, 종전의 업무정지처분의 효과는 승계되지 않고 소멸한다.

④ 甲이 공인중개사법령 위반으로 2023. 1. 8. 1개월의 업무정지처분에 해당하는 행위를 하였으나 2023. 3. 5. 폐업신고를 하였다가 2023. 12. 5. 다시 중개사무소 개설등록을 한 경우, 종전의 위반행위에 대하여 1개월의 업무정지처분을 받을 수 있다.

⑤ 甲이 공인중개사법령 위반으로 2021. 2. 5. 등록취소처분에 해당하는 행위를 하였으나 2021. 3. 6. 폐업신고를 하였다가 2023. 10. 16. 다시 중개사무소 개설등록을 한 경우, 그에게 종전의 위반행위에 대한 등록취소처분을 할 수 없다.

제2절 행정 형벌

3년 - 3천 〈허,무,관, 직,쌍,투,시, 체,방〉	① **부정(허위)등록**(절 · 취) ② **무등록업자** ③ **관련** 증서 등 중개 / 매매업(임 · 취) ④ **직접 거래 · 쌍방대리**(임 · 취) ⑤ **투기조장** − 미등기전매, 권리변동 제한 부동산 중개 등 ⑥ **시세 조작** − 부당한 이익을 얻을 목적 ⑦ **단체구성** − 중개 제한, 공동중개 제한 행위 ⑧ 개업공인중개사의 업무 **방해** − 안내문 등 이용 부당한 시세 조작 등
1년 - 1천 〈양. 알. 아.이. 비.정. 기.수.매.무	① 타인에게 성명 사용 등 **자격증 양도 · 대여**한 자(절 · 취) / **양수 · 대여받은 자** ② 등록증을 다른 사람에게 **양도 · 대여**한 자 또는 양수 · 대여 받은 자 🔒 ①②를 **알선**한 자 포함. ③ 공인중개사 **아닌 자**가 "공인중개사 또는 이와 유사한 명칭을 사용한 자" ④ 개업공인중개사가 **아닌 자**가 "공인중개사사무소", "부동산중개" 또는 이와 유사 명칭사용 ⑤ 개업공인중개사가 **아닌 자**가 중개대상물에 대한 표시 · 광고를 한 자 ⑥ **2중**으로 개설등록한 자(절 · 취) ⑦ **2중**으로 소속한 자(절 · 취, / 자 · 정) ⑧ **2중**으로 중개사무소를 설치한 자(임 · 취) ⑨ 임시 중개시설물을 설치한 자(임 · 취) 🔒 2중계약서 작성은 행정형벌 제재가 없다(임 · 취 사유일 뿐). ⑩ **비밀**을 누설한 자 ⑪ 거래**정보**사업자가 개 · 공 이외자의 **정보공개**, **다르게**, **차별적 공개** ⑫ 제33조(금지행위) − **기망**, 보수 **초과**, **매매업**, 무등록업자와 **협력**(기,수,매,무)

양벌규정	① 개업공인중개사의 경우에 고용인이 법 제48조(3징 − 3벌), 제49조(1 − 1)에 위반했을 때는 개업공인중개사에 대해서 **벌금형을 과한다.** 🔒 다만, 개업공인중개사가 **상당한 주의와 감독**을 다했으면 벌금형을 받지 않을 수 있다(과실책임). ＜참고＞ 즉, **개업공인중개사는 양벌규정으로 징역형은 안 받는다.** **따라서, 개업공인중개사의 자격증이 취소되는 경우는 없다.** ② 고용인의 위반행위가 **행정질서벌과 행정처분**에 해당하는 경우는 양벌규정이 적용되지 않는다. ③ 양벌규정으로 고용인과 개업공인중개사간에 언제나 동일한 벌금액으로 처벌되는 것은 아니다. ④ 판례 : 개업공인중개사가 양벌규정에 의해 300만원 이상 벌금형을 선고받아도 **결격사유에 해당되지 않으며, 따라서 등록이 취소되지 않는다.**

〈🔒 판례〉 거래당사자가 무등록업자에게 중개를 의뢰하거나 미등기 부동산의 전매에 대하여 중개를 의뢰하였다고 하더라도 그 중개의뢰행위 자체는 처벌 대상이 될 수 없다.
따라서, 중개의뢰인의 중개의뢰행위를 공동정범 행위로 처벌할 수도 없다.

01 다음 중에서 절대적 등록취소 사유이면서 동시에 1년 이하의 징역 또는 1천만원 이하의 벌금에 해당되는 것은 모두 몇 개인가?

> ㉠ 겸업범위를 위반 중개법인
> ㉡ 이중등록을 한 개업공인중개사
> ㉢ 다른 중개사무소에 소속된 개업공인중개사
> ㉣ 단체를 구성하여 단체 구성원 이외의 자와 공동중개를 제한하는 행위
> ㉤ 등록증을 양도·대여한 개업공인중개사
> ㉥ 중개의뢰인과 직접거래를 한 개업공인중개사
> ㉦ 부정한 방법으로 중개사무소 개설등록을 한 자
> ㉧ 이중계약서를 작성한 개업공인중개사

① 1개   ② 2개   ③ 3개   ④ 4개   ⑤ 5개

02 공인중개사법령상 벌칙의 최고한도가 다른 것은?
① 둘 이상의 중개사무소에 소속된 자
② 다른 사람에게 공인중개사 자격증을 양도·대여를 알선한 자
③ **개업공인중개사가 중개보조원에 대한 인원을 초과 고용한 경우**
④ 중개의뢰인과 직접 거래를 한 개업공인중개사
⑤ 중개사무소의 개설등록을 하지 아니하고 중개업을 영위하는 자인 사실을 알면서 그에게 자기의 명의를 이용하게 한 개업공인중개사

03 다음 중 ( )안에 들어갈 숫자가 나머지와 다른 것은?

① 재등록개업공인중개사에 대하여 폐업신고 전의 등록취소의 위반행위에 대한 행정처분을 할 수 있다. 다만, 폐업기간이 ( )년을 초과한 경우에는 제외한다.

② 업무정지처분은 처분사유 중 어느 하나에 해당하는 사유가 발생한 날부터 ( )년을 경과한 때에는 이를 할 수 없다.

③ 공인중개사의 자격이 취소된 후 ( )년이 경과되지 아니한 자는 공인중개사가 될 수 없다.

④ 공탁금은 개업공인중개사가 사망 또는 중개업을 폐업한 날부터 ( )년 이내에는 이를 회수할 수 없다.

⑤ 폐업신고 전의 개업공인중개사에 대하여 업무정지 또는 과태료처분의 효과는 그 처분일부터 ( )년간 재등록개업공인중개사에게 승계한다.

제3절 과태료

1. 과태료 사유 및 부과권자 와 금액

구 분	대 상	부과·징수자	내 용
500만원 이하 과태료 〈정.통.협. 연.설.부. 고지 〉	거·정 사업자	국·장	① **운영규정 제정, 변경 승인 ×, 위반 운영**(지정취소) ② **지도 감독상** 명령 위반
	정보통신 사업자	국·장	정보통신서비스사업자기 관련자료 **제출요구** 또는 필요한 **조치 요구에 불응**
	협 회	국·장	① 공제사업운영실적 **미공시**(3개월) ② 임원에 대한 **징계, 해임**요구 불이행 또는 **시정명령**을 이행하지 아니한 자 ③ 공제업무**개선명령**을 불이행 ④ **지도, 감독상명령** 위반
	구 별	시·도지사	**연수교육**을 받지 아니한 자 🔒 실무, 직무교육 − ×
		등록관청 (개·공)	㉠ **확인·설명의무 위반** ㉡ **부당 표시·광고 위반** ㉢ 중개보조원의 신분(직위) **고지의무 위반**
100만원 이하 과태료	개업공인중 개사 (이,보,게, 문,폐,반납, 표시)	등록관청	① **사무소 이전신고**의무 위반 ② **보증** 미설명, 사본 미교부 ③ **게시의무** 위반 ④ **문자사용**의무 위반(중개인이 "공인중개사사무소" 문자사용 포함) / 옥외 광고물에 **성명** 표기 위반 ⑤ **휴·폐업 신고**의무 위반 ⑥ 등록증 **미반납** ⑦ 자격증 **미반납** − 시·도지사 ⑧ 중개대상물 **표시, 광고** 위반한자 📕 전단지, 인터넷
	공인중개사	시·도지사	**자격증 7일 미반납**

2. 과태료 부과기준

국토교통부장관, 시·도지사, 등록관청은 위반행위의 동기·결과 및 횟수 등을 고려하여 500만원 이하와 100만원 이하 사유는 과태료부과기준금액의 2**분의** 1의 범위에서 가중 또는 감경할 수 있다.

---

01 다음 중 과태료 부과대상자 − 부과기관 − 과태료금액의 연결이 옳은 것은 모두 몇 개인가?

> ㉠ 연수교육을 받지 아니한 개업공인중개사 − 시·도지사 − 500만원 이하의 과태료
> ㉡ 공인중개사법령을 위반하여 중개대상물의 중개에 관한 표시·광고를 한 개업공인중개사 − 등록관청 − 100만원 이하의 과태료
> ㉢ 공제사업 운용실적을 공시하지 아니한 협회 − 국토교통부장관 − 500만원 이하의 과태료
> ㉣ 등록취소된 후 등록증을 반납하지 아니한 자 − 시·도지사 − 100만원 이하 과태료
> ㉤ 성실·정확하게 확인·설명하지 아니한 개업공인중개사 − 등록관청 − 100만원 이하의 과태료

① 1개 ② 2개 ③ 3개
④ 4개 ⑤ 5개

02 다음 중 500만원 이하의 과태료부과 사유에 해당하는 것은 모두 몇 개인가?

> ㉠ 연수교육을 정당한 사유 없이 받지 아니한 경우
> ㉡ 협회가 시정명령을 이행하지 아니한 경우
> ㉢ 협회가 공제사업의 운영실적을 공시하지 아니한 경우
> ㉣ 국토교통부장관의 모니터링 관련자료 제출 요구에 위반한 정보통신서비스 사업자
> ㉤ 거래정보사업자가 감독상 명령을 위반한 경우
> ㉥ 중개대상물이 존재하지 않아서 실제로 거래를 할 수 없는 중개대상물에 대한 표시·광고(허위매물)를 한 경우
> ㉦ 중개대상물의 가격 등 내용을 사실과 다르게 거짓으로 또는 사실을 과장(허위가격 및 과장) 표시·광고를 한 경우
> ㉧ 개업공인중개사가 아닌 자로서 '공인중개사사무소'라는 명칭을 사용한 경우
> ㉨ 휴업·폐업신고를 하지 아니한 경우

① 2개 ② 3개 ③ 4개
④ 6개 ⑤ 7개

03 다음 중 100만원 이하의 과태료부과 사유에 해당하지 않는 것은?

> ㉠ 중개사무소등록증을 게시하지 아니한 경우
> ㉡ 휴업기간 중 재개신고 없이 중개업을 한 경우
> ㉢ 손해배상책임에 관한 사항을 설명하지 아니한 경우
> ㉣ 자격취소를 받고 공인중개사자격증을 반납하지 아니한 경우
> ㉤ 중개의뢰인에게 중개보조원이라는 사실을 미리 고지하지 아니한 경우
> ㉥ 인장등록을 하지 아니한 경우

① ㉠, ㉤   ② ㉡, ㉢, ㉣   ③ ㉡, ㉥
④ ㉢, ㉣   ⑤ ㉤, ㉥

제1편 정답		1	2	3	4	5	6	7	8	9	10	11	12	13	14
	p.6	③	②	⑤	③										
Chapter 01	p.11	②	④	①	②	③	①	⑤	④	②					
	p.16	③	②	②	②	⑤	①	⑤							
Chapter 02	p.22	③	①	①	①	②	②	⑤							
	p.28	②	③	④	⑤	③	①								
Chapter 03	p.33	⑤	③	④	⑤	④	②	①	⑤	①	①				
	p.38	④	④	⑤											
	p.40	④	①	④	②	⑤	④								
	p.45	⑤	③	②	⑤	⑤	③	③							
	p.49	④	②	⑤	⑤	③									
Chapter 04	p.52	⑤	③	④	①	③									
	p.55	①	⑤	②	③										
	p.58	②	⑤	①											
Chapter 05	p.61	④	③	③	③	⑤	③	②							
	p.65	④	④	④	①										

제1편 정답		1	2	3	4	5	6	7	8	9	10	11	12	13	14
Chapter 06	p.68	⑤	④	④											
	p.72	⑤	⑤	④	②	④	①								
	p.77	④	①	③	④	④									
	p.79	④	④	⑤	④										
	p.83	④	④	⑤	⑤										
	p.86	②	⑤												
Chapter 07	p.89	①	③	⑤	③	⑤	⑤	④	②	③					
Chapter 08	p.94	②	①	③	②	①	③	⑤	⑤						
	p.98	④	②	④	③										
	p.100	③													
	p.102	①													
	p.103	①	①												
Chapter 09	p.110	⑤	⑤	⑤	④	⑤	③	②	⑤	②	④	⑤	②	④	④
	p.115	③	④	⑤											
	p.117	③	⑤	⑤											

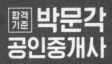

부동산 거래신고 등에 관한 법률

부동산거래신고제도

제1절 부동산거래신고 대상

1. 부동산과 권리

> **1. 토지, 건축물 – 매매계약 체결**
>
> **2. 다음 관련법상의 최초의 공급계약**
> ① 건축물의 분양에 관한 법률　　② 공공주택 특별법
> ③ 택지개발촉진법　　　　　　　④ 도시 및 주거환경정비법
> ⑤ 도시개발법　　　　　　　　　⑥ 주택법
> ⑦ 산업입지 및 개발에 관한 법률　⑧ 빈집 및 소규모주택 정비에 관한 특례법
>
> **3. 권리(분양권, 입주권 전매)**
> ① 부동산을 공급받는 자로 **"선정된 지위"** – 예 토지, 주택, 상가 등의 분양권 전매
> ② 도시 및 주거환경정비법상 관리처분계획인가로 취득한 입주자로 **"선정된 지위"** – 입주권 전매
> ③ 빈집 및 소규모 주택 정비에 관한 특례법상 사업시행계획인가로 취득한 입주자로 **"선정된 지위"** – 입주권 전매

2. 핵심 내용

① **토지, 상가, 아파트, 오피스텔 등에 대한 공급계약과 분양권 전매**: 모두 실거래신고를 하여야 한다.

② **"주택법"**상의 **"입주예정자로 선정될 수 있는 지위"**에 불과한 **입주권은** 신고대상이 아니다.

③ 토지는 면적이나 지목에 제한 없이 신고하여야 한다.

④ 건축물은 용도제한 없이 주택이나 공장, 상가 건축물도 신고하여야 한다. 또한 무허가 건물과 미등기건물도 신고 대상이다.

⑤ 토지나 건축물의 지분 매매계약도 신고 대상이다.

⑥ 입목, 공장재단, 광업재단은 신고대상이 아니다.

🔒 중개대상물 범위와 신고 대상은 다르다.

제2절 부동산거래신고 절차

1. 신고 의무자

(1) 당사자의 공동신고 의무

① 거래당사자(외국인 등이 포함)가 직접 거래인 경우에는 거래당사자가 공동으로 신고하여야 한다.

🔒 신고서에 공동 서명 또는 날인하여 1인이 제출한다.

② 거래당사자 중 일방이 국가, 지방자치단체, 공공기관, 지방직영기업, 지방공사 및 지방공단의 경우에는 **국가 등이 신고**를 하여야 한다.

🔒 즉, "국가 등"은 부동산거래계약 신고서에 **단독으로 서명 또는 날인**하여 신고관청에 제출해야 한다.

③ 매매계약서는 제출하지 않는다.

④ **예외**: 단독 신고

거래당사자 중 일방이 신고를 거부: 다른 일방은 단독으로 신고할 수 있다.

즉, 거래계약 신고서에 단독으로 서명 또는 날인 한 후 + 주민등록증, 운전면허증, 여권 등 본인의 **신분증명서** + **거래계약서 사본** + **단독신고 사유서**를 첨부하여 신고관청에 제출해야 한다.

⑤ **대행신고**: 거래당사자 또는 법인 또는 매수인의 위임을 받은 사람은 **거래신고, 정정 및 변경 신고, 해제등신고, 법인신고서, 자금조달, 입주계획서 등의 제출을 대행**할 수 있다. 대행하는 사람은 신분증명서와 다음 서류를 함께 제출해야 한다.

> 1. 신고서 등의 제출을 위임한 거래당사자의 자필서명(법인의 경우에는 법인인감) 한 **위임장**
> 2. 신고서 등의 제출을 위임한 거래당사자의 **신분증명서 사본**

(2) 개업공인중개사의 신고의무

① 개업공인중개사 거래계약서를 작성·교부한 경우에는 개업공인중개사가 거래계약신고서에 서명 또는 날인을 하여 제출하여야 한다.

단, 공동중개인 경우에는 개업공인중개사 **공동으로 서명 또는 날인한다.**

🔒 거래당사자에게는 신고 의무가 없다. 즉, 신고서에 매도인 및 매수인의 서명 또는 날인할 의무도 없다.

② **개업공인중개사 중 일방이 신고를 거부**: 단독신고 사유서 등을 첨부하여 단독으로 신고할 수 있다.

③ 개업공인중개사는 신분증명서를 신고관청에 보여줘야 한다.

④ 제출 대행: **소속공인중개사는 신분증명서를 제시**하고 거래계약신고서의 제출을 대행할 수 있다.

> 🔒 **주의**: 소속공인중개사는 개업공인중개사의 **위임장 및 신분증명서 사본**을 제출하지 않는다.
> 🔒 **중개보조원**은 부동산거래계약신고서의 제출을 대행할 수 없다.

2. 신고할 사항(부동산거래신고서)

(1) 개인과 법인의 공통신고 사항 – <실, 조, 계, 당, 부, 중>

> 1. **실제** 거래가격
> 2. 계약의 **조건**이나 기한이 있는 경우에는 그 조건 또는 기한

3. **계약**일, 중도금 지급일 및 잔금 지급일

4. 거래**당사**자의 인적 사항

5. 거래대상 **부동산** 등(부동산을 취득할 수 있는 권리에 관한 계약의 경우에는 그 권리의 대상인 부동산)의 소재지·지번·지목 및 면적

6. 거래대상 **부동산** 등의 종류(부동산을 취득할 수 있는 권리 종류)

7. 개업공인중개사가 거래계약서를 작성·교부한 경우에 개업공인**중개사**의 인적 사항, 중개사무소의 상호·전화번호 및 소재지

🔒 부동산의 권리관계나 공법상 이용제한 및 거래규제는 신고사항은 아니다.

다만, 중개대상물 확인·설명할 사항에 해당된다.

(2) 법인이 주택매매계약시 추가신고 ⇨ (즉, 법인신고서 + 자금조달 및 입주계획서 제출)

1. 법인 주택거래계약신고서(법인신고서) 제출 ⇨ 국가 등(×)

(단, 국가 등이 포함되어 있거나 최초 공급계약과 분양권은 제외)

(1) 내용 : 법인의 등기 현황, 주택의 취득목적, 법인과 거래상대방간의 관계(즉, 임원과 친족관계인 특수관계)

2. 자금조달 및 입주계획서 제출(법인이 매수자인 경우만) ⇨ 국가 등(×)

(1) 내용 : 자금의 조달계획 및 지급방식. 임대 등 이용(입주)계획

(🔒 단, 투기과열지구의 주택 : 자금의 조달계획을 **증명하는** 서류를 첨부)

(3) 개인(법인 외의 자) **추가 신고** ⇨ (즉, 자금조달 및 입주계획서 제출)

1. 비규제지역 : 실제 거래가격이 6억원 이상인 주택

2. 규제지역 : 투기과열지구 또는 조정대상지역에 소재하는 주택을 매수

(단, 매수인 중에 국가 등이 포함된 경우는 제외)

– 하는 경우에는 "**자금의 조달 및 입주계획서**"를 제출하여야 한다.

(🔒 투기과열지구의 매수자 : 자금의 조달계획을 **증명하는** 서류 **첨부**)

〈🔒 보충〉 개인과 법인의 규제지역 및 금액에 따른 첨부서류 도표 정리!!!

구분(개인과 법인)		규 제
비규제지역(개인)		실제거래가격 6억 이상 ⇨ 자금조달계획 및 입주계획서 제출
규제지역 (개인)	조정대상지역	모든 주택 ⇨ 자금조달계획 및 입주계획서 제출
	투기과열지구	모든 주택 ⇨ 자금조달계획 및 증명자료 제출
법인이 매수자인 경우		지역, 금액불문 모든 주택 ⇨ 자금조달계획, 주택취득목적, 주택이용계획신고(단, 투기과열지구 ⇨ 금액증명자료 제출)

⑷ **토지매매**

실거래가격 신고시 첨부서류 ⇨ 자금의 조달계획 및 토지의 이용계획서 제출

필 지	① **수도권 등(광역시, 세종시)**에 소재하는 토지의 경우	1억원 이상
	② 비수도권 등 지역에 소재하는 토지의 경우	6억원 이상
지 분	① **수도권 등(광역시, 세종시)**에 소재하는 토지	금액 불문
	② 비수도권 등 지역에 소재하는 토지로서 실제 거래가격	6억 이상

≪ 관련 내용 ≫

가. 다음의 토지거래는 대상에서 제외한다.
　① 매수인이 국가 등이거나 매수인에 국가 등이 포함되어 있는 토지거래
　② 허가를 받아야 하는 토지거래허가구역 내 토지
나. 거래가격의 산정방법
　① 1회의 토지거래계약으로 매수하는 토지가 <둘 이상>인 경우에는 매수한 각각
　　의 토지가격을 모두 <합산>할 것
　② 신고 대상 토지거래계약 체결일부터 역산하여 <1년 이내>에 매수한 다른 토지
　　가 있는 경우에는 그 토지 가격을 거래가격에 <합산>할 것
　　<단, 매수한 토지와 서로 맞닿은 토지(지분매수 동일)로 한정한다>
　③ 건축법에 따른 사용승인을 받은 건축물이 소재하는 토지가격은 제외한다.

3. **신고시 자금조달·입주계획서 등 서류제출 방법**
　① **매수인이 단독으로 서명 또는 날인**한 "주택취득자금 조달 및 입주계획서"를 신고관청에
　　함께 제출하여야 한다.
　② 법인 또는 매수인이 분리 제출: 법인 신고서 또는 자금조달·입주계획서를 거래계약신
　　고서와 분리하여 제출 할 경우에는 거래계약의 체결일부터 30일 이내에 별도로 제출할
　　수 있다.
　③ 법인 또는 매수인 외의 자 제출: 법인 또는 매수인은 거래계약 체결일부터 25일 이내에
　　법인 신고서 또는 자금조달·입주계획서를 제공하여 한다. 기간 내에 제공을 못한 경우
　　는 법인 또는 매수인이 별도로 제출해야 한다.
　④ 자금 조달계획 증명서: 투기과열지구**에 소재하는 주택**의 거래계약을 체결한 경우에는
　　자금의 조달계획을 증명하는 서류를 첨부해야 한다.
　　(단, 항목별 금액 증명이 어려운 경우에는 그 사유서를 첨부해야 한다)
　　(예 예금잔액증명서 등 예금 금액을 증명할 수 있는 서류 등)

4. **신고 관청**
　부동산 등의 소재지를 관할하는 시장·군수 또는 구청장에게 하여야 한다.

5. 신고대상 - 매매계약

> 교환, 증여, 판결, 상속, 경매, 전세권, 지상권, 토지나 상가의 임대차 등은 신고의무(×)

6. 신고 기간

매매계약을 체결한 자는 **계약체결일로부터 30일 이내**에 신고를 하여야 한다.
〈🔒 주의〉 잔금지급일이 아니다.

7. 신고의 방법

① 방문 또는 전자문서(거래관리시스템, 인터넷)로 신고할 수 있다.
② 전자문서에 의한 신고는 대행이 인정되지 아니한다.
③ **거래계약 관련 정보시스템(거래계약시스템)**을 통하여 거래계약이 체결된 때에 거래계약 신고서를 제출한 것으로 본다.

8. 신고필증

신고관청은 그 신고 내용을 확인한 후 신고인에게 신고필증을 **지체 없이** 발급하여야 한다.

9. 검인 의제

부동산 등의 매수인은 신고인이 신고필증을 발급받은 때에 **검인을 받은 것으로 본다.**

10. 거래계약의 해제 등의 신고

① **당사자 공동신고** : 해제 등이 확정된 날부터 **30일 이내**에 "해제등신고서"에 공동으로 서명 또는 날인하여 제출해야 한다.
② **단독 신고** : 일방이 신고를 거부하는 경우에는 ㉠ 판결문 등 + ㉡ 단독신고사유서를 첨부하여 단독으로 신고할 수 있다.
③ **국가 등 신고** : 일방이 국가 등인 경우 국가 등이 단독으로 신고서에 서명 또는 날인하여 신고관청에 제출할 수 있다.
④ **부동산거래계약시스템**을 통하여 부동산 거래계약 해제 등을 한 경우에는 부동산거래계약 해제등신고서를 **제출한 것으로 본다.**
⑤ 당사자가 해제 등을 30일 이내에 신고하지 않으면 - 500만원 이하의 과태료
〈🔒 참고〉

> 개업공인중개사는 해제등신고는 **재량적 사항으로** 과태료 제재가 없다.

11. 신고 내용의 조사 등

① 신고관청은 **거래당사자 또는 개업공인중개사에게** 거래계약서, 거래대금 지급을 증명할 수 있는 자료 등의 제출을 요구하는 등 필요한 조치를 취할 수 있다.

〈거래대금지급을 증명할 수 있는 서면〉 − 위반 : 과태료 3천만원

1. 거래계약서 사본
2. 거래대금의 지급의 **입금표 또는 통장 사본**
3. 매수인이 거래대급 지급을 증명할 수 있는 자료(**예** 대출 등)
4. 매도인의 예금외의 다른 용도로 지출한 경우(증명 자료)

② **신고관청 보고** : 〈조사결과〉를 **시·도지사**에게 보고하며, 시·도지사는 이를 취합하여 **매월 1회 국토교통부장관**에게 보고하여야 한다.

12. 검증·정보 체계 구축·운영
① **국토교통부장관**은 ~부동산거래가격 **"검증체계를 구축·운영"**하여야 한다.
② **국토교통부장관**은 효율적인 정보의 관리 등을 위하여 부동산거래 및 주택임대차의 계약·신고·허가·관리 등의 **"정보체계를 구축·운영"**할 수 있다.

13. 정정신청 : 〈개 − 대,지 − 당,면(먹는) − 종(자)가 있다.〉
① 거래당사자 또는 개업공인중개사는 부동산 거래계약 신고 내용 중 일부 내용이 **잘못 기재**된 경우에는 신고관청에 신고 내용의 정정을 신청할 수 있다.

1. **개**업공인중개사의 전화번호·상호 또는 사무소 소재지
2. 거래대상 부동산 등(부동산을 취득할 수 있는 권리)의 지목, **대지**권비율
3. 거래 **지분**, 거래**지분 비율**
4. 거래**당**사자의 주소·전화번호 또는 휴대전화
5. 부동산 등(부동산을 취득할 수 있는 권리)의 **면적**
6. 거래대상 〈건축물의 **종류**〉

〈🔒 주의〉

🔒 정정 불가 : 부동산의 소재지, 매도인·매수인의 인적 사항(성명, 주민등록번호) 법인명 및 법인등록번호), 개업공인중개사의 인적 사항, 거래금액 등

② **당사자의 주소·전화번호 또는 휴대전화번호를 정정**하는 경우 : 거래당사자 일방이 **단독**으로 서명 또는 날인하여 정정을 신청할 수 있다.
③ **정정신청 대행**
　㉠ 당사자의 위임을 받은 사람은 정정신청을 대행 할 수 있다.
　㉡ 개업공인중개사의 대행 : 소속공인중개사는 대행할 수 있으며, 소속공인중개사는 **신분증명서**를 신고관청에 제시하여야 한다.
④ **재발급** : 신고관청은 **지체 없이** 정정사항을 반영한 신고필증을 재발급하여야 한다.

14. 변경신고 : <공,중-지,면 - 가,기>

① 거래당사자 또는 개업공인중개사는 신고내용 중 **일부 내용이 변경된 경우**에는 **등기신청 전**에 신고내용의 변경을 신고할 수 있다.

> 1. **공동**매수의 경우 일부 매수인의 변경(매수인 중 일부가 제외되는 경우만 해당)
> 2. 거래대상 부동산 등이 다수(**공동**)인 경우 일부 부동산 등의 변경(다수 부동산 중 일부가 제외되는 경우만)
> 3. **중도금** · 잔금 및 지급일　　4. 거래 **지분**　　5. 거래**지분** 비율
> 6. 거래대상 부동산 등의 **면적**　7. 거래가격　　8. 거래의 조건 또는 **기한**

〈🔒 주의〉

> 🔒 변경 불가 : 부동산 소재지, 건축물의 종류, 당사자 및 개업공인중개사의 성명 · 주민등록번호(법인은 법인명 및 법인등록번호) 등 **인적 사항**, 매수인이나 물건의 의 추가 또는 교체 등은 변경신고 불가하다.

② "부동산거래계약 변경 신고서"에 서명 또는 날인하여 제출하여야 한다.

③ 부동산 등의 **면적** 변경이 없는 상태에서, **거래가격**이 변경된 경우에는 거래**계약서 사본** 등 서류를 첨부하여야 한다.

④ **공급계약 및 분양권 변경신고** : 거래가격 중 분양가격 및 선택품목은 거래당사자 일방이 거래계약서 사본 등을 첨부하여 **단독으로 변경신고**를 할 수 있다.

⑤ 신고관청은 **지체 없이** 해당 내용을 변경하고, 변경사항을 반영한 신고필증을 재발급하여야 한다.

15. 다른 법과의 관계

> ① 외국인이 부동산거래신고를 한 경우 : 외국인부동산 특례법상의 **별도의 신고의무는 없다.**
> ② 농지취득자격증명 취득 : 부동산거래신고는 **별도로 하여야 한다.**
> ③ 토지거래허가 취득 : 부동산거래신고는 **별도로 하여야 한다.**
> ④ 토지거래허가나 부동산거래신고 한 경우 : 검인은 받지 않아도 된다.

부동산거래계약 신고서

※ 뒤쪽의 유의사항·작성방법을 읽고 작성하시기 바라며, [ ]에는 해당하는 곳에 √표를 합니다. (앞쪽)

접수번호		접수일시		처리기간	지체 없이

① 매도인	성명(법인명)		주민등록번호(법인·외국인등록번호)		국적
	주소(법인소재지)			거래지분 비율	(분의)
	전화번호		휴대전화번호		

② 매수인	성명(법인명)			주민등록번호(법인·외국인등록번호)		국적
	주소(법인소재지)				거래지분 비율	(분의)
	전화번호			휴대전화번호		
	③ 법인신고서 등		[ ]제출　　　[ ]별도 제출　　　[ ]해당 없음			
	외국인의 부동산 등 매수용도		[ ]주거용(아파트) [ ]주거용(단독주택) [ ]주거용(그 밖의 주택) [ ]레저용　　　[ ]상업용　　　　[ ]공업용　　[ ]그 밖의 용도			

개업 공인중개사	성명(법인명)		주민등록번호(법인·외국인등록번호)
	전화번호		휴대전화번호
	상호		등록번호
	사무소 소재지		

거래대상	종류	④ [ ]토지　[ ]건축물 (　) 　[ ]토지 및 건축물 (　)			
		⑤ [ ]공급계약 [ ]전매　　[ ]분양권 [ ]입주권		[ ]준공 전 [ ]준공 후 [ ]임대주택 분양전환	
	⑥ 소재지/지목/면적	소재지			
		지목	토지면적　　　　　m²	토지 거래지분 (분의)	
		대지권비율 (분의)	건축물면적　　　　　m²	건축물 거래지분 (분의)	
	⑦ 계약대상 면적	토지　　　　　m²	건축물　　　　　m²		
	⑧ 물건별 거래가격			원	
		공급계약 또는 전매	분양가격　　　　　원	발코니 확장 등 선택비용　　　원	추가 지급액 등　　　원

⑨ 총 실제 거래가격 (전체)	합계 　　　　　원	계약금	원	계약 체결일	
		중도금	원	중도금 지급일	
		잔금	원	잔금 지급일	

⑩ 종전 부동산	소재지/지목 /면적	소재지			
		지목	토지면적　　　　　m²	토지 거래지분 (분의)	
		대지권비율 (분의)	건축물면적　　　　　m²	건축물 거래지분 (분의)	
	계약대상 면적	토지　　　　　m²	건축물　　　　　m²	건축물 유형(　)	
	거래금액	합계　　　　　원	추가 지급액 등　　　원	권리가격　　　　　원	
		계약금　　　　　원	중도금　　　　　원	잔금　　　　　원	

⑪ 계약의 조건 및 참고사항

「부동산 거래신고 등에 관한 법률」 제3조 제1항부터 제4항까지 및 같은 법 시행규칙 제2조 제1항부터 제4항까지의 규정에 따라 위와 같이 부동산거래계약 내용을 신고합니다.

　　　　　　　　　　　　　　　　　　　　　　　　　　　　　　　년　　월　　일

신고인　　매도인 :　　　　　　　　　　　(서명 또는 인)
　　　　　매수인 :　　　　　　　　　　　(서명 또는 인)
　　　개업공인중개사 :　　　　　　　　　(서명 또는 인)
　　　(개업공인중개사 중개시)

시장 · 군수 · 구청장 귀하

210mm×297mm[백상지(80g/m²) 또는 중질지(80g/m²)]

첨부서류	1. 부동산 거래계약서 사본(「「부동산 거래신고 등에 관한 법률」」 제3조 제2항 또는 제4항에 따라 단독으로 부동산거래의 신고를 하는 경우에만 해당합니다) 2. 단독신고사유서(「「부동산 거래신고 등에 관한 법률」」 제3조 제2항 또는 제4항에 따라 단독으로 부동산거래의 신고를 하는 경우에만 해당합니다)

유의사항

1. 「「부동산 거래신고 등에 관한 법률」」 제3조 및 같은 법 시행령 제3조의 실제 거래가격은 매수인이 매수한 부동산을 양도하는 경우 「소득세법」 제97조 제1항제7항 및 같은 법 시행령 제163조 제11항 제2호에 따라 취득 당시의 실제 거래가격으로 보아 양도차익이 계산될 수 있음을 유의하시기 바랍니다.

2. 거래당사자간 직접거래의 경우에는 공동으로 신고서에 서명 또는 날인을 하여 거래당사자 중 일방이 신고서를 제출하고, 중개거래의 경우에는 개업 공인중개사가 신고서를 제출해야 하며, 거래당사자 중 일방이 국가 및 지자체, 공공기관인 경우(국가 등)에는 국가 등이 신고해야 합니다.

3. 부동산거래계약 내용을 기간 내에 신고하지 않거나, 거짓으로 신고하는 경우 「「부동산 거래신고 등에 관한 법률」」 제28조 제1항부터 제3항까지의 규정에 따라 과태료가 부과되며, 신고한 계약이 해제, 무효 또는 취소가 된 경우 거래당사자는 해제 등이 확정된 날로부터 30일 이내에 같은 법 제3조의2에 따라 신고를 해야 합니다.

4. 담당 공무원은 「「부동산 거래신고 등에 관한 법률」」 제6조에 따라 거래당사자 또는 개업공인중개사에게 거래계약서, 거래대금지급 증명 자료 등 관련 자료의 제출을 요구할 수 있으며, 이 경우 자료를 제출하지 않거나, 거짓으로 자료를 제출하거나, 그 밖의 필요한 조치를 이행하지 않으면 같은 법 제28조 제1항 또는 제2항에 따라 과태료가 부과됩니다.

5. 거래대상의 종류가 공급계약(분양) 또는 전매계약(분양권, 입주권)인 경우 ⑧ 물건별 거래가격 및 ⑨ 총 실제거래가격에 부가가치세를 포함한 금액을 적고, 그 외의 거래대상의 경우 부가가치세를 제외한 금액을 적습니다.

작성방법

1. ①·② 거래당사자가 다수인 경우 매도인 또는 매수인의 주소란에 ⑥의 거래대상별 거래지분을 기준으로 각자의 거래 지분 비율(매도인과 매수인의 거래지분 비율은 일치해야 합니다)을 표시하고, 거래당사자가 외국인인 경우 거래당사자의 국적을 반드시 적어야 하며, 외국인이 부동산 등을 매수하는 경우 매수용도란의 주거용(아파트), 주거용(단독주택), 주거용(그 밖의 주택), 레저용, 상업용, 공장용, 그 밖의 용도 중 하나에 √ 표시를 합니다.

2. ③ "법인신고서 등" 란은 별지 제1호의2서식의 법인 주택 거래계약 신고서, 별지 제1호의3서식의 주택취득자금 조달 및 입주계획서, 제2조 제7항 각 호의 구분에 따른 서류, 같은 항 후단에 따른 사유서 및 별지 제1호의4서식의 토지취득자금 조달 및 토지이용계획서를 이 신고서와 함께 제출하는지 또는 별도로 제출하는지를 √표시하고, 그 밖의 경우에는 해당 없음에 √표시를 합니다.

3. ④ 부동산 매매의 경우 "종류" 란에는 토지, 건축물 또는 토지 및 건축물(복합부동산의 경우)에 √표시를 하고, 해당 부동산이 "건축물" 또는 "토지 및 건축물"인 경우에는 ( )에 건축물의 종류를 "아파트, 연립, 다세대, 단독, 다가구, 오피스텔, 근린생활시설, 사무소, 공장" 등 「건축법 시행령」 별표 1에 따른 용도별 건축물의 종류를 적습니다.

4. ⑤ 공급계약은 시행사 또는 건축주 등이 최초로 부동산을 공급(분양)하는 계약을 말하며, 준공 전과 준공 후 계약 여부에 따라 √표시하고, "임대주택 분양전환"은 임대주택사업자(법인으로 한정)가 임대기간이 완료되어 분양전환하는 주택인 경우에 √표시합니다. 전매는 부동산을 취득할 수 있는 권리의 매매로서, "분양권" 또는 "입주권"에 √표시를 합니다.

5. ⑥ 소재지는 지번(아파트 등 집합건축물의 경우에는 동·호수)까지, 지목/면적은 토지대장상의 지목·면적, 건축물대장상의 건축물 면적(집합건축물의 경우 호수별 전용면적, 그 밖의 건축물의 경우 연면적), 등기사항증명서상의 대지권 비율, 각 거래대상의 토지와 건축물에 대한 거래 지분을 정확하게 적습니다.

6. ⑦ "계약대상 면적" 란에는 실제 거래면적을 계산하여 적되, 건축물 면적은 집합건축물의 경우 전용면적을 적고, 그 밖의 건축물의 경우 연면적을 적습니다.

7. ⑧ "물건별 거래가격" 란에는 각각의 부동산별 거래가격을 적습니다. 최초 공급계약(분양) 또는 전매계약(분양권, 입주권)의 경우 분양가격, 발코니 확장 등 선택비용 및 추가 지급액 등(프리미엄 등 분양가격을 초과 또는 미달하는 금액)을 각각 적습니다. 이 경우 각각의 비용에 부가가치세가 있는 경우 부가가치세를 포함한 금액으로 적습니다.

8. ⑨ "총 실제 거래가격" 란에는 전체 거래가격(둘 이상의 부동산을 함께 거래하는 경우 각각의 부동산별 거래가격의 합계 금액)을 적고, 계약금/중도금/잔금 및 그 지급일을 적습니다.

9. ⑩ "종전 부동산" 란은 입주권 매매의 경우에만 작성하고, 거래금액란에는 추가 지급액 등(프리미엄 등 분양가격을 초과 또는 미달하는 금액) 및 권리가격, 합계 금액, 계약금, 중도금, 잔금을 적습니다.

10. ⑪ "계약의 조건 및 참고사항" 란은 부동산 거래계약 내용에 계약조건이나 기한을 붙인 경우, 거래와 관련한 참고내용이 있을 경우에 적습니다.

11. 다수의 부동산, 관련 필지, 매도·매수인, 개업공인중개사 등 기재사항이 복잡한 경우에는 다른 용지에 작성하여 간인 처리한 후 첨부합니다.

12. 소유권이전등기 신청은 「부동산등기 특별조치법」 제2조 제1항 각 호의 구분에 따른 날부터 60일 이내에 신청해야 하며, 이를 이행하지 않는 경우에는 같은 법 제11조에 따라 과태료가 부과될 수 있으니 유의하시기 바랍니다.

≪ 신고서식 핵심 내용 정리 ≫

1. **거래당사자간 직접거래**: 공동으로 신고서에 서명 또는 날인을 하여 당사자 중 **일방 이 신고서를 제출한다.**

2. **중개거래의 경우**: 개업공인중개사가 신고서를 제출해야 하며,

3. **거래당사자 중 일방이 국가 및 지자체, 공공기관인 경우(국가 등)에는 국가 등이 신고**
   − 계약이 해제, 무효 또는 취소가 된 경우: 거래당사자는 해제 등이 **확정된 날로부 터 30일 이내에 신고**
   − 공급계약 또는 전매계약(분양권, 입주권)인 경우 ⑧ 물건별 거래가격 및 ⑨ 총 실제거래가격에 **부가가치세를 포함한 금액**을 적는다.

4. 거래당사자가 외국인인 경우 거래당사자의 **국적을 반드시** 적어야 하며,

5. **외국인이 부동산 등을 매수하는 경우**: **매수용도란**의 주거용(아파트), 주거용(단독주 택), 주거용(그 밖의 주택), 레저용, 상업용, 공장용, 그 밖의 용도 중 하나에 √표시

6. 공급계약은 최초로 부동산을 공급(분양)하는 계약을 말하며, **준공 전과 준공 후** 계 약 여부에 따라 표시
   − "임대주택 분양전환"은 임대주택사업자(법인으로 한정)가 임대기한이 완료되어 **분양전환하는 주택인 경우에** √표시
   − 전매는 부동산을 취득할 수 있는 권리의 매매로서, **"분양권" 또는 "입주권"에** √**표시**

7. **최초 공급계약 또는 전매계약(분양권, 입주권)의 경우**: 분양가격, 발코니 확장 등 선 택비용 및 추가 지불액 등(프리미엄 등 분양가격을 초과 또는 미달하는 금액)을 각 각 적는다(단, 각각의 비용에 **부가가치세가 있는 경우 부가가치세를 포함**).

8. **건축물대장상의 건축물 면적**: 집합건축물의 경우 호수별 전용면적, 그 밖의 건축물 의 경우 **연면적** 기재
   − 등기사항증명서상의 **대지권 비율,** / 각 거래대상의 토지와 건축물에 대한 **거래지 분**을 적는다.
   − 거래당사자가 <다수>인 경우는 **각자의 거래지분 비율** 표시

9. ③ **"법인신고서 등"란**은 / "법인 주택 거래계약 신고서" / "주택취득자금 조달 및 입주계획서" / 자금증명서류, / 사유서(예 대출 미실행 등) / 및 / 토지취득자금 조달 및 토지이용계획서 / 를 이 신고서와 **함께 제출**하는지 또는 **별도로 제출**하는지를 표 시하고, / 그 밖의 경우에는 해당 없음에 표시를 한다.

10. 부동산이 "건축물" 또는 "토지 및 건축물"인 경우에는 아파트, 연립 등 용도별 건축 물의 종류를 표시

11. 물건별 거래가격란에는 **각각의 부동산별 거래가격**을 적는다.

12. **총 실제 거래가격란**: **전체 거래가격**(둘 이상의 부동산합계 금액)을 적고, 계약금· 중도금·잔금 및 그 지급일을 적는다.

13. **종전 부동산란**: **입주권 매매의 경우에만 적고**, 거래금액란에는 추가지불액 및 권리 가격, 합계 금액, 계약금, 중도금, 잔금을 적는다.

14. **계약의 조건 및 참고사항란**: 부동산 거래계약 내용에 **계약조건이나 기한을 붙인 경 우**, 거래와 관련한 참고내용이 있는 경우

제3절 주택 임대차계약의 거래신고제도

1. **적용범위** : 「주택임대차보호법」상의 주택은 모두 신고대상이다.

    ① (주임법 제2조) 주거용 건물의 전부 또는 일부의 임대차에 관하여 적용한다. 주택의 일부가 주거 외의 목적으로 사용되는 경우에도 또한 같다.

    (**예** 준주택인 기숙사, 고시원, 실제 주택용도로 사용 중인 건축물 등 포함)

    ② 주택을 취득할 수 있는 <권리>를 포함한다.

2. **신고 의무자** : 임대차계약 당사자 🔒 **주의** : 개업공인중개사는 의무가 없다.

3. **대상 지역 및 주택**

대상 금액	보증금이 6천만원을 초과 또는 월 차임이 30만원을 초과
대상 지역	− 수도권(서울, 경기도, 인천광역시) − 전역 − 광역시(군 포함), 특별자치도, 특별자치시 − 도의 시지역(도지역의 군은 제외)

🔒 **갱신 특칙** : 계약을 갱신하는 경우로서 보증금 및 차임의 증감 없이 **임대차 기간만 연장**하는 계약은 제외한다.

4. **신고 방법**

    ① **당사자 공동신고**

    ㉠ 계약당사자는 "**주택 임대차계약 신고서**"에 공동으로 서명 또는 날인하여 신고관청에 제출해야 한다. <🔒 **주의** : 임대차 계약서 제출 − ✕>

    <다만, 계약당사자 중 일방이 국가 등인 경우에는 국가 등이 신고한다.>

    ㉡ 임대차계약 당사자 일방이 "**임대차 신고서**"에 단독으로 서명 또는 날인 한 후 "**주택 임대차 계약서와 계약갱신요구권**"을 행사한 경우 이를 확인할 수 있는 서류 등을 첨부해 신고관청에 제출한 경우에는 임대차계약 당사자가 공동으로 임대차 신고서를 제출한 것으로 본다.

    <단, 임대차 계약서를 작성하지 않은 경우 − 입금증, 금전거래 내역이 적힌 통장사본 등 계약 체결 사실을 입증할 수 있는 서류 등 첨부>

    ② **단독 신고**

    ㉠ 당사자 중 일방이 신고를 <거부>하면 단독으로 신고할 수 있다.

    단독으로 신고하려는 "**임대차 신고서**"에 서명 또는 날인한 후 "**주택 임대차계약서와 계약갱신요구권**"을 행사한 경우 이를 확인할 수 있는 서류 등과 "**단독신고 사유서**"를 첨부해 신고관청에 제출해야 한다.

    ㉡ 신고하려는 자는 **신분증명서**를 신고관청에 보여줘야 한다.

    ③ **위임 신고** : 임대차계약 당사자의 위임을 받은 사람이 당사자의 서명이나 날인이 되어 있는 "**주택 임대차계약서(계약갱신요구권을 행사한 경우 기재)**"를 신고관청에 제출하면 임대차 계약 당사자가 공동으로 임대차 신고서를 제출한 것으로 본다.

5. 신고 기간

① 보증금 또는 차임 등을 임대차 계약의 **체결일부터 30일 이내에** 주택 소재지를 관할하는 신고관청에 신고하여야 한다.

② 주택 소재지를 관할하는 신고관청에 하여야 한다. 다만, 신고관청은 읍·면·동장 또는 출장소장에게 위임할 수 있다.

③ 신고관청은 그 신고 내용을 확인한 후 신고인에게 신고필증을 지체 없이 발급하여야 한다.

6. 신고할 사항 〈인,물(좀) - 보,계, - 요,기〉

> 1. 임대차계약 당사자의 인적 사항
>   ① **자연인인 경우**: 성명, 주소, 주민등록번호(외국인은 외국인등록번호) 및 연락처
>   ② **법인인 경우**: 법인명, 사무소 소재지, 법인등록번호 및 연락처
>   ③ **법인 아닌 단체인 경우**: 단체명, 소재지, 고유번호 및 연락처
> 2. 임대차 목적물(주택을 취득할 수 있는 권리는 권리대상인 주택)의 소재지, 종류, 임대 면적 등 임대차 목적물 현황
> 3. 보증금 또는 월 차임
> 4. 계약 체결일 및 계약 기간
> 5. 계약갱신요구권의 행사 여부(계약을 갱신한 경우만 해당한다)

7. 임대차 계약의 변경 및 해제 신고

① 계약당사자는 주택 임대차계약의 **보증금, 차임 등 임대차 가격이 변경되거나 해제된 경우**에는 해당 신고관청에 공동으로 신고하여야 한다.

② 다만, 임대차계약 당사자 중 일방이 국가 등인 경우에는 **국가 등**이 신고하여야 한다.

8. 다른 법률의 의제

> (1) 임차인이 〈**임대차계약서**〉를 **첨부**하여 **전입신고**를 하는 경우, 이 법에 따른 임대차 계약의 신고를 한 것으로 본다.
> (2) 공공주택사업자 및 「민간임대주택에 관한 특별법」에 따른 임대사업자는 관련 법령에 따라 신고 또는 변경신고한 경우 - 신고를 한 것으로 본다.
> (3) 〈**임대차계약서**〉를 **첨부**하여 임대차계약신고, 변경·해제 신고의 접수를 완료한 때에는 **확정일자**를 부여한 것으로 본다.

제4절 제재 및 다른 법과의 관계 등

1. 과태료 처분

(1) 3천만원 이하의 과태료	㉠ **가장 매매신고**: 매매계약을 체결하지 아니하였음에도 불구하고 거짓으로 신고한 자(**부당한 이익 목적**: 단, 부당하게 재물이나 재산상 이득을 취득하거나 제3자로 하여금 이를 취득하게 할 목적으로 가장매매신고하여 3년 이하의 징역 또는 3천만원 이하의 벌금형을 받은 경우는 과태료를 부과하지 않는다(10. 19. 시행). ㉡ **가장 해제신고**: 신고 후 해당 계약을 거짓으로 해제신고한 자 　－ (**부당한 이익 목적**: 단, ㉠ － 동일함) ㉢ 거래**대금지급 증명**서면 미제출 또는 거짓 제출
(2) 500만원 이하의 과태료	㉠ 개업공인중개사에게 부동산거래신고를 하지 않게 하거나 거짓으로 신고하도록 **요구한 자** ㉡ 부동산거래신고를 **하지 아니한** 자(공동신고 거부자 포함) ㉢ 거래대금지급 **증명자료 외의 자료** 요구에 미제출, 거짓제출 ㉣ 부동산거래신고에 관해 거짓신고를 **조장하거나 방조**하는 행위 ㉤ 부동산거래 **해제 등의 신고를 하지 아니한** 자(공동신고 거부자 포함)
(3) **취득가액의 100분의 10 이하**	㉠ 신고의무자인 당사자가 부동산거래신고를 **거짓으로 한** 경우 ㉡ 신고의무자인 개업공인중개사가 부동산거래신고를 **거짓으로 한** 경우 ㉢ 신고 의무자가 **아닌 자가 거짓**된 내용의 부동산거래신고를 한 경우
(4) 100만원 이하의 과태료	㉠ 임대차계약**신고 또는 계약변경 또는 해제**신고를 아니 한 자(공동신고를 거부한 자를 포함) ㉡ 그 신고를 **거짓**으로 한 자

2. 통보 및 부과기준

① 과태료는 **신고관청**이 부과·징수한다.

② 과태료부과 사실의 **통보**: 과태료를 부과한 신고관청은 **부과일부터 10일 이내**에 해당 개업공인중개사의 중개사무소(법인은 주된 사무소)를 관할하는 시장·군수 또는 구청장에 과태료 부과사실을 통보하여야 한다.

③ **과태료 부과 일반기준**: 신고관청은 위반행위의 동기·결과 및 횟수 등을 고려하여 개별기준에 따른 과태료의 **2분의 1**(500만원, 100만원). 그 금액을 늘리거나 줄일 수 있다(단, 3천만원 이하, 취득가액의 10% 이하에 위반한 경우에는 **5분의 1**).

또한 가중시에 과태료의 **총액**(3천만원, 500만원, 취득가액의 10%, 300만원, 100만원)**의 상한을 초과할 수 없다.**

01 부동산 거래신고 등에 관한 법령상 신고대상이 아닌 계약은 모두 몇 개인가?

> ㉠ 토지와 건축물의 교환계약
> ㉡ 「건축물의 분양에 관한 법률」에 따른 부동산에 대한 공급계약
> ㉢ 토지·상가분양권 전매계약
> ㉣ 토지에 대한 지분의 매매계약
> ㉤ 주택에 대한 임대차계약(보증금 5천만원)
> ㉥ 「주택법」에 따른 부동산에 대한 공급계약
> ㉦ 토지 또는 건축물의 증여계약
> ㉧ 입목·광업재단·공장재단에 대한 매매계약
> ㉨ 판결에 의하여 토지나 건축물의 소유권을 취득한 경우

① 1개   ② 2개   ③ 3개
④ 4개   ⑤ 5개

02 다음 중 부동산거래신고제도와 관련된 내용 중에 틀린 것은?

① 토지 또는 건축물의 매매에 관한 거래계약서를 작성한 때에는 실제 거래가격 등을 거래계약의 체결일로부터 30일 이내에 신고하여야 한다.
② 부동산 소재지의 관할 시장·군수·구청장에게 공동으로 신고하여야 한다.
③ 거래당사자 중 일방이 신고를 거부하는 경우, 단독신고 사유서와 거래계약서사본 등을 첨부하여 단독으로 신고할 수 있다.
④ 거래당사자 중 일방이 국가 및 지자체, 공공기관인 경우(국가 등)에는 국가 등이 신고하여야 한다.
⑤ 개업공인중개사의 중개로 매매계약을 체결한 경우에는 거래당사자와 함께 공동으로 신고하여야 한다.

03 부동산거래신고제도와 관련된 내용으로 적합하지 못한 것은?

① 부동산거래신고는 방문 또는 전자문서에 의한 신고가 가능하다.
② 부동산거래계약 관련 정보시스템을 통하여 부동산 거래계약을 체결한 경우에도 별도의 부동산거래계약 신고서를 제출하여야 한다.
③ 부동산거래계약신고서의 제출은 당해 거래계약을 중개한 개업공인중개사의 위임을 받은 소속공인중개사가 대행할 수 있다.
④ 농지를 취득하고자 하는 자가 농지취득자격증명을 발급받은 경우에도 별도로 부동산거래신고를 하여야 한다.
⑤ 신고인이 신고필증을 발급받은 때에는 매수인은 「부동산등기 특별조치법」 규정에 의한 검인을 받은 것으로 본다.

04 부동산 거래신고 등에 관한 법령상 부동산거래신고제도에 관한 설명으로 옳은 것은?

> ㉠ 토지, 상가, 아파트, 오피스텔 등에 대한 최초분양계약과 분양권 매매를 한 경우, 부동산거래신고를 하여야 한다.
>
> ㉡ 건축물은 용도제한 없이, 무허가건물, 미등기건물, 공장 및 상가건물도 신고하여야 한다.
>
> ㉢ 부동산 등의 매수인은 신고인이 신고필증을 발급받은 때에「부동산등기 특별조치법」상 검인을 받은 것으로 본다.
>
> ㉣ 거래당사자(외국인 등이 포함)가 직접거래인 경우에는 공동으로 신고서에 공동 서명 또는 날인하여 거래당사 중에 일방이 제출한다.
>
> ㉤ 법인이 주택거래신고를 하는 경우에는 "부동산거래계약신고서"와 "법인주택거래계약신고서"를 함께 제출하여야 하며, 투기과열지구 소재 주택을 매수 신고하는 경우에는 자금의 조달계획 및 자금증명하는 서류를 첨부해야 한다.
>
> ㉥ 법인 외의 자(국가 등 제외)가 실제 거래가격이 6억원 이상인 주택이나 투기과열지구 또는 조정대상지역에 소재하는 주택을 매수하는 경우 "자금 조달계획 및 입주계획서"를, 투기과열지구에서는 "자금증명자료"를 추가로 제출하여야 한다.
>
> ㉦ 법인 또는 매수인이 법인 신고서 또는 자금조달·입주계획서를 부동산거래계약 신고서와 분리하여 제출 할 경우에는 거래계약의 체결일부터 30일 이내에 별도로 제출할 수 있다.

① 모두   ② 5개   ③ 4개
④ 3개   ⑤ 2개

05 다음 중 법인과 개인이 공통적으로 부동산거래계약신고 하여야 하는 사항이 아닌 것은?

① 실제 거래가격
② 부동산의 소재지·지번·지목 및 면적, 부동산의 종류
③ 공법상 이용제한 거래규제 사항
④ 계약체결일·중도금 지급일 및 잔금 지급일
⑤ 계약의 조건이나 기한이 있는 경우에는 그 조건 또는 기한

06 다음 중 부동산거래신고제도에 관한 내용으로 타당한 것은?

⊙ 국가 등이 주택계약체결 후 부동산거래신고시에 주택거래계약신고서(법인신고서)와 자금조달 및 입주계획서는 제출하지 않는다.

⊙ 법인이 주택매수자인 경우, 규제·비규제지역에 상관없이 자금조달 및 입주계획서를 첨부하여 부동산거래신고를 하여야 한다.

⊙ 수도권 등에서 토지를 지분으로 매수하는 경우, 금액을 불문하고 자금조달 계획 및 이용계획서를 첨부하여 신고하여야 한다(단, 매수인이 국가 등인 경우 제외).

⊙ 부동산거래신고에 관해 거짓신고를 조장하거나 방조한 자는 과태료 500만원 이하에 해당된다.

⊙ 부당하게 재물이나 재산상 이득을 취득하거나 제3자로 하여금 이를 취득하게 할 목적으로 가장매매 신고한 경우는 3년 이하의 징역 또는 3천만원 이하의 벌금형에 해당한다.

⊙ 신고 의무자가 아닌 자가 거짓된 내용의 부동산거래 신고한 경우는 취득가액의 100분의 10 이하 과태료에 해당한다.

① 모두 맞다　　　　　② 2개　　　　　③ 3개
④ 4개　　　　　　　　⑤ 5개

07 다음 중 부동산 거래신고에 관한 법률상에 부동산 거래신고시에 "자금 조달 및 입주계획서(이용계획서)"를 제출하여야 하는 경우는 몇 개인가?

⊙ 법인 아닌 개인이 비규제지역에서 6억원의 아파트를 매수한 경우
⊙ 법인이 강원도 정선군에 1억의 주택을 매수한 경우
⊙ 법인 아닌 개인이 강남구에 있는 3억원의 주택을 매입한 경우
⊙ 대전광역시에 소재하는 토지(토지거래 허가구역이 아님) 1필지를 2억에 매수한 경우
⊙ 강원도 춘천시에 소재하는 토지의 일부(5천평 중에 1/2지분)를 5억원에 매수한 경우

① 모두　　　　　　　　② ⊙, ⊙, ⊙, ⊙　　　　　③ ⊙, ⊙, ⊙
④ ⊙, ⊙, ⊙　　　　　⑤ ⊙, ⊙

08 다음 중 부동산거래의 해제등신고로 틀린 것은?

① 거래당사자는 신고한 후 해당 거래계약이 해제, 무효 또는 취소된 경우 해제 등이 확정된 날부터 30일 이내에 해당 신고관청에 공동으로 신고하여야 한다.

② 일방이 국가 등인 경우 국가 등이 단독으로 신고서에 서명 또는 날인하여 신고관청에 제출할 수 있다.

③ 당사자 일방이 신고를 거부하는 경우에는 해제등신고서에 단독으로 서명 또는 날인한 후 단독신고사유서와 판결문 등 해제 등이 확정된 사실을 입증할 수 있는 서류첨부하여 신고할 수 있다.

④ 거래당사자 또는 법인 또는 매수인의 위임을 받은 사람은 위임한 거래당사자의 자필서명(법인의 경우에는 법인인감)이 있는 위임장과 제출을 위임한 거래당사자의 신분증명서 사본 등을 첨부하여 대행할 수 있다.

⑤ 당사자가 거래계약이 해제 등을 30일 이내에 신고하지 않으면, 3천만원 이하의 과태료사유에 해당한다.

09 다음 중 부동산거래신고한 내용 중 정정신청 사항에 해당되는 것은?

① 거래가격

② 거래 지분 비율

③ 부동산 등의 소재지·지번·지목·면적 및 대지권비율

④ 거래당사자의 주소·전화번호 또는 휴대전화번호, 인적 사항

⑤ 중도금 및 잔금 지급일

10 다음 중 부동산 거래계약 신고서'의 기재사항이 옳게 짝지어진 것은?

㉠ 매매의 목적물이 집합건축물 − 동·호수까지 기재.

㉡ 토지대장상 − 지목, 면적을 기재.

㉢ 건축물의 면적 − 집합건축물인 경우는 전용면적을, 기타 건축물인 경우는 연면적 기재

㉣ 분양권, 입주권 매매의 경우 − 물건별 거래가격 및 총 실제거래가격에 부가가치세 포함 기재

㉤ 외국인이 부동산을 매수할 경우 − 매수용도란에 주거용, 레저용, 상업용 등 용도를 표시

㉥ 종전부동산란은 입주권 매매의 경우에만 기재한다.

㉦ 외국인은 국적을 반드시 적는다.

㉧ 부동산거래계약내용에 조건·기한이 있는 경우나 참고내용이 있는 경우 이를 기재한다.

㉨ 거래당사자가 다수인 경우 매도인 또는 매수인의 주소란에 거래대상별 거래지분을 기준으로 각자의 거래지분비율을 표시한다.

㉩ 건별 거래가격란에는 둘 이상의 부동산을 함께 거래하는 경우 각각의부동산별거래 금액을 적는다.

---

① 모두   ② 3개   ③ 4개   ④ 5개   ⑤ 6개

11 다음 중 부동산 거래신고에 관한 법률상 주택임대차 계약의 신고에 대한 내용으로 타당한 것은?

> ㉠ 신고대상 거래금액은 보증금이 6천만원을 초과하거나 월 차임이 30만원을 초과하는 주택 임대차 계약(계약을 갱신하는 경우로서 보증금 및 차임의 증감 없이 임대차 기간만 연장하는 계약은 제외)이 해당된다.
> ㉡ 신고한 후 해당 주택 임대차 계약의 보증금, 차임 등 임대차 가격이 변경 또는 임대차 계약이 해제된 때에는 확정된 날부터 30일 이내에 하여야 한다.
> ㉢ 임차인이 전입신고를 하는 경우 이 법에 따른 주택 임대차계약의 신고를 한 것으로 본다.
> ㉣ 임대차계약서가 제출된 경우에는 임대차계약신고, 변경·해제 신고의 접수를 완료한 때에는 확정일자를 부여한 것으로 본다.
> ㉤ 임대차계약신고 또는 계약변경 또는 해제 신고를 아니 한 자(공동신고를 거부한 자를 포함) 또는 그 신고를 거짓으로 한 자는 과태료 100만원 이하이다.
> ㉥ 신고하여야 할 사항으로는 임대차계약 당사자의 인적 사항, 임대차 목적물의 소재지 등 임대차 목적물 현황, 보증금 또는 월 차임, 계약 체결일 및 계약 기간, 계약갱신요구권의 행사 여부(계약을 갱신한 경우만 해당한다)이다.

① 모두　　② 4개　　③ 3개　　④ 2개　　⑤ 1개

12 다음 중 부동산거래 신고 위반에 대한 제재의 내용 중에 타당한 것은?

> ㉠ 통장사본 등 거래대금지급증명 자료를 제출하지 아니한 경우는 3천만원 이하의 과태료사유이다.
> ㉡ 부동산거래의 신고를 하지 아니한 자는 500만원 이하의 과태료사유이다.
> ㉢ 개업공인중개사로 하여금 부동산거래신고를 하지 아니하게 하거나 거짓된 내용을 신고하도록 요구한 자는 500만원 이하의 과태료사유이다.
> ㉣ 부동산거래의 신고를 거짓으로 한 자는 취득가액의 100분의 10% 이하에 상당하는 금액의 과태료사유이다.
> ㉤ 신고관청에 거래대금지급증명자료 외의 자료를 제출하지 아니하거나 거짓으로 자료를 제출한 자 는 500만원 이하의 과태료사유이다.

① 모두
② ㉠, ㉡, ㉢
③ ㉠, ㉤, ㉥
④ ㉢, ㉣, ㉤, ㉥
⑤ ㉡, ㉢, ㉣, ㉤, ㉥

3. 외국인 등의 부동산 취득에 관한 특례

(1) 용어의 정의

제2조(정의) "외국인 등"이란 다음에 해당하는 개인·법인 또는 단체를 말한다.

> 가. 대한민국의 **국적**을 보유하고 있지 아니한 개인
>
> 나. **외국의 법령**에 따라 설립된 법인 또는 단체
>
> 다. 사원 또는 구성원의 **2분의 1 이상**이 대한민국의 국적이 아닌 법인 또는 단체
>
> 라. 사원이나 이사 등 **임원의 2분의 1 이상**이 대한민국의 국적이 아닌 법인 또는 단체
>
> 마. 대한민국의 국적이 아닌 사람이나 외국의 법령에 따라 설립된 법인 또는 단체가 **자본금의 2분의 1 이상이나 의결권의 2분의 1 이상**을 가지고 있는 법인 또는 단체
>
> 바. 외국 정부, 국제기구(**예** 국제연합), 정부간 기구, 준정부간 기구, 비정부간 국제기구 등

(2) 특 징

> ① 외국인이 국내의 부동산 등을 **소유권 + 취득시만 적용**된다.
>
>   즉, 소유권 양도·처분시, 용익물권(지상권 등, 담보물권인 저당권 등은 적용되지 않는다.
>
> ② 외국에서 **영주권**을 취득한 대한민국의 국민은 신고의무가 없다.
>
> ③ **상호주의** : 국토교통부장관은 … 토지의 취득·양도를 금지 또는 제한할 수 있다.

≪ 핵심 정리 ≫

1) 사후 신고

구 분		신고 기간	제 재
신 고	계 약	🔒 **교환, 증여계약** : 체결일부터 60일 이내 **단, 부동산거래신고 한 매매경우 — 신고(×)**	신고 ×, 거짓 신고 — 300만원 이하의 과태료
	계약 외	🔒 취득한 날로부터 **6개월** 이내 (상속 — 상속개시일, 경매 — 매각대금완납, 판결 — 판결확정, 환매권 — 소유권이전등기, 합병 — 합병등기) 🔒 건축물의 신축·증축, 개축, 재축	신고 ×, 거짓신고 — 100만원 이하의 과태료 (시·군·구청장 부과· 징수)
	계속 보유	국적 변경된 날로부터 6개월 이내	

2) 사전 허가

(1) 허가 절차 및 효과

① 토지가 규정된 구역·지역 등의 토지인 경우에는 토지취득계약을 **체결하기 전에** 시장·군수 또는 구청장의 허가를 받아야 함.

② 토지거래계약에 관한 **허가를 받은 경우에는 그러하지 아니하다.**

③ 허가 받지 않고 체결한 토지취득 계약은 그 효력이 발생하지 아니한다.

(2) 대상 지역(군 - 문, 자 - 야!!)

> ① **군사기지** 및 시설보호법상 군사시설보호구역 등
> ② **문화재보호법** - 지정문화재와 이를 위한 보호물 또는 보호구역
> ③ **자연환경보전법** - 생태계·경관보전지역
> ④ **야생** 생물보호 및 관리에 관한 법 - 야생생물특별보호구역

(3) 처리기한 및 제재
　① 신고관청은 허가신청을 받은 날부터 **15일 이내**에 허가 또는 불허가 처분을 한다.
　② 허가를 받지 아니하고 토지취득계약을 체결하거나 부정한 방법으로 허가를 받은 외국인 등은 **2년 이하의 징역 또는 2천만원 이하**의 벌금을 부과한다.

(4) 신고 또는 허가 방법 및 절차
　① **첨부서류**: 외국인이 부동산 등의 취득의 신고 또는 허가신청시에 **다음 서류를 첨부**하여 신고(허가)하여야 한다.

> ㉠ **증여의 경우**: 증여계약서
> ㉡ **상속의 경우**: 상속인임을 증명할 수 있는 서류
> ㉢ **경매의 경우**: 경락결정서
> ㉣ **환매권 행사의 경우**: 환매임을 증명할 수 있는 서류
> ㉤ **법원의 확정판결의 경우**: 확정판결문
> ㉥ **법인의 합병의 경우**: 합병사실을 증명할 수 있는 서류
> ㉦ **계속보유신고**: 외국의 법인 또는 단체로 변경되었음을 증명할 수 있는 서류(법인에 한함)
> ◎ **허가신청**: 토지취득계약(당사자간 합의서)

　② **방법**: 신고 또는 허가신청은 방문 또는 전자문서(단, 대행 ×)에 의하여 할 수 있다.
　③ **대행**: 외국인 등의 위임을 받은 사람은 외국인 부동산 등 **취득·계속보유신고서** 또는 외국인 **토지 취득 허가신청**서의 제출을 **대행**할 수 있다.
　④ **신고관청 제출의무**: 신고내용을 **매 분기 종료일부터 1개월** 이내에 특별시장·광역시장·도지사 또는 특별자치도지사(**시·도지사**)에게 제출(전자문서 포함)하여야 한다. 다만, 특별자치시장은 직접 **국토교통부장관에게 제출하여야 한다.**
　⑤ **시·도지사 제출의무**: 신고 내용을 제출받은 **시·도지사**는 **제출받은 날부터 1개월** 이내에 그 내용을 **국토교통부장관**에게 제출하여야 한다.

01 다음 중 「부동산 거래신고 등에 관한 법률」상 '외국인 등'에 해당되지 않는 자는?

① 국제연합과 그 산하기구

② 외국의 법령에 의하여 설립된 법인 또는 단체

③ 대한민국 국적을 보유하고 있는 해외 영주권자

④ 대한민국법령에 의하여 설립되었더라도 사원 또는 구성원의 2분의 1 이상이 대한민국 국적을 보유하고 있지 아니한 법인 또는 단체

⑤ 대한민국법령에 의하여 설립되었더라도 업무를 집행하는 사원 또는 이사 등 임원의 2분의 1 이상이 대한민국 국적을 보유하고 있지 아니한 법인 또는 단체

02 다음은 「부동산거래 신고 등에 관한 법률」상 외국인 등의 부동산 등의 취득 특례규정에 관한 설명이다. 틀린 것은?

> ㉠ 외국인 등이 국내의 부동산 등을 취득하는 경우에는 동법이 적용되나, 기존의 보유 부동산 등을 양도하는 경우에는 적용되지 않는다.
>
> ㉡ 외국인 등의 위임을 받은 사람은 외국인 부동산 등 취득신고서의 작성 및 제출을 대행할 수 있다.
>
> ㉢ 외국인 등이 국내의 문화재보호구역의 토지를 취득하고자 허가를 받았다 하더라도 부동산거래신고를 하여야 한다.
>
> ㉣ 대한민국 법에 의하여 설립된 법인으로서 그 임원의 1/2 이상이 외국인에 해당하는 경우 토지에 대한 교환계약을 체결하고 신고하지 않은 때에는 300만원 이하의 과태료 처분을 받는다.
>
> ㉤ 허가대상 토지를 부정한 방법으로 허가를 받아 토지취득계약을 체결한 외국인 등은 2년 이하의 징역 또는 2천만원 이하의 벌금을 부과한다.
>
> ㉥ 외국인이 토지취득의 허가를 받고자 하는 경우에는 토지취득허가신청서에 토지거래계약 당사자간의 합의서 등을 첨부하여 신고관청에게 제출하여야 한다.
>
> ㉦ 신고관청은 외국인 등의 부동산 등의 취득신고 내용을 매 분기 종료일부터 60일 이내에 시·도지사에게 제출하여야 하고, 신고내용을 제출받은 시·도지사는 제출받은 날부터 60일 이내에 그 내용을 국토교통부장관에게 제출하여야 한다.

① 1개   ② 2개   ③ 3개   ④ 4개   ⑤ 5개

토지거래허가제도

1. 토지거래 허가구역의 지정

(1) 지정권자

> ㉠ 둘 이상의 시 · 도: [국토교통부장관]이 지정
> ㉡ 동일한 시 · 도: [시 · 도지사]가 지정
> 　단, **국가가 시행하는 개발사업** 등으로 ~ **국토교통부장관**이 지정할 수 있다.

이 경우 국토교통부장관 또는 시 · 도지사는 대통령령으로 정하는 바에 따라 **허가대상자(외국인 등을 포함), 허가대상 용도와 지목 등**을 특정하여 허가구역을 지정할 수 있다. <10. 19. 시행>

(2) **지정요건**

투기적 거래 성행하거나 지가가 급격히 상승하는 지역과 그러한 우려가 있는 지역으로서, 다음의 지역에 지정할 수 있다.

> ㉠ 행위제한이 [완화]되거나 해제되는 지역
> ㉡ 개발사업이 진행 중이거나 예정되어 있는 지역과 그 인근 지역
> ㉢ 광역도시계획, 도시 · 군기본계획, 도시 · 군관리계획 등 토지이용계획이 **새로 수립되거나 변경되는 지역**

(3) **지정기간**: [5년 이내]의 기간

(4) **지정절차**

① 허가구역으로 지정하고자 하는 때에는 중앙(시 · 도)도시계획위원회의 심의를 거쳐야 한다.
　🔒 **재지정**하고자 하는 때에는 심의 [전]에 시 · 도지사(국토교통부장관 지정하는 경우만) 및 시장 · 군수 · 구청장의 **의견을 들어야 한다.** <참고> 주민의견 청취 - ×

② 허가구역으로 지정 · 해제 · 축소한 때에는 지체 없이 **허가대상자, 허가대상 용도와 지목 등 대통령령으로 정하는 사항을** 공고하고,

> **〈🔒 참고〉 "대통령령으로 정하는 사항" 공고란**
> 1. "허가구역"의 지정기간
> 2. 허가구역 내 토지의 소재지 · 지번 · 지목 · 면적 및 용도지역
> 3. 허가구역에 대한 축척 5만분의 1 또는 2만 5천분의 1의 지형도
> 4. 허가 면제 대상 토지면적

　- 국토교통부장관은 시 · 도지사를 거쳐 시장 · 군수 또는 구청장에게 통지하고
　- 시 · 도지사는 국토교통부장관, 시장 · 군수 또는 구청장에게 통지하여야 한다.

③ **시장·군수·구청장**은 관할 <등기소의 장>에게 통지하여야 하며, 지체 없이 그 사실을 **7일 이상 공고**하고, 그 공고 내용을 **15일간 일반**이 **열람**할 수 있도록 하여야 한다. 〈🔒 주의〉

> ㉠ (단, 재지정 - ×) 및 ㉡㉢은 **해제, 축소의 경우**도 동일하게 적용된다.

(5) 허가구역 지정의 효력 발생시기

> ㉠ 허가구역의 지정은 **국토교통부장관 또는 시·도지사**가 허가구역의 지정을 공고한
> 날부터 [5일] 후에 그 효력이 발생한다.
> ㉡ 허가구역을 해제하거나 축소한 경우 및 재지정을 한 경우에는 [지정·공고한 날]로부
> 터 효력이 발생한다.

(6) 해제 또는 축소 요청 등

국토교통부장관 또는 시·도지사는 허가구역의 지정 사유가 없어졌다고 인정되거나 관계 시·도지사, 시장·군수 또는 구청장으로부터 받은 허가구역의 지정 해제 또는 축소 요청이 이유 있다고 인정되면 지체 없이 허가구역의 지정을 해제하거나 지정된 허가구역의 일부를 축소하여야 한다.

2. 허가 대상

(1) 허가구역에 있는 토지에 관한 [소유권·지상권]을 이전·설정하는 유상계약(예약 포함)을 체결하려는 당사자는 공동으로 시장·군수·구청장의 허가를 받아야 한다.

허가 대상	소유권(매매, 교환)과 지상권의 설정, 이전계약, 대물변제예약, 소유권 및 지상권 청구권 보전 가등기, 판결, 화해조서 등
대상 아님	건물, 전세권, 지역권, 저당권, 증여, 상속, 경매, 압류용 공매, 비업무용 부동산 공매(3회 유찰시 등)

(2) 허가면적

다음의 면적 이하의 토지는 허가가 필요 없다.

> ① **주거지역**: [60]m² 이하　　② **상업지역**: [150]m² 이하
> ③ **공업지역**: [150]m² 이하　　④ **녹지지역**: [200]m² 이하
> ⑤ **도시지역 안에서 용도지역의 지정이 없는 구역(미지정)**: [60]m² 이하
> ⑥ **도시지역 외의 지역(기타)**: [250]m² 이하. 농지 [500]m² 이하, 임야[1,000]m²이하

🔒 **기준면적의 특례**: 국토교통부장관 또는 시·도지사가 이 기준면적의 [10% 이상~300% 이하]
의 범위 안에서 따로 정할 수 있다.

⑶ 기준면적의 산정방법

> ① 계약체결 후 1년 이내에 일단의 토지이용을 위해 일부계약 : 전체에 대한 거래로 본다.
> ② 허가구역의 지정 후 분할된 토지 : 분할 후 최초의 거래에 한하여 허가의 대상이 된다.
> ③ 허가구역의 지정 후 공유지분으로 거래 : 최초거래에 한하여 허가의 대상이 된다.

3. 토지거래허가의 절차

⑴ 허가권자 : 시장 · 군수 · 구청장

⑵ 허가신청 : 당사자가 공동 신청

⑶ 처분기한

「민원 처리에 관한 법률」상의 처리기간 내에(15일) 허가증을 발급하거나 불허가 처분사유를 서면으로 알려야 한다.

선매협의가 진행 중인 경우에는 그 사실을 신청인에게 알려야 한다.

⑷ 기간 내에 허가증의 발급 또는 불허가처분 사유의 통지가 없거나 선매협의 사실의 통지가 없는 경우

그 기간이 끝난 다음날에 허가가 있는 것으로 본다.

⑸ 허가받은 경우 의제되는 법률

> ① 농지에 대하여 토지거래계약의 허가를 받은 경우에는 농지취득자격증명을 받은 것으로 본다.
> ② 허가증을 교부받은 경우에는 검인을 받은 것으로 본다.

⑹ 국가, 지방자치단체, 공공단체 등이 행하는 토지거래계약

시장 · 군수 · 구청장과 협의할 수 있고, 협의가 성립되면 허가를 받은 것으로 본다.

4. 허가 심사 기준

⑴ 토지의 이용목적이 적합한 다음의 경우는 허가 받을 수 있다.

① 거주용 주택용지로 이용하려는 경우

② 지역주민을 위한 복지시설 또는 편익시설의 설치에 이용하려는 경우

③ 허가구역에 거주하는 농업인 등의 농업 · 축산업 · 임업 · 어업을 영위하려는 경우

> • 허가구역에 세대원 포함 전원이 주민등록 + 거주하는 특 · 광 · 시 · 군 <내>의 토지 취득
> • 농업인 등 주소지로부터 30km 내의(관할 내 · 외의 토지취득(단, 대체 농지 80km 내)

④ 법률에 따른 수용 · 사용할 수 있는 사업을 시행하기 위하여 필요한 것인 경우

⑤ 지역발전을 위해 필요한 사업에 이용하고자 하는 것인 경우

⑥ 허가구역의 지정 당시 구역 안에서 시행하고 있는 사업**에 이용**

⑦ 허가구역 안에 **거주하는 자의 일상생활 및 통상적인 경제활동**에 필요한 것

> - **농지 외의 토지**: 협의양도·수용된 날부터 $\boxed{3년}$ 이내에 대체토지 **취득**(단, 종전의 토지가액 이하)
> - **법률에 따른 개발·이용제한·금지**(건축물, 공작물 설치, 형질변경 등) 등 사용할 수 **없는 토지**: 현상보존의 목적으로 토지의 취득
> - 민간임대주택법상 임대사업자가 임대사업을 위하여 건축물과 그에 딸린 토지 취득

⑵ 토지의 이용목적이 심사기준에 부적합 한 다음은 불허가 **된다.**

> ① 토지이용목적이 도시·군계획 기타 **토지의 이용 및 관리에 관한 계획에 부적합** 경우
> ② 토지이용목적이 생태계 보전 및 생활환경 보호에 **중대한 위해성이 우려**되는 경우
> ③ $\boxed{면적}$이 그 토지의 **이용목적으로** 보아 적합 하지 아니한 경우
> 　🔓 가격(계약예정금액)은 심사기준이 아님.

5. 위반행위 시의 조치

⑴ 허가대상이 되는 토지거래계약을 허가 없이 체결한 때에는 그 효력은 $\boxed{\textbf{무효이다.}}$

⑵ **처 벌**

　허가를 받지 않고 토지거래계약을 체결하거나, 부정한 방법으로 허가를 받은 자는 2년 **이하의 징역 또는 토지가격의 30%에 해당하는 금액의 벌금**에 처한다.

6. 토지이용 의무

　🔓 의무기간: 5년 범위 내에서 허가받은 **목적대로 이용**하여야 한다.

목 적	이용기간
대체토지, 농업 등(축산·임업 등), **복지·편익시설, 주택용지**	2년
사업 시행(단, 분양목적 및 진행 ×)	4년
현상보존, 임대사업, 기타	5년

7. 이행강제금

> ① **이행명령**: 시장·군수·구청장은 토지의 이용의무를 이행하지 아니한 자에게 **3개월 이내**의 기간을 정해 의무를 이행하도록 명할 수 있다.
> ② **부과권자 및 부과대상**: 시장·군수 또는 구청장이 이행명령이 기간 내에 이행되지 아니한 경우에 부과한다.
> ③ **부과범위**: **토지 취득가액의** $\boxed{10}$ **%의 범위 내**(방치 10, 임대 7, 변경 5, 기타 7)

1. **방치한 경우**: 토지 취득가액의 100분의 10에 상당하는 금액
2. **임대한 경우**: 토지 취득가액의 100분의 7에 상당하는 금액
3. **허가관청의 승인 없이 변경하여 이용하는 경우**: 토지 취득가액의 100분의 5에 상당하는 금액
4. **기타 위반의 경우**: 토지 취득가액의 100분의 7에 상당하는 금액

④ **부과 횟수**: 1년에 1회
⑤ 이용의무 기간이 **경과한 후**에는 이행강제금을 부과할 수 없다.
⑥ **이행하는 경우**: 새로운 이행강제금 부과 중지 / 이미 부과된 이행강제금은 징수한다.
⑦ **이의제기**: 이행강제금의 부과처분에 불복하는 자는 **시·군·구청장에게** 30일 **이내**에 이의를 제기하여야 한다.

8. 사권의 보호

(1) **이의신청**

① 처분에 이의가 있는 자는 그 처분을 받은 날부터 1개월 이내에 **시·군·구청장에게** 이의를 신청할 수 있다.
② 이의신청을 받은 시장·군수 또는 구청장은 시·군·구도시계획위원회의 심의를 거쳐 그 결과를 이의신청인에게 알려야 한다.

(2) **매수청구**

① 매수청구의 요건: **불허가 처분**이 있는 경우
② 청구의 상대방: **시·군·구청장**
③ 청구기한: 1개월 이내
④ 매수절차: 시장·군수·구청장은 국가·지방자치단체, 공공단체 중에서 매수자를 지정하여, 예산의 범위에서 매수하게 하여야 한다.

시장·군수 또는 구청장 - 국가, 지방자치단체, 한국토지주택공사, 한국농수산식품유통공사, 대한석탄공사, 한국관광공사, 한국농어촌공사, 한국도로공사, 한국석유공사, 한국수자원공사, 한국전력공사, 한국철도공사를 매수할 자로 하여금 예산의 범위에서 **공시지가를 기준**으로 하여 해당 **토지를 매수하게 하여야 한다**(영 제16조).

⑤ 매수가격: **공시지가**를 기준으로 매수하되, 허가신청서에 적힌 가격이 낮은 경우, 허가신청서에 적힌 가격으로 매수할 수 있다.

9. 선 매

(1) 선매제도의 특징

> ① 토지거래계약의 **허가신청을 전제**로 한다.
> ② 선매제도는 공공용지의 확보를 목적으로 한다.
> ③ 강제성이 없다.

(2) 선매대상

① 공익사업용 토지

② 허가를 받아 취득한 토지를 그 **이용목적대로 이용하고 있지 아니한 토지**

(3) 선매자

국가 · 지방자치단체 · 한국토지공사 기타 공공기관 또는 공공단체 중에서 시장 · 군수 · 구청장이 지정한다.

(4) 선매절차

① 선매자의 지정 및 통지 : 허가신청이 있는 날부터 1개월 이내

② 선매협의 및 매수

> 1. 선매자는 지정통지를 받은 날부터 15일 이내에 선매협의를 하여야 하며, 지정통지를 받은 날부터 **1개월 이내**에 선매협의조서를 시장 · 군수 · 구청장에게 제출하여야 한다.
> 2. 선매자는 지정통지를 받은 날부터 1개월 이내에 선매협의를 끝내야 한다.

(5) 선매가격

감정가격을 기준으로 하되, 허가신청서에 적힌 가격이 낮은 경우 허가신청서에 적힌 가격으로 할 수 있다.

(6) **선매협의 불성립시 조치** : 지체 없이 허가 또는 불허가의 여부를 결정하여 통보한다.

---

01 토지거래허가구역의 허가지정권자와 허가권자의 연결이 타당한 것은?

① 국토교통부장관 − 시 · 도지사

② 국토교통부장관 또는 시 · 도지사 − 시장 · 군수 · 구청장

③ 국토교통부장관 − 시장 · 군수 · 구청장

④ 국토교통부장관 또는 시 · 도지사 − 시 · 도지사

⑤ 시 · 도지사 또는 시장 · 군수 · 구청장 − 시장 · 군수 · 구청장

02 다음 중 토지거래허가구역에 관한 설명으로 틀린 것은?

① 토지거래허가는 당사자가 공동으로 시장·군수·구청장에게 허가를 신청하여야 한다.

② 토지거래허가구역 내의 토지를 비업무용부동산공매로 취득하는 경우에도 원칙적으로 허가증이 필요하다.

③ 허가구역을 지정할 당시 허가를 요하는 규모의 토지가 허가구역의 지정 후 분할되어 허가를 요하는 규모 미만으로 되었을 경우 분할 후 최초의 거래에 한하여 허가의 대상이 된다.

④ 토지거래 허가증이 없으면 소유권이전등기를 할 수 없으며, 토지거래 허가를 받지 않고 체결한 계약은 무효이다.

⑤ 한국토지주택공사가 계약당사자인 경우에는 시장·군수·구청장과 협의하여 그 협의가 성립된 때에도 토지거래계약에 관한 허가를 받아야 한다.

03 토지거래계약에 관한 허가구역 내에서 행하는 다음 거래 중 토지거래계약의 허가가 필요한 것은?

① 주거지역에서 $50m^2$의 토지를 매매하는 계약

② 상업지역에서 $150m^2$의 토지를 매매하는 계약

③ 공업지역에서 $200m^2$의 토지를 매매하는 계약

④ 녹지지역에서 $180m^2$의 토지를 매매하는 계약

⑤ 도시지역 외의 지역에서 $500m^2$의 임야를 매매하는 계약

04 부동산 거래신고 등에 관한 법령상 토지거래허가구역 등에 관한 설명으로 틀린 것을 모두 고른 것은?

⊙ 허가구역의 지정은 그 지정을 공고한 날부터 5일 후에 그 효력이 발생한다.

ⓛ 국토교통부장관 또는 시·도지사는 토지의 투기적인 거래가 성행하거나 지가(地價)가 급격히 상승하는 지역과 그러한 우려가 있는 지역으로서 5년 이내의 기간을 정하여 토지거래계약에 관한 허가구역으로 지정할 수 있다.

ⓒ 「민사집행법」에 따른 경매의 경우에는 허가구역 내 토지거래에 대한 허가의 규정은 적용하지 아니한다.

ⓔ 통지를 받은 시장·군수 또는 구청장은 지체 없이 그 공고 내용을 그 허가구역을 관할하는 등기소의 장에게 통지하여야 하며, 지체 없이 그 사실을 7일 이상 공고하고, 그 공고 내용을 15일간 일반이 열람할 수 있도록 하여야 한다.

ⓜ 토지거래계약의 허가신청이 된 토지에 대하여 시장·군수 또는 구청장이 선매자를 지정하는 경우 선매자가 토지를 매수할 때의 가격은 토지소유자의 매입가격으로 한다.

ⓗ 허가신청에 대하여 불허가처분을 받은 자의 매수 청구를 받은 시장·군수 또는 구청장은 매수할 자를 지정하여, 매수할 자로 하여금 감정가격을 기준으로 해당 토지를 매수하게 하여야 한다.

① 1개　　② 2개　　③ 3개　　④ 4개　　⑤ 5개

05 부동산 거래신고 등에 관한 법령상 이행강제금에 대하여 개업공인중개사가 중개의뢰인에게 설명한 내용으로 옳은 것은?

① 군수는 최초의 의무이행위반이 있었던 날을 기준으로 1년에 한 번씩 그 이행명령이 이행될 때까지 반복하여 이행강제금을 부과·징수할 수 있다.

② 시장은 토지의 이용 의무기간이 지난 후에도 이행명령 위반에 대해서는 이행강제금을 반복하여 부과할 수 있다.

③ 시장·군수 또는 구청장은 이행명령을 받은 자가 그 명령을 이행하는 경우라도 명령을 이행하기 전에 이미 부과된 이행강제금은 징수하여야 한다.

④ 토지거래계약허가를 받아 토지를 취득한 자가 직접 이용하지 아니하고 임대한 경우에는 토지 취득가액의 100분의 20에 상당하는 금액을 이행강제금으로 부과한다.

⑤ 이행강제금 부과처분을 받은 자가 국토교통부장관에게 이의를 제기하려는 경우에는 부과처분을 고지받은 날부터 14일 이내에 하여야 한다.

06 부동산 거래신고 등에 관한 법령상 토지거래계약에 관한 허가구역에 대한 내용이 틀린 것은?

① 토지거래허가대상은 토지거래허가구역내의 토지에 대한 소유권·지상권을 이전 또는 설정에 대한 유상계약 및 예약이다.

② 토지거래계약에 관한 허가받은 사항의 변경에 관한 허가권자는 시장·군수·구청장이다.

③ 토지거래허가구역의 지정이나 확대지정의 효력은 공고한 날로부터 5일 후에 발생한다.

④ 토지거래허가구역은 지가가 급격히 상승하는 지역 등을 대상으로 5년 단위로 지정된다.

⑤ 「공익사업을 위한 토지 등의 취득 및 보상에 관한 법률」에 따른 토지의 수용의 경우에는 토지거래허가대상이 아니다.

07 다음 중 토지거래계약을 허가받은 경우 그 토지를 허가받은 목적대로 이용하여야 하는 토지이용 의무기간으로 틀린 것은?

① 농업·축산업·임업 또는 어업을 영위하기 위한 경우 - 2년.

② 허가구역을 포함한 지역의 주민을 위한 편익시설의 설치에 이용하려는 경우 - 2년

③ 자기의 거주용 주택용지로 이용하려는 경우 - 2년

④ 관계 법률에 따라 지정된 지역·지구·구역 등의 지정목적에 적합하다고 인정되는 사업을 시행하려는 자가 그 사업에 이용하려는 경우 - 5년

⑤ 관계법령의 규정에 의하여 건축물이나 공작물의 설치행위가 금지된 토지에 대하여 현상보존의 목적을 위한 경우 - 5년

08 토지거래 허가제의 선매제도 및 다른 법과 관계에 관한 설명으로 틀린 것은?

① 토지거래허가를 받은 경우 「부동산등기 특별조치법」상에 검인이나 농지취득자격 증명은 받지 않아도 된다.

② 토지거래허가를 받은 경우 「부동산 거래신고 등에 관한 법률」에 의한 부동산거래 신고를 하여야 한다.

③ 허가 받은 토지 이용목적대로 이용되고 있지 않는 경우는 선매 협의매수의 대상이며, 시장·군수·구청장은 토지거래 허가의 신청이 있는 날부터 3개월 이내에 선매자를 지정하여 토지소유자에게 통지하여야 한다.

④ 선매자로 지정된 자는 그 지정일부터 15일 이내에 매수가격 등 선매조건을 기재한 서면을 토지소유자에게 통지하여 선매협의를 하여야 한다.

⑤ 선매협의가 이루어지지 아니한 경우 지체 없이 허가 또는 불허가 여부를 결정하여 통보하여야 한다.

09 다음 중 「부동산 거래신고 등에 관한 법률」에 따른 행정형벌로서 타당한 것은?

> ㉠ 외국인 등이 허가를 받지 아니하고 토지취득계약을 체결하거나 부정한 방법으로 허가를 받아 토지취득계약을 체결한 경우 - 2년 이하의 징역 또는 2천만원 이하의 벌금
>
> ㉡ 토지거래허가 또는 변경허가를 받지 아니하고 토지거래계약을 체결하거나, 속임수나 그 밖의 부정한 방법으로 토지거래계약 허가를 받은 자 - 2년 이하의 징역 또는 계약 체결 당시의 개별공시지가에 따른 해당 토지가격의 100분의 30에 해당하는 금액 이하의 벌금
>
> ㉢ 토지거래허가 취소, 처분 또는 조치명령을 위반한 자 - 1년 이하의 징역 또는 1천만원 이하의 벌금

① ㉠

② ㉠, ㉡

③ ㉡, ㉢

④ ㉠, ㉢

⑤ ㉠, ㉡, ㉢

제2편 정답		1	2	3	4	5	6	7	8	9	10	11	12	13	14
Chapter 01	p.135	⑤	⑤	②	①	③	①	②	⑤	②	①	①	①		
	p.142	③	①												
Chapter 02	p.148	②	⑤	③	②	③	④	④	③	⑤					

합격
기준 박문각
공인중개사

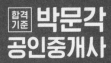

중개실무

중개대상물의 조사·확인

제1절 조사·확인 방법

1. 공부상 확인 – 중개대상물의 조사·확인의 공적 서면

공부의 종류	확인사항
등기사항증명서 (토지·건물)	표제부 : 부동산의 표시사항 갑구 : 소유권과 소유권의 제한에 관한 사항 을구 : 제한물권과 그 제한에 관한 사항
토지대장·임야대장	소재지, 지목, 면적, 소유자, 개별공시지가, 용도지역
지적도·임야도	소재지(위치), 지목, 경계, 지형(토지의 모양)
건축물대장	소재지, 건축면적, 건축연도, 용도, 구조, 건폐율·용적률, 소유자
대지권등록부	소재지, 대지권지분비율, 소유권지분, 소유자
공유지연명부	소재지, 소유권지분, 소유자
토지이용계획확인서	공법상 이용제한, 거래규제
환지예정지지정증명원	환지예정지에 대한 지목·면적 등
가족관계등록부	상속관계, 법정대리인, 미성년자
부동산종합증명서	부동산종합공부를 열람하거나 부동산종합공부 기록사항의 전부 또는 일부에 관한 증명서
후견등기사항증명서	제한능력자 여부, 피한정후견인·피성년후견인

① 건축물대장에는 **건물의 방향**이 기재되지 않는다.

② 토지이용계획·확인서와 지적도는 소유자가 기재되지 않는다.

  즉, 모든 공법상 제한 사항 등을 망라된 것이 아님.

③ **중개대상물 자체의 물리적인 사항은 지적대장이나 건축물대장을 기준으로 하고 등기부를 변경**

④ **권리관계 등 소유권에 관한 사항은 등기부를 기준으로 하고 대장을 변경한다.**

2. 현장답사(임장활동)

토지 지형 및 지세, 도로상황, 건축물 방향, 노후정도, 기능상 문제점, 외형상의 구조와 특징, 건물의 임대와 관리, 상태와 입지조건, 등기부상 확인되지 않은 권리

3. 중개대상물 상태자료 요구권 행사로 확인

개업공인중개사는 권리이전의뢰인에게 중개대상물에 관한 자료를 요구할 수 있다.

불응한 경우에는 개업공인중개사는 그러한 사실을 **매수(임차)**의뢰인에게 설명하고 중개대상물의 확인·설명서에 기재한다.

제2절 중개대상물 조사할 사항

1. 권리관계에 관한 사항 확인(등기부와 현장답사 병행)

(1) **진정한 권리자 확인 = 등기부등본 + 주민등록증 + 등기권리증 확인**

🔒 개업공인중개사는 선량한 관리자의 주의와 신의·성실로써 매도 등 처분을 하려는 자가 진정한 권리자와 동일인인지의 여부를 **부동산등기부와 주민등록증** 등에 의하여 조사·확인할 의무가 있다고 할 것이다.

🔒 등기권리증 = 개업공인중개사로서는 매도의뢰인이 알지 못하는 사람인 경우 필요할 때에는 **등기권리증의 소지 여부나 그 내용을 확인·조사**해 보아야 할 주의의무가 있다고 할 것이다.

(2) **정당한 권한을 가진 대리인 여부**

① **본인의 인감증명서가 첨부된 위임장**으로 확인한다.

② 부부간에 있어서 남편소유의 부동산을 처가 매도의뢰한 경우 남편의 인감증명서가 첨부된 위임장을 통하여 대리권한이 있는지를 확인하여야 한다.

(3) **등기부상 권리**

① 동일부동산에 대하여 등기한 권리의 순위 = 동순 별접

② **중개대상 물건에 근저당권이 설정된 경우 확인·설명범위**

㉠ 그 채권최고액을 조사·확인하여 중개의뢰인에게 설명(실제의 피담보채무액 ×)

㉡ 개업공인중개사가 채권최고액확인에 그치지 않고 실제의 피담보채무액에 관하여 **설명하는 경우** 선량한 관리자의 주의와 신의성실로서 조사·확인 등의 중개행위를 하여야 할 의무가 있다.

---

01 다음 개업공인중개사의 조사·확인에 관한 내용으로 옳은 것은 모두 몇 개인가?

> ㉠ 토지대장의 면적과 등기사항증명서의 면적이 서로 다른 경우에는 등기사항증명서를 기준으로 판단한다.
> ㉡ 토지소유자의 인적 사항에 관하여 토지대장과 등기사항증명서가 일치하지 아니하는 경우에는 토지대장을 기준으로 판단한다.
> ㉢ 지적도상의 경계와 실제경계가 일치하지 않는 경우 특별한 사정이 없는 한 실제경계를 기준으로 한다.
> ㉣ 중개대상물 조사·확인의 방법으로는 일반적으로 각종 공부상으로 조사·확인하는 방법, 현장답사로 조사·확인하는 방법이 있다.
> ㉤ 유치권 및 법정지상권의 성립 여부는 등기사항증명서를 열람하여 알 수 있다.
> ㉥ 토지대장을 통하여 개별공시지가를 확인할 수 있다.
> ㉦ 도시계획에 관한 사항은 건축물대장 보다는 토지이용계확인서를 우선적으로 열람하여 확인한다.
> ㉧ 토지의 소재지, 지목, 지형 및 경계는 토지대장을 통해 확인할 수 있다.

① 1개   ② 2개   ③ 3개   ④ 4개   ⑤ 5개

02 개업공인중개사가 중개대상물에 관한 권리관계에 대하여 중개의뢰인에게 확인 · 설명할 때에 관한 설명으로 틀린 것은?

① 등기사항증명서 '갑구'란을 조사하여 제한물권에 대한 가등기 · 가압류 · 가처분 등을 확인한다.

② 개업공인중개사는 선량한 관리자의 주의와 신의 · 성실로서 매도 등 처분하려는 자가 진정한 권리자와 동일인인지 여부를 등기사항증명서와 주민등록증 등에 의하여 조사 · 확인할 의무가 있다.

③ 개업공인중개사는 전대차에 대하여 원 임대인이 승낙이나 동의를 하였는지의 여부와 전대차기간이 얼마나 보장될 수 있는지 등을 확인하고 그 내용을 정확히 설명하여야 한다.

④ 남편명의의 부동산을 처가 매도하는 경우 처가 남편의 주민등록등본과 인감을 소지하고 있는 것만으로는 대리권이 있다고 볼 수 없다.

⑤ 당해 중개대상물에 관하여 등기한 권리의 순위로 법률에 다른 규정이 없는 때에는 등기용지 중 동구에서 한 등기에 대하여는 순위번호에 의하고 별구에서 한 등기에 대하여는 접수번호에 의하여 확인한다.

---

(4) 분묘기지권 및 장사 등에 관한 법률

① 분묘기지권(분묘지상권)

㉠ 타인의 토지를 사용할 수 있는 **지상권 유사의 물권**이다.

㉡ 분묘의 수호 및 제사의 봉행에 필요한 **주위의 빈 땅**도 효력이 미친다(**주의**: 사성부분에까지 항상 분묘기지권이 미치는 것은 아니다).

㉢ 분묘가 일시적으로 멸실하고, 유골이 존재하여 원상회복하면 존속간주

㉣ 시신이 없고 봉분만 있는 예장(가묘)은 불포함(합장 ✕).

㉤ 분묘의 수호 및 제사주제 자는 **원칙적으로 종손**이므로, 사망자의 연고자는 토지 소유자에 대하여 분묘의 기지권을 주장할 수 없다.

㉥ 분묘기지권에 기하여 보전되어 오던 분묘들 가운데 일부가 그 분묘기지권이 미치는 범위 내에서 이장되었다면, 그 이장된 분묘를 위해서도 그 분묘기지권의 효력이 그대로 유지된다.

🔒 다만, 그 이장으로 인하여 더 이상 분묘의 수호와 봉제사에 필요 없게 된 부분이 생겨났다면 그 부분에 대한 만큼은 분묘기지권이 소멸한다고 할 것이다.

㉦ 타인 토지에 승낙 없이 분묘를 설치하여 20년간 평온, 공연하게 점유함으로써 분묘기지권을 시효 취득한다. 🔒 소유의사와 등기는 성립요소가 아니다.

㉧ 분묘기지권의 범위는 장사 등에 관한 법률에 의한 제한면적 범위 내에 한정되는 것은 아니다.

㉨ 지료: 분묘기지권을 시효로 취득한 경우 토지 소유자가 토지 사용의 대가를 청구하면, 그때부터 지료 지급의무를 부담한다.

🔒 토지 소유자가 재판상 또는 재판 외에서 지료를 청구하면 그때부터 지료를 지급할 의무가 있게 된다.

　ⓒ 분묘기지권 소멸: 분묘기지권의 포기는 "**포기 의사표시**"로 충분하고 점유까지 포기해야 소멸하는 것은 아니다.

(2) 장사 등에 관한 법률상 묘지의 설치기준

묘지와 자연장지 (면적)	① **공설묘지**: 시·도지사 또는 시장·군수·구청장이 설치한 묘지 ② **사설묘지**: 개인묘지(30m²), 가족묘지(100m²), 종중묘지(1,000m²), 법인묘지(10만m² 이상)
	■ **사설 자연장지 기준!** 개인 자연장지(30m² 미만), 가족 자연장지(100m² 미만), 종중자연장지(2,000m² 이하), 종교단체(4만m² 이하), 공공법인 및 재단법인(5만m² 이상)
묘지, 자연장의 신고 또는 허가	■ **신고 및 허가의 관할**: 묘지 소재지 시장·군수·구청장 ① **사후신고**: 개인묘지 설치 후 30일 이내 묘지 관할 시장 등에게 신고 ② **사전허가**: 가족묘지, 종중·문중묘지, 법인묘지를 설치하려는 자
	■ **자연장지 기준** ③ **개인 자연장지**는 조성 후, 즉 **사후 30일** 이내 시장 등에게 **신고** ④ **가족, 종중·문중 자연장지**는 시장 등에 **사전 신고** ⑤ **법인의 자연장지**는 **사전허가**(재단법인, 공공법인, 종교단체만 가능)
설치제한 지역 및 거리제한	■ **묘지설치 거리제한!** ① **종중·문중, 법인묘지**: 도로, 철도 등 300미터, 20호 이상 인가, 학교 등 500미터 이상 ② **개인·가족묘지**: 도로, 철도 등 200미터, 20호 이상 인가, 학교 등 300미터 이상
	■ **기타 공법상 설치제한!** ① 국토계획법상의 녹지지역 중 묘지·화장장, 납골시설의 설치가 제한되는 지역 ② 주거지역·상업지역 및 공업지역 ③ 상수원 보호구역(납골시설 예외), 문화재보호구역, 수변구역, 접도구역 ④ 하천지역, 농업진흥지역, 채종림, 요존국유림, 사방지, 군사시설보호구역 등
분묘 면적	① **공설묘지, 가족묘지, 종중·문중묘지, 법인묘지** 안의 분묘 1기 및 당해 분묘의 상석, 비석 등 시설물의 설치구역 면적: 10m²(합장 15m²)초과 금지 ② **개인묘지**: 30m² 초과 금지 ③ 봉분 높이 1m, 평분은 높이 50cm, 봉안묘 70cm 이하
설치기간	① **공설묘지, 사설묘지**에 설치된 분묘의 설치기간: 30년 　- 단, 30년간 1회에 한하여 당해 설치기간 연장 가능(시장 등은 기속) ② 연장기간 단축 - 5년 **이상** 30년 **미만**의 기간 내에서 조례로 단축 가능 ③ **기간 종료 분묘 처리**: 종료된 날부터 1년 **이내**에 철거, 화장 또는 봉안
무연분묘의 처리	① **무연분묘**: 시장·군수·구청장의 허가를 받아 개장 　㉠ 토지 소유자의 승낙 없이 당해 토지에 설치한 분묘 　㉡ 묘지 설치자 또는 연고자의 승낙 없이 당해 묘지에 설치한 분묘 ② 개장시 연고자를 알면 미리 3개월 이상의 기간을 정하여 통보. 모르면 공고(공고기간 종료 후에는 화장 후 일정기간 봉안 후 처리 - (시장 등에 신고) ③ 승낙 없이 설치된 분묘의 연고자는 해당 토지 소유자, 묘지 설치자 또는 연고자에게 토지사용권이나 그 밖에 **분묘의 보존을 위한 권리를 주장할 수 없다.**

(3) 타인 토지 등에 승낙 없이 설치된 분묘의 처리 등

① 토지소유자 · 묘지설치자 또는 연고자는

㉠ 토지소유자의 승낙 없이 당해 토지에 설치한 분묘

㉡ 묘지설치자 또는 연고자의 승낙 없이 당해 묘지에 설치한 분묘에 대하여 당해 분묘를 관할하는 시장 · 군수 · 구청장의 **허가를 받아** 분묘에 매장된 시체 또는 유골을 개장할 수 있다.

② 토지소유자 · 묘지설치자 또는 연고자가 개장을 하고자 하는 때에는 **미리 3개월 이상의 기간**을 정하여 그 뜻을 당해 분묘의 설치자 또는 연고자에게 통보하여야 한다.

③ 무연분묘의 연고자는 당해 토지소유자 · 묘지설치자 또는 연고자에 대하여 **토지사용권 기타 분묘의 보존을 위한 권리를 주장할 수 없다.**

---

01 다음 중 분묘기지권에 대한 판례의 입장으로 틀린 것은 모두 몇 개인가?

> ㉠ 시신 없는 가묘나 봉분 없는 평장 또는 암장인 경우는 분묘기지권이 인정되지 않는다.
> ㉡ 분묘기지권의 범위는 분묘의 수호 · 봉제사에 필요한 범위에서 주위의 공지를 포함한 지역까지 미친다. 다만, 사성(둔덕)은 반드시 포함된다고 볼 수 있는 것은 아니다.
> ㉢ 분묘기기권은 원칙적으로 수호와 봉제사를 계속하는 한 기간 제한이 없다.
> ㉣ 총유물인 임야에 대한 분묘설치 행위의 성질은 처분행위이므로 사원총회의 결의를 필요로 한다.
> ㉤ 분묘기지권을 시효취득한 경우에 토지 소유자가 지료를 청구하면 그때부터 지급할 의무가 발생한다.
> ㉥ 분묘기지권의 존속기간에 관하여는 「민법」의 지상권에 관한 규정에 따른다.
> ㉦ 분묘기지권은 타인의 토지를 사용할 수 있는 지상권 유사의 물권이다.

① 1개   ② 2개   ③ 3개   ④ 4개   ⑤ 5개

02 「장사 등에 관한 법률」에 따른 자연장지에 대해 설명한 것으로 틀린 것은?

> ㉠ 개인자연장지는 그 면적이 30제곱미터 미만이어야 하고, 개인자연장지의 조성을 마친 후 30일 이내에 관할 시장 등에게 신고하여야 한다.
> ㉡ 가족자연장지는 그 면적이 100제곱미터 미만이어야 하고, 가족자연장지의 조성을 하려는 자는 관할 시장 등에게 신고하여야 한다.
> ㉢ 법인 등 자연장지를 조성하려는 자는 시장 등의 허가를 받아야 한다.
> ㉣ 시장 등은 자연장지의 조성·관리를 목적으로 「민법」에 따라 설립된 재단법인, 공 공법인 또는 종교단체에 법인 등 자연장지의 조성을 허가할 수 있다.
> ㉤ 공설묘지 및 사설묘지에 설치된 분묘의 설치기간은 30년으로 한다.
> ㉥ 설치기간의 연장을 신청하는 경우에는 1회에 한하여 그 설치기간을 30년으로 하여 연장하여야 한다.
> ㉦ 가족묘지에 설치된 분묘는 1기당 점유면적이 10m²를 초과할 수 없으며, 합장한 경 우라도 15m²를 초과할 수 없다.
> ㉧ 분묘의 설치기간은 조례가 정하는 바에 따라 그 기간을 5년 이상 30년 미만의 기간 내에서 연장기간을 단축할 수 있다.
> ㉨ 종중·문중자연장지는 그 면적이 1,000제곱미터 미만이어야 하고, 종중·문중자연 장지를 조성하려는 자는 미리 관할 시장 등에게 신고하여야 한다.
> ㉩ 설치기간이 종료된 분묘의 연고자는 설치기간이 종료된 날로부터 6개월 이내에 당 해 분묘에 설치된 시설물을 철거하고 매장된 유골을 화장 또는 봉안하여야 한다.

① 2개   ② 3개   ③ 4개   ④ 5개   ⑤ 6개

03 분묘가 있는 토지에 관하여 개업공인중개사가 중개의뢰인에게 설명한 내용으로 틀린 것은? (다툼이 있으면 판례에 따름)

① 분묘기지권은 등기사항증명서를 통해 확인할 수 없다.
② 분묘기지권은 분묘의 설치 목적인 분묘의 수호와 제사에 필요한 범위 내에서 분묘 기지 주위의 공지를 포함한 지역에까지 미친다.
③ 분묘기지권이 인정되는 경우 분묘가 멸실되었더라도 유골이 존재하여 분묘의 원 상회복이 가능하고 일시적인 멸실에 불과하다면 분묘기지권은 소멸하지 않는다.
④ 분묘기지권에는 그 효력이 미치는 범위 안에서 새로운 분묘를 설치할 권능은 포함 되지 않는다.
⑤ 분묘가 1995년에 설치되었다 하더라도 장사 등에 관한 법률이 2001년에 시행되었 기 때문에 분묘기지권을 시효취득할 수 없다.

3. 공법상 거래규제에 관한 사항

(1) 「농지법」

① 농지 의의 : 전·답, 과수원, 그 밖에 법적 지목(地目)을 불문하고 실제로 농작물 경작지 또는 다년생식물 재배지(목초, 약초, 과수, 유실수, 생육기간 2년 이상 식물, 조경 등)로 이용되는 토지를 말한다. 단, 다음은 제외 한다.

> ㉠ 「초지법」에 따라 조성된 초지
> ㉡ 지목이 전·답·과수원이 아닌 토지로서 농작물 경작지 또는 다년생식물 재배지로 계속하여 이용되는 기간이 3년 미만인 토지
> ㉢ 지목이 임야인 토지로서 「산지관리법」에 따른 산지전용허가(인가·허가·승인 등을 포함)를 거치지 아니하고 농작물의 경작 또는 다년생식물의 재배에 이용되는 토지

② 농업인의 범위

> ㉠ 1천제곱미터 이상의 농지에서 농작물 또는 다년생식물을 경작 또는 재배하거나 1년 중 90일 이상 농업에 종사하는 자

③ 농지소유 제한 및 상한제한

> ㉠ **상속** : 비농업인은 그 상속농지 중에 1만m² 이내에 한하여 소유
> ㉡ **이농자** : 8년 이상 농업경영을 한 후 이농한 자는 1만m² 이내에 한해 소유
> ㉢ **주말·체험농지** : 세대원 전부 총면적을 합산하여 1,000m² 미만의 농지에 한하여 소유
> ㉣ 한국농어촌공사나 그 밖에 대통령령으로 정하는 자에게 위탁하여 농지를 임대하거나 무상사용하게 하는 경우에는 ㉠㉡에도 불구하고 임대하거나 무상 사용하게 하는 기간 동안 소유상한을 초과하는 농지를 계속 소유할 수 있다.
> 🔒 다만, ㉠㉡의 소유농지는 농업경영에 이용되도록 하여야 한다.

④ 농지취득자격증명제도

　㉠ 의의 및 법적 성격 : 농지취득자격증명은 소유권이전등기를 신청할 때에 첨부하여야 할 서류로 농지취득의 자격이 있다는 것을 증명하는 것일 뿐, 매매계약 등의 효력을 발생시키는 요건은 아니다.

　㉡ 농지취득자격증명 발급대상

필요	1. 증여·경매·공매, 매매·교환 2. 상속인 이외의 자에 의한 유증 3. 개인의 주말·체험농장 4. 농지전용허가를 받거나 농지전용신고를 한 농지5. 판결
불요	1. 상속(상속인에게 한 유증포함)에 의한 농지 취득 2. 농지의 저당권자의 담보농지 취득 3. 취득시효 완성 등 4. 도시계획구역 내 농지(주거·상업·공업지역으로 지정된 농지)와 녹지지역 중 도시계획 사업에 필요한 농지

```
5. 토지거래허가를 받은 농지
6. 농지전용협의를 완료한 농지
7. 공유 농지의 분할로 농지를 취득
8. 농업법인의 합병으로 농지를 취득하는 경우
9. 국가·지방자치단체가 농지를 소유, 수용
10. 매립농지를 취득하여 소유하는 경우
```

　ⓒ 농지취득자격증명의 발급절차

　　ⓐ 발급받으려는 자는 농업경영계획서 또는 주말·체험영농계획서를 작성하고 농림축산식품부령이 정하는 서류를 첨부하여 농지 소재지를 관할하는 **시·구·읍·면의 장**에게 발급신청을 하여야 한다.

　　ⓑ 농지위원회의 심의 : 시·구·읍·면의 장은 농지 투기가 성행하거나 성행할 우려가 있는 지역의 농지를 취득하려는 자 등은 농지취득자격증명 발급을 신청한 경우, 농지위원회의 심의를 거쳐야 한다.

　　ⓒ 발급기간 : 시·구·읍·면의 장은 다음의 기간에 신청인에게 농지취득자격증명을 발급하여야 한다.

> 가. **원칙** : 발급 신청을 받은 날부터 － 7일
> 나. 농업경영계획서를 작성하지 않는 경우 － 4일
> 다. 농지위원회의 심의 대상의 경우 － 14일

⑤ 개인의 주말·체험 농지

　㉠ 농업인이 아닌 개인이 주말 등을 이용하여 취미생활이나 여가활동으로 농작물을 경작하거나 다년생식물을 재배하는 것을 말한다.

　㉡ 개인이 아닌 법인의 경우에는 주말·체험영농 목적의 농지취득이 제한된다.

　㉢ 원칙적으로 주말·체험영농 목적으로 취득하는 농지는 임대·휴경 등을 할 수 없다.

　㉣ 주말·체험영농을 하고자 하는 자는 1,000m² 미만의 농지에 한하여 이를 소유할 수 있다. 이 경우 면적의 계산은 그 세대원 전부가 소유하는 총면적으로 한다.

　㉤ 농업진흥지역 내 농지는 주말·체험영농을 목적으로 취득할 수 없다.

　㉥ 농지의 면적(공유 지분의 비율 및 각자가 취득하려는 농지의 위치 표시), 노동력 및 농업 기계·장비·시설의 확보 방안, 직업, 영농경력, 영농거리 등을 기재한 주말·체험영농계획서를 작성하고, 증명서류(재직증명서 등)를 첨부하여 시·구·읍·면의 장에게 농지취득자격증명서를 발급 받아야 한다. 🔒 해당 증명서류 제출을 거짓 또는 부정으로 한 자는 500만원 이하의 과태료를 부과한다.

　㉦ 농지취득과 관련하여 통작거리 제한은 없으며 분산취득도 가능하다.

　㉧ 자연재해 등 정당한 사유 없이, 그 농지를 주말·체험영농에 이용하지 아니하게 되었다고 시장·군수 또는 구청장이 인정한 경우는 그 사유가 발생한 날부터 1년 이내에 해당 농지를 처분하여야 한다.

⑥ 농지의 위탁경영 - (보수지급 + 농작업 전부 또는 일부) : 농지 소유자는 다음의 경우 외에는 소유 농지를 위탁경영할 수 없다 .

> ① 「병역법」에 따라 징집 또는 소집된 경우
> ② 3개월 이상 국외 여행 중인 경우
> ③ 농업법인이 청산 중인 경우
> ④ 질병, 취학, 선거에 따른 공직 취임, 부상으로 3개월 이상의 치료가 필요한 경우, 교도소 · 구치소 또는 보호감호시설에 수용 중인 경우, 임신 중이거나 분만 후 6개월 미만인 경우
> ⑤ 농지이용증진사업 시행계획에 따라 위탁경영하는 경우
> ⑥ 농업인이 자기 노동력이 부족하여 농작업의 일부를 위탁하는 경우

⑦ 농업경영에 이용하지 아니하는 농지 등의 처분(법 제10조)
　　㉠ 농지 소유자는 다음에 해당하면 그 <**사유가 발생한 날부터 1년 이내**>에 해당 농지(2의 상속과 3의 이농자의 경우에는 농지 소유 상한을 초과하는 면적)를 그 사유가 발생한 날 당시 세대를 같이하는 **세대원이 아닌 자에게 처분**하여야 한다.

⑧ 농지의 임대차 또는 사용대차
　　㉠ **임대차 또는 사용대차가 다음의 경우는 가능하다.**
　　　　ⓐ <국가 등의 소유농지>를 임대하거나 무상사용하게 하는 경우
　　　　ⓑ <**농지이용증진사업계획**>에 따라 농지를 임대하거나 무상사용하게 하는 경우
　　　　ⓒ 질병, 징집, 취학, 선거에 따른 공직취임, 그 밖에 부득이한 사유로 인하여 일시적으로 농지를 임대하거나 무상사용하게 하는 경우로 다음과 같다.

> 가. 부상으로 3개월 이상의 치료가 필요한 경우
> 나. 교도소 · 구치소 또는 보호감호시설에 수용 중인 경우
> 다. 3개월 이상 국외여행을 하는 경우
> 가. 농업법인이 청산 중인 경우
> 나. 임신 중이거나 분만 후 6개월 미만인 경우

　　　　ⓓ 농업경영에 종사하는지 여부와 관계없이 60세 이상인 사람이 5년 이상 자기의 농업경영에 이용한 농지를 임대하거나 무상사용 하게 하는 경우
　　　　ⓔ 주말 · 체험영농을 하려는 자에게 임대하거나 무상사용하게 하는 경우, 또는 주말 · 체험영농자들에게 임대업(業)으로 하는 자에게 임대하거나 무상사용하게 하는 경우
　　㉡ **종료 명령** : 농지를 임차하거나 사용대차 한 임차인이 농업경영을 아니 할 때에 시장 · 군수 · 구청장이 종료를 명할 수 있다.

ⓒ **임대차 · 사용대차 계약 방법과 대항력**

> ⓐ 임대차 계약(농업경영을 하려는 자에게 임대하는 경우만)과 사용대차 계약
> (농업경영을 하려는 자에게 무상사용하게 하는 경우만)은 서면계약을 원칙으
> 로 한다.
> ⓑ 임대차계약은 임차인이 농지소재지를 관할하는 시 · 구 · 읍 · 면의 장의 확인
> 을 받고 + 해당 농지를 인도 받은 경우에는 ⇨ 그 다음 날부터 제3자에 대하
> 여 효력이 생긴다.

ⓔ **임대차 기간**

  ⓐ 임대차 기간은 **3년 이상**으로 하여야 한다.
  다만, <다년생식물 재배지> 등 농지의 경우에는 **5년 이상**으로 하여야 한다.
  ⓑ 임대차 기간을 정하지 아니하거나 ⓐ에 따른 기간 미만으로 정한 경우에는 ⓐ에
  따른 기간으로 약정된 것으로 본다. 다만, 임차인은 ⓐ에 따른 기간 미만으로 정
  한 임대차 기간이 유효함을 주장할 수 있다.

⑨ 지위 승계 : <임대 농지>의 양수인은 이 법에 따른 임대인의 지위를 승계한 것으로 본다.

⑩ 묵시의 갱신 : 임대인이 임대차 기간이 끝나기 3개월 전까지 임차인에게 임대차계약을
갱신하지 아니한다는 뜻이나 임대차계약 조건을 변경한다는 뜻을 통지하지 아니하면,
그 임대차 기간이 끝난 때에, 이전의 임대차계약과 같은 조건으로 다시 임대차계약을
한 것으로 본다.

---

01 다음 중 「농지법」상 농지의 임대차에 대해 설명한 내용으로 틀린 것은?

① 임대차계약은 그 등기가 없는 경우에도 임차인이 농지소재지를 관할하는 시 ·
군 · 구청장의 확인을 받고, 해당 농지를 인도받은 경우에는 그 날부터 제3자에 대
하여 효력이 생긴다.

② 농업경영을 하려는 자에게 농지를 임대하는 임대차계약은 서면계약을 원칙으로 한다.

③ 임대차기간은 이모작(8개월 이내)을 제외하고 3년 이상으로 하여야 하고, 임대차
기간을 정하지 아니하거나 3년보다 짧은 경우에는 3년으로 약정된 것으로 본다.

④ 농지 임대차계약의 당사자는 임차료에 관하여 협의가 이루어지지 아니한 경우 농
지소재지를 관할하는 시장 · 군수 또는 자치구 구청장에게 조정을 신청할 수 있다.

⑤ 임대 농지의 양수인은 「농지법」에 따른 임대인의 지위를 승계한 것으로 본다.

02 개업공인중개사가 「농지법」에 대하여 중개의뢰인에게 설명한 내용으로 틀린 것은?
(다툼이 있으면 판례에 따름)

> ㉠ 징집으로 인하여 농지를 임대하면서 임대차기간을 정하지 않은 경우 3년으로 약정된 것으로 본다.
>
> ㉡ 농지전용허가를 받아 농지를 소유하는 자가 취득한 날부터 2년 이내에 그 목적사업에 착수하지 않으면 해당 농지를 처분할 의무가 있다.
>
> ㉢ 농지전용협의를 마친 농지를 취득하려는 자는 농지취득자격증명을 발급받을 필요가 없다.
>
> ㉣ 주말·체험영농을 목적으로 농지를 소유하려면 세대원 전부가 소유하는 총 면적이 1천제곱미터 미만이어야 한다.
>
> ㉤ 거짓이나 그 밖의 부정한 방법으로 농지취득자격증명을 발급받아 농지를 취득한 경우 시장·군수 또는 구청장은 6개월 이내에 해당 농지에 대한 처분을 명할 수 있다.
>
> ㉥ 농업진흥지역 내 농지는 주말·체험영농목적으로 취득할 수 없다.
>
> ㉦ 농지 소유 제한 및 농지 소유 상한에 대한 위반이나 농지의 임대차 또는 사용대차 제한에 대한 위반 사실을 알고도 권유하거나 중개·광고하는 행위는 금지되며 위반시에 위반시 3년 이하의 징역 또는 3천만원 이하의 벌금에 해당된다.
>
> ㉧ 농지 임대차계약의 당사자는 기간, 임차료에 관하여 협의가 이루어지지 아니한 경우 농지소재지를 관할하는 시장·군수 또는 자치구구청장에게 조정을 신청할 수 있다.

① 모두
② ㉠, ㉡, ㉢, ㉣, ㉤
③ ㉣, ㉤, ㉥, ㉦, ㉧
④ ㉢, ㉣, ㉤, ㉥, ㉦, ㉧
⑤ ㉠, ㉣, ㉤, ㉥, ㉦, ㉧

제3절 중개대상물 확인·설명서 작성 및 기재사항

1. 중개대상물 확인·설명서의 서식

① 개업공인중개사는 중개가 완성되어 거래계약을 작성하는 때에는 확인·설명서를 3부를 작성한다.

② 주거용 건축물, 비주거용 건축물, 토지, 입목·광업재단·공장재단으로 종류별(4종)로 세분화하였다.

③ 분양권 중개의 경우에도 확인·설명서는 작성하여야 한다.

④ 개업공인중개사(법인인 개업공인중개사는 대표자, 분사무소 책임자)와 당해업무를 수행한 소속공인중개사가 함께 서명 및 날인해야 한다.

🔒 **중개대상물 확인·설명서의 4종 서식** −[Ⅰ] **주거용 건축물(단독주택), [Ⅱ] 비주거용 건축물(예 호프집) [Ⅲ] 토지(예 공장부지) [Ⅳ] 입목·광업재단·공장재단(4종)**

🔒 **중개완성 후에 3부 작성, 쌍방교부, 3년 보관**

구 분	주거용 건축물	비주거용 건축물	토 지	입목 / 광업 · 공업재단
Ⅰ. 개업공인중개사 기본 확인사항(주거기준 : ①~⑧)				
확인설명자료	등기권리증, 등기사항증명서, 토지대장, 건축물대장, 지적도, 임야도, 토지이용계획서 등			
	중개대상물 상태자료요구 사항 - 매도자가 불응시 기재			
1. 대상물건 표시	• **토지** : 소재지, 면적, 공부상 지목, 실제이용상태 • **건축물** : 건축물대장상 용도, 실제용도, 방향, 내진설계적용 여부, 내진능력, 위반건축물 여부	좌동	• 소재지, 면적, 지목 — ○ • 건축물 — ×	• 종별 • 소재지 (등기 · 등록지)
토지대장등본 및 건축물대장등본 등을 확인하여 기재한다.				
2. 권리관계	• **등기부사항** : 甲 - 소유권/ 소유권 외 권리(토 · 건) 민간임대등록 여부 등록 : ( ) 장기일반민간임대주택 ( ) 공공지원민간임대주택. ( ) 그 밖의 유형 — — — — — — — — — 임대의무기간( ), 임대개시일( ) — — — — — — — — — **미등록** : ( ) 해당사항 없음 계약갱신요구권 행사 여부 : ( ) 확인(확인서류 첨부), ( ) 미확인	좌동	토지 - 권리관계(甲, 乙) • 건축물 — ×	• **권리관계** (甲, 乙) • 건축물 — ×
	다가구주택 확인서류 제출 여부 : ( ) 제출(확인서류 첨부), ( ) 미제출, ( ) 해당 없음	×		
• 등기부 기재사항은 등기사항증명서로 기재 "민간임대 등록 여부"는 대상물건이 등록된 민간임대주택인지 여부를 임대주택정보체계에 접속하여 확인하거나 임대인에게 확인하여 " [ ] "안에 √하고, 민간임대주택인 경우 「민간임대주택에 관한 특별법」에 따른 권리 · 의무사항을 임차인에게 설명해야 한다.				
3. 토지용 계획 공법상 제한	• 지역, 지구, 구역./ 건폐율 및 용적률 상한/ • 도시 · 군계획시설, 허가 · 신고구역 여부(토지거래허가구역)/ 투기지역 여부 - 토지투기지역, 주택투기지역, 투	좌동	좌동	토지이용계획(×) — — — — — 단, 재단목록 또는 입목의 생육상태

	기과열지구 / 지구단위계획구역, 그 밖의 도시·군관리계획, / 그 밖의 이용제한 및 거래규제사항			

- 건폐율 및 용적률 상한은 **시·군 조례**에 따라 기재한다.
  "도시·군계획시설", "지구단위계획구역, 그 밖의 도시·군관리계획"은 **개업공인중개사가** 확인하여 적으며, "그 밖의 이용제한 및 거래규제사항"은 **토지이용계획확인서**의 내용을 확인하고, 공부에서 확인할 수 없는 사항은 **부동산종합공부시스템** 등에서 확인하여 적는다(임대차의 경우에는 생략할 수 있다).

4. 입지조건	• 도로, 대중교통, 주차장, 교육시설, 판매 및 의료시설 (**도.대.주.교.판**)	• 공통 – 도.대.주	• 공통 – 도. 대	×
5. 관리사항	경비실, 관리주체	좌동	(×)	(×)
6. 비선호시설	(화장장등 – 1km 이내) (○)	(×)	(○)	(×)
7. 거래예정 금액	거래예정금액, 개별공시지가, 건물공시가격	좌동	좌동	좌동

"거래예정금액"은 **중개가 완성되기 전** 거래예정금액을 / "개별공시지가(m²당)" 및 "건물(주택)공시가격"은 중개가 **완성되기 전** 공시된 공시지가 또는 공시가격을 적는다.
[**임대차**의 경우에는 "개별공시지가(m²당)" 및 "건물(주택)공시가격"을 **생략할 수 있다**.

8. 취득조세 종류, 세율	취득세, 농특세, 지방교육세	좌동	좌동	좌동

<**재산세, 종부세는 6월 1일 기준 대상물건 소유자가 납세의무를 기준**>

- 취득 시 부담할 조세의 종류 및 세율은 **중개가 완성되기 전** 「지방세법」의 내용을 확인하여 적는다(임대차의 경우에는 제외한다).

II. 개업공인중개사 세부 확인사항(주거기준: ⑨~⑫)

9. 실제권리 관계 또는 미공시물건	예 유치권, 법정지상권, 임대차, 토지에 부착된 조각물, 정원수, 계약 전 소유권 변동 등	좌동	좌동	좌동

- 실제권리관계 등에 관한 사항은(**유치권, 법정지상권, 임대차, 토지에 부착된 조각물 및 정원수, 계약 전 소유권 변동** 여부 등) 매도(임대)의뢰인이 고지한 사항을 기재한다. 또한 공동주택(기숙사는 제외) 중 분양을 목적으로 건축되었으나 분양되지 않아 **보존등기만 마쳐진 상태**인 공동주택에 대해 임대차계약을 알선하는 경우 임차인에게 설명. 임대차계약의 경우 임대보증금, 월 차임액, 계약기간, 장기수선충당금의 처리 등 확인, 근저당권이 설정된 경우 **채권최고액**을 확인하여 기재함(실채무액 ×), 경공매 특이사항 기재

10. 내, 외부 시설물의 상태	수도, 전기, 가스, **소방(단독경보형감지기)**, 난방 및 연료, 승강기, 배수, 그 밖의 시설물	좌동(○) (단 **소화전, 비상벨**)	(×)	(×)
11. 벽면, 바닥면, 도배	• 벽면, 바닥면, 도배 (○)	도배 – (×)	(×)	(×)

12. 환경조건	• 일조량, 소음, 진동,(○)	(×)	(×)	(×)
Ⅲ. 중개보수 등에 관한 사항				
13. 중개보수, 실비	• 중개보수, 실비, 산출내역, 지급시기 – (○)	좌동	좌동	좌동

〈🔒 보충 내용〉

① 주거용 기준 : ⑩⑪⑫란은 **자료를 요구하여 확인한 사항을 기재**사항이다.
  〈참고〉 ⑨⑩⑪⑫란의 항목의 내용을 확인하기 위하여 매도 · 임대의뢰인에게 자료를 요구
  할 수 있다.

② 개업공인중개사의 주거용의 기본 확인사항 : (① **대상물건표시**)~⑧ **취득부담 조세의 종류 및 세율**)

③ 개업공인중개사 주거용의 세부 확인사항 : ⑨ (**실제권리관계**)~⑫ (**환경조건**)

④ 4종 서식 공통 – **권리관계, 거래예정금액, 중개보수 · 실비, 취득관련 조세, 실제권리관계 또는 미공시 물건 등**

⑤ 주거용 소방시설 – **단독경보형 감지기**(아파트 제외) 반면에 비주거용 소방시설 – **소화전, 비상벨**

⑥ 중개보수는 **부가가치세는 별도로 부과될 수 있다.**

⑦ 공동중개시 참여한 개업공인중개사(소속공인중개사를 포함)는 **모두 서명 및 날인**해야 하며, 2명을 넘는 경우에는 별지로 작성하여 첨부한다.

⑧ 입목광업 · 공장재단에 관한 서식 – **재단목록 또는 입목의 생육상태**, 그 밖의 참고사항을 기재해야 한다.

---

01 공인중개사법령상 주거용 건축물의 중개대상물 확인 · 설명서[Ⅰ]의 '개업공인중개사의 기본 확인사항'에 기재되는 사항을 모두 몇 개인가?

㉠ 권리관계	㉡ 중개보수, 실비
㉢ 교육시설	㉣ 경비실 · 관리주체
㉤ 수도 · 전기 · 가스	㉥ 건폐율 · 용적률 상한
㉦ 일조 · 소음 · 진동	㉧ 비선호시설(1km 내)

① 2개   ② 3개   ③ 4개   ④ 5개   ⑤ 6개

02 중개대상물 확인 · 설명서[Ⅰ](주거용 건축물) 및 중개대상물 확인 · 설명서[Ⅱ](비주거용 건축물)에 공통적으로 기재되는 사항이 아닌 것은 모두 몇 개인가?

㉠ 벽면 · 바닥면 및 도배상태	㉡ 일조량 · 소음 · 진동
㉢ 도로와의 관계, 대중교통	㉣ 교육 · 판매 · 의료시설
㉤ 경비실, 관리주체	㉥ 비선호시설(1km 이내)
㉦ 수도 · 전기 · 난방 그 밖의 시설상태	㉧ 단독경보형감지기

① 1개   ② 2개   ③ 3개   ④ 4개   ⑤ 5개

03 공인중개사법령상 중개대상물 확인·설명서 작성방법에 관한 설명으로 옳은 것은?

① 권리관계의 '등기부기재사항'은 개업공인중개사 기본 확인사항으로, '실제권리관계 또는 공시되지 않은 물건의 권리 사항'은 개업공인중개사 세부 확인사항으로 구분하여 기재한다.

② '건폐율 상한 및 용적률 상한'은 개업공인중개사 기본확인사항으로 토지이용계획확인서의 내용을 확인하여 적는다.

③ '거래예정금액'은 개업공인중개사 세부 확인사항으로 중개가 완성된 때의 거래금액을 기재한다.

④ '취득시 부담할 조세의 종류 및 세율'은 중개대상물 유형별 모든 서식에 공통적으로 기재할 사항으로 임대차의 경우에도 기재해야 한다.

⑤ 주택의 중개보수는 시·도 조례로 정한 요율한도에서 중개의뢰인과 개업공인중개사가 서로 협의하여 결정하도록 한 요율에 따르며 부가가치세는 별도로 받을 수 없다.

04 공인중개사법령상 중개대상물 확인·설명서[Ⅱ](비주거용 건축물)에서 개업공인중개사의 확인사항으로 옳은 것을 모두 고른 것은?

> ㉠ "단독경보형감지기" 설치 여부는 세부 확인사항이다.
> ㉡ "내진설계 적용 여부"는 기본 확인사항이다.
> ㉢ "실제권리관계 또는 공시되지 않은 물건의 권리 사항"은 세부 확인사항이다.
> ㉣ "환경조건(일조량·소음·진동)"은 세부 확인사항이다.

① ㉠, ㉡   ② ㉠, ㉣   ③ ㉡, ㉢

④ ㉠, ㉡, ㉢   ⑤ ㉡, ㉢, ㉣

05 중개대상물 확인·설명서에 명시된 기재사항으로 틀린 것은?

① 주거용 건축물서식은 "내·외부시설물의 상태"와 "벽면·바닥면 및 도배상태는 매도(임대)의뢰인에게 자료를 요구하여 확인·기재할 사항이다.

② 입목·광업재단·공장재단서식은 재단목록 또는 입목의 생육상태를 기재하여야 한다.

③ 토지용 서식 "입지조건"란에는 도로, 대중교통 현황을 기재하여야 한다.

④ 비주거용 건축물서식에는 소음·진동과 벽면·바닥면 상태를 확인하여 체크하여야 한다.

⑤ 거래예정금액, 중개보수, 권리관계인 甲구와 乙구 사항, 미공시 실제권리관계는 4종 서식에 모두 기재할 사항이다.

Chapter 02 거래계약체결 및 계약서 작성(전자계약)

제1절 거래계약체결

1. 계약체결 전에 확인할 사항

① 개업공인중개사는 거래계약서를 작성하기 전에 매도의뢰인이 진정한 권리자인지를 선량한 관리자의 주의로써 **등기부등본 · 매도인의 등기필증, 주민등록증** 등을 대조하여 확인하여야 한다.

② 대리권자 확인

　㉠ **임의대리인**: 본인의 인감증명서 첨부된 위임장(대리권 수여사실을 입증)을 확인하고, 계약단계에서는 등기필증을 제시하도록 요구하여 확인하여야 한다.

　㉡ **법정대리인**: 가족관계증명서, 후견등기사항증명서 등으로 확인한다.

　㉢ **부부 일방거래**: 부부라 하더라도 부동산의 매도는 일상가사대리 권한을 벗어나는 경우이므로 남편의 부동산을 부인이 매도의뢰한 경우에는 대리권 존부를 반드시 확인하여야 한다.

> 매매계약을 체결할 대리권을 수여받은 대리인은 특별한 사정이 없는 한 그 매매계약에서 약정한 바에 따라 **중도금이나 잔금을 수령할 권한도 있다**(판).

③ 개업공인중개사는 미성년자나 피한정후견인과 계약을 체결하고자 할 때는 법정대리인과 직접 계약을 체결하든지, 법**정대리인의 동의(위임장 + 인감증명서)확인 후 계약**을 체결하여야 한다.

④ 성년후견인은 피성년후견인에 대하여 법률행위에 대한 동의권이 없고 대리권 등만을 갖고 있기 때문에 개업공인중개사는 **법정대리인과 직접거래계약을 체결**하여야 한다.

⑤ 개업공인중개사는 특히 후견인이 대리권을 행사하여 거래의 당사자 지위에 놓이는 경우에는 **후견감독인(가정법원, 친족회) 동의 여부를 항상 확인**하여야 한다.

⑥ 개업공인중개사는 매도인인 법인의 법인격유무, 법인의 대표자의 처분권 유무 등을 법인등기부등본을 통하여 조사하여야 한다. 또한 대표권의 제한사항은 **정관과 법인등기부등본을 통해 확인**하여야 한다.

⑦ 개업공인중개사는 공동상속재산의 거래를 중개하는 경우에는 가족관계증명서 등으로 진정 상속인 여부와 **상속인 전원의 동의(위임장 + 인감증명서) 유 · 무를 확인**하여야 한다.

⑧ 거래계약서상의 필요적 기재사항 🔒 **당,물,계,대,이,도,조,확,특**

　🔒 특약(그 밖의 약정내용) - 임의규정은 당사자간 특약이 가능하다.

　　예컨대, **매도인의 담보책임, 과실의 귀속, 위험부담, 주물 과 종물, 약정해제권, 손해배상의 예정액** 등은 반드시 기재하여야 한다.

⑨ 처분능력의 확인: 권리이전 · 취득의뢰인 모두 확인하여야 한다.

공 동 소 유	공 유	공유자 중 1인은 자신의 지분 범위 내에서만 거래계약을 체결할 권한이 있으며, 공유부동산 전체(공유물)의 처분은 다른 공유자의 동의 가 있어야 가능하다.
	합 유	합유물 처분 또는 변경함에는 합유자 전원의 동의가 있어야 하며, 합유자는 전원의 동의 없이 합유물에 대한 지분을 처분하지 못한다(조합 소유형태).
	총 유	총유재산(종중, 부락공동체, 교회 등)의 처분은 규약에 정하는 바가 있으면 이에 따라야 하고, 규약이 없으면 총회의 결의에 의하여야 한다(判). 지분이 없다.
분양권 중개		분양자의 진정한 소유권자 여부, 분양대금 납입현황 및 납입대금 내역 등에 관하여 확인해야 한다.

⑩ 과실상계: 거래당사자가 상대방 확인을 소홀히 한 경우 일정부분 과실을 인정한다.

---

01 개업공인중개사 A는 매매계약을 중개하는 과정에서 매도인에 관한 사항을 다음과 같이 매수인에게 설명하였다. 틀린 것은?

① 매도인이 미성년자일 경우 그의 법정대리인과 계약을 체결하거나 법정대리인의 인감증명이 첨부된 동의서를 확인하고 거래계약을 체결하여야 한다고 설명하였다.

② 매도인이 피한정후견인인 경우 법정대리인의 동의 없이 계약을 체결한 경우 매수인의 선의 · 악의에 관계없이 절대적 취소사유에 해당된다고 설명하였다.

③ 건물의 경우 하자담보책임에 관하여 계약서에 명시하지 아니하면 장차 하자담보책임을 물을 수 없다고 설명하였다.

④ 거래대상물건이 공유인 경우에는 물건처분에 있어서는 공유자 전원의 동의를 얻어야 된다고 설명하였다.

⑤ 매도인이 법인일 경우 법인격의 유무와 대표자 처분권한 유무 등은 법인등기사항증명서를 확인한 후 거래계약을 하여야 한다고 설명하였다.

02 다음 중 거래계약서 작성 시에 개업공인중개사가 조사 · 확인할 사항에 관한 내용으로 틀린 것은?

① 공동으로 상속받은 부동산을 매매하는 경우 상속인 모두와 직접 체결하거나 위임을 받은 상속인과 체결하여야 한다.

② 남편명의의 부동산을 처가 매도하는 경우에는 원칙적으로 남편의 위임장과 인감증명서 등을 확인하여야 한다.

③ 매도의뢰인이 미성년자인 경우 혼인을 하였더라도 자기 소유의 주택을 양도 또는 임대차시 법정대리인의 동의를 받아야 한다.

④ 후견인이 부동산거래와 같은 중요한 법률행위에 대하여 동의 또는 대리행위를 하는 경우에는 후견감독인의 동의를 받아야 한다.

⑤ 거래대상물건이 공유물인 경우에는 물건처분에 있어서는 공유자 전원의 동의를 얻어야 된다.

제2절 전자계약 시스템

1. 주요 내용

① 건축물대장, 토지대장 같은 각종 부동산서류에 대해 자동조회가 가능함으로 발급을 최소화할 수 있다.

② 개업공인중개사는 별도로 거래계약서 및 확인·설명서 작성 및 서명 및 날인, 교부·보존의무가 없다. 🔒 **공인전자문서 센터에서 전자문서를 5년 보관함.**

③ 개업공인중개사는 **종이 계약서 및 중개대상물확인·설명서, 인장이 필요 없다.**

④ 소속공인중개사도 전자계약시스템에 회원가입을 하고, 공인인증서를 발급받아 전자계약을 체결할 수 있다.

⑤ 공동중개로 전자계약을 체결하기 위해서는 모든 개업공인중개사가 전자계약시스템에 회원가입을 하고, 공인인증서를 발급받아 등록을 하여야 한다.

⑥ 개업공인중개사나 당사자의 본인확인절차(개인정보 암호화, 대리인 전자계약 불가)가 확실하고, 안전하게 이루어진다.

⑦ 타임스탬프(시간, 날짜를 표시) 기술도입과 공인전자문서 센터에서 전자문서를 보관(5년)함으로 계약서 등 위조, 변조를 방지할 수 있다.

⑧ **개업공인중개사만이 전자계약을 체결할 수 있다**(당사자간 직거래시는 불가). 따라서, 무자격, 무등록자의 불법한 중개활동을 방지할 수 있다.

⑨ 불법한 중개행위 차단, 즉 다운계약서 작성이나 이중계약서 작성 등 탈법행위를 사전에 근절하는 효과가 있다.

⑩ 매매계약의 경우에는 부동산거래신고와 계약이 해제된 경우에는 해제가 의제된다. 또한 주택임대차계약의 경우에는 **확정일자가 자동부여** 된다.

---

01 부동산 전자계약에 관한 설명으로 틀린 것은?

① 국토교통부장관은 효율적인 정보의 관리 및 국민편의 증진을 위하여 부동산거래의 계약·신고·허가·관리 등의 업무와 관련된 정보체계를 구축·운영할 수 있다.

② 구축된 부동산거래계약시스템을 통하여 부동산 거래계약을 체결한 경우에는 부동산 거래계약이 체결된 때에 부동산거래계약 신고서를 제출한 것으로 본다.

③ 정보처리시스템을 이용하여 주택임대차계약을 체결한 경우에는 해당 주택의 임차인은 정보처리시스템을 통하여 전자계약인증서에 확정일자 부여를 신청할 수 있다.

④ 전자계약시스템은 편리한 반면 무등록업자의 중개활동이나 계약서의 위·변조 방지에 취약한 약점을 가지고 있다.

⑤ 개업공인중개사는 중개가 완성시에 중개대상물 확인설명서를 작성하여 거래당사자에게 교부하고 3년의 기간 동안 그 원본, 사본 또는 전자문서를 보존하여야 한다. 다만, 「전자문서 및 전자거래 기본법」에 따른 공인전자문서센터에 보관된 경우에는 보존의무가 없다.

02 다음 중 '부동산거래 전자계약시스템' 특징에 대한 설명으로 틀린 것은?

① 인터넷이 되는 곳이라면 어디서든 계약이 가능하기 때문에 시간과 장소의 제약에서 벗어날 수 있다.

② 거래당사자의 본인명의 휴대폰 인증 후 전자서명을 함으로써 거래당사자의 진위 여부를 확인할 수 있으므로 거래사고를 예방할 수 있다.

③ 임대차계약의 경우 확정일자가 자동으로 부여되어 수수료가 면제되고, 매매계약의 경우 부동산거래신고 의무도 면제된다.

④ 전자계약을 통한 거래당사자간의 직거래와 대리거래도 가능하다.

⑤ 전자계약을 통해 작성된 계약서에 타임스탬프를 적용하여 서류 위조·변조를 차단할 수 있어 안전하고, 건축물대장, 토지대장 등을 연계함으로써 부동산서류 발급을 최소화하여 경제적이다.

부동산거래 관련 주요 제도

제1절 「부동산등기 특별조치법」상 계약서 검인제도

1. 검인신청 요건

> ① **토지 · 건축물** – 입목, 광업재단, 공장재단 – ×
> ② **계약원인** – 상속, 경매, 공용징수, 시효취득 – ×(단, 판결, 조서 – ○)
> ③ **소유권취득** – 지상권, 지역권, 전세권, 임차권, 저당권, 가등기 등 – (×)

ㄱ 이전등기 신청시에 부동산 소재지의 관할 시장 · 군수 · 구청장의 **검인을 받은 계약서**를 제출하여야 한다.

ㄴ 검인대상 – 교환, 증여, 공유물분할약정, 신탁해지약정

ㄷ **부동산거래신고필증, 토지거래허가를 받은 경우 검인이 간주된다.**

ㄹ 2개 이상의 시 · 군 · 구에 있는 수개의 부동산의 소유권이전을 내용으로 하는 계약을 체결한 경우 **그중 1개의 시 · 군 · 구 관할 시장 등**에게 검인을 신청할 수 있다.

2. 검인신청자 : 당사자 중 1인, 그 위임을 받은 자, 변호사, 법무사, 개업공인중개사(재량)

🔒 필요적 기재사항

<당 · 목 · 계 · 대 · 중 · 조>		
① 당사자	② 목적부동산	③ 계약 년, 월, 일
④ 대금 및 그 지급일자 등 지급에 관한사항 또는 평가액 및 그 차액의 정산방법에 관한 사항		
⑤ 개업공인중개사가 있을 때에는 개업공인중개사		
⑥ 계약의 조건이나 기한이 있을 때에는 그 조건 또는 기한		

3. 검인기관 : 부동산 소재지를 관할하는 시 · 군 · 구의 장 또는 권한위임을 받은 자(읍, 면, 동장)

4. 전매시 검인신청 = **먼저 체결된 계약**의 계약서에 검인을 받아야 한다.

01 개업공인중개사 甲이 乙소유의 X토지를 매수하려는 丙의 의뢰를 받아 매매를 중개하는 경우에 관한 설명으로 옳은 것은?

① 계약서를 작성한 甲이 자신의 이름으로는 그 계약서의 검인을 신청할 수 없다.

② X토지의 소유권을 이전받은 丙이 매수대금의 지급을 위하여 X토지에 저당권을 설정하는 경우, 저당권설정계약서도 검인의 대상이 된다.

③ 丙이 X토지에 대하여 매매를 원인으로 소유권이전청구권보전을 위한 가등기에 기하여 본등기를 하는 경우, 매매계약서는 검인의 대상이 된다.

④ 甲이 부동산거래 신고필증을 교부받아도 계약서에 검인을 받지 않는 한 소유권이전등기를 신청할 수 없다.

⑤ 丙으로부터 검인신청을 받은 X토지 소재지 관할청이 검인할 때에는 계약서 내용의 진정성을 확인해야 한다.

제2절 부동산실권리자 명의등기에 관한 법률

1. 누구든지 부동산에 관한 물권을 명의신탁약정에 의하여 명의수탁자명의로 등기하여서는 아니 된다.

2. 부동산실명법의 주요내용

> ① 부동산에 관한 **소유권 기타 물권** 🔒 **채권은 적용되지 않는다.**
> ② **명의신탁약정**은 무효
> ③ 명의신탁약정에 따른 물권변동은 무효이다. 즉, 수탁자명의의 등기(가등기)무효.
> 단, 계약명의신탁 + 매도인이 선의 = 유효
> ④ 수탁자와 거래한 제3자는 선의 또는 악의와 관계없이 부동산에 관한 권리를 취득한다.
> ⑤ 명의신탁자는 명의신탁약정 및 물권변동의 무효를 가지고 제3자에게 대항하지 못한다.

3. 명의신탁에서 약정에서 〈제외〉

> ① 양도담보 · 가등기담보　　　　　　② 상호명의신탁
> ③ 신탁법 또는 신탁업법에 의한 신탁재산인 사실을 등기한 경우

4. 종중 · 종교 · 배우자에 대한 〈특례〉

조세포탈, 강제집행의 면탈 또는 법령상 제한의 회피를 목적으로 하지 아니하는 경우에는 명의신탁약정 · 명의수탁자로서의 등기이전은 유효하고 과징금, 이행강제금, 벌칙 등의 규정은 적용되지 않는다.

5. 명의신탁약정의 유형

(1) **2자간 명의신탁** - 신탁자와 수탁자가 가장매매계약을 체결하고....

〈🔒 효과〉

> ① 명의신탁자와 명의수탁자 사이에 명의신탁약정은 무효로 소유권은 명의신탁자에게 귀속된다. 따라서 명의수탁자 명의의 소유권이전등기를 말소하여야 한다.
>   🔒 명의신탁자는 수탁자를 상대로 진정명의 회복을 원인으로 이전등기 청구 가능
>   🔒 단, 제3자에 대하여 - ×
> ② 명의수탁자가 제3자에게 매각시 **횡령죄 불성립한다.**
>   🔒 **명의수탁자가 제3자에 처분: 명의신탁 유형 불문하고 모두 횡령죄(×)**
> ③ 수탁자가 처분시에 제3자는 선·악을 불문하고 소유권을 취득한다.
>   🔒 다만, 제3자가 수탁자의 **배신행위에 적극 가담**한 경우에는 반사회적인 법률행위로 무효이다.

(2) **3자간 명의신탁** - 신탁자가 계약당사자가 되어 ~

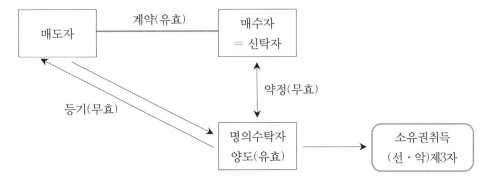

〈🔒 효과〉

> ① **명의신탁자와 명의수탁자 사이에 명의신탁약정 및 소유권이전등기는 무효이다.**
> ② 소유권은 매도인에게 복귀되므로 명의신탁자는 명의수탁자를 상대로 명의신탁해지를 원인으로 하는 소유권이전등기는 청구할 수 없다.
> ③ 명의신탁자는 **매도자를 대위(채권자대위청구권)하여** 명의수탁자 명의의 등기의 말소를 구하고, 매도인을 상대로 매매계약에 기한 소유권이전등기를 청구(단, 과징금 및 처벌)
> ④ 명의수탁자가 제3자에 매각시 **횡령죄 불성립(판)**
> ⑤ 제3자는 선·악을 불문하고 소유권을 취득한다.

(3) **계약명의신탁**(위임형) – 신탁자가 자금을 지원하고..., 수탁자가 계약의 일방당사자가 되고...

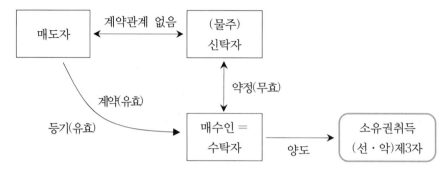

〈🔓 효과〉

> ① 매도인과 명의수탁자 사이의 매매계약은 유효이므로, 명의신탁자는 매도인에 대해 등기이전을 구하거나 기타 매매계약상의 권리를 행사할 수는 없지만, **명의수탁자를 상대로 부당이득 반환청구는 가능**
> ② 매도인이 선의 + **수탁자는 유효하게 소유권취득**
> 　🔓 선의 판단시기: **계약체결시를 기준으로 한다**(등기신청시 ×).
> ③ 신탁자는 소유권이전청구권을 행사할 수는 없다.
> ④ 명의수탁자가 제3자에 매각시 **횡령죄 불성립**(판)
> ⑤ 제3자는 선·악을 불문하고 소유권을 취득한다(단, **배신행위에 적극 가담**은 반사회적 행위로 무효).

(4) **관련 판례**

> 〈신탁자의 부당이득반환청구범위〉
> ▸ **실명법 시행 전 명의신탁의 경우**: 부동산자체
> ▸ **실명법 시행 후 명의신탁의 경우**: 매수자금만(부동산 자체 – ×)
> <즉, 계약명의신탁약정이 **부동산실명법 시행 후**인 경우에는 명의신탁자는 애초부터 당해 부동산의 소유권을 취득할 수 없었으므로 명의수탁자는 당해 부동산 자체가 아니라 명의신탁자로부터 제공받은 **매수자금을 부당이득**하였다고 할 것이다.>

① 계약명의신탁에 있어 명의신탁자가 명의수탁자에 대하여 가지는 매매대금 상당의 부당이득반환청구권에 기하여 유치권을 행사할 수 없다.
② 배우자 특례: 명의신탁등기가 부동산실명법에 따라 무효가 된 후 신탁자와 수탁자가 혼인하여 그 등기명의자가 배우자로 된 경우에는 탈세, 강제집행의 면탈 또는 탈법 목적으로 하지 아니하는 한 특례를 적용하여 그 명의신탁등기는 당사자가 **혼인한 때로부터 유효**하게 된다.
③ 신탁받은 토지상에 수탁자가 건물신축 후 신탁계약 해지 – 수탁자는 관습상법정지상권 취득 – ×

④ 수탁자 점유 - 타주점유

⑤ 말소등기 청구권 시효 - ×

⑥ 제3자에 대한 방해배제나 말소청구는 수탁자(○) 🔒 신탁자는 대위 청구(○)

⑸ 제 재

① **과징금** : 명의신탁자는 **부동산 가액의 100분의 30**에 해당하는 금액

② **이행강제금**

㉠ 과징금 부과일부터 1년 경과 : 평가액 10% 해당하는 금액

㉡ 이행강제금 부과 후 다시 1년 경과 : 평가액 20% 해당하는 금액

③ **행정형벌**

> ㉠ **명의신탁자, 장기미등기자, 양도담보사실 기재의무를 위반한 채권자**(채무자를 허위
> 로 기재한 실채무자) : 5년 이하의 징역 또는 2억원 이하의 벌금
>
> ㉡ **명의수탁자** : 3년 이하의 징역 또는 1억원 이하의 벌금

---

01 다음은 「부동산 실권리자명의 등기에 관한 법률」에 관한 설명이다. 옳은 것은?

① 명의신탁 금지대상이 되는 부동산에 대한 권리는 소유권뿐만 아니라 가등기를 포함하여 등기능력이 인정되는 모든 권리이다.

② 부동산의 위치와 면적을 특정하여 2인 이상이 구분소유하기로 약정을 하고 그 구분소유자의 공유로 등기하는 경우에도 명의신탁약정에 해당한다.

③ 종중이 보유한 부동산에 관한 물권을 종중 외의 자의 명의로 등기한 경우와 배우자 명의로 부동산에 관한 물권을 등기한 경우에는 명의신탁약정에서 제외된다.

④ 부동산에 관한 물권을 취득하기 위한 계약에서 명의수탁자가 그 일방당사자가 되고 그 타방당사자는 명의신탁약정이 있다는 사실을 알지 못한 경우에는 그 등기에 의한 부동산에 관한 물권변동과 명의신탁약정은 유효가 된다.

⑤ 배우자 명의로 부동산에 관한 물권을 등기한 경우에는 조세포탈, 강제집행의 면탈 또는 법령상의 제한의 회피를 목적으로 하지 아니하는 한 명의신탁약정의 효력 및 과징금·벌칙의 규정이 적용되지 아니한다.

02 甲과 친구 乙은 乙을 명의수탁자로 하는 계약명의신탁 약정을 하였고, 이에 따라 乙은 명의신탁약정이 있음을 모르는 丙으로부터 X토지를 매수하여 乙명의로 등기하였다. 이 사안에서 개업공인중개사가 「부동산 실권리자명의 등기에 관한 법률」의 적용과 관련하여 설명한 내용으로 옳은 것은? (다툼이 있으면 판례에 따름)

> ㉠ 甲과 乙 사이에 명의신탁약정은 유효하다.
> ㉡ 甲은 乙을 상대로 명의신탁약정의 해지를 이유로 하여 이전등기를 청구할 수 있다.
> ㉢ 丙은 乙을 상대로 이전등기의 말소를 청구할 수 있다.
> ㉣ 甲과 乙의 위 약정을 丙이 알지 못한 경우, 甲은 X토지의 소유권을 취득한다.
> ㉤ 甲과 乙의 위 약정을 丙이 안 경우, 乙로부터 X토지를 매수하여 등기한 丁은 그 소유권을 취득하지 못한다.

① 없음   ② ㉢, ㉣   ③ ㉡, ㉣
④ ㉡, ㉢, ㉣   ⑤ ㉢, ㉣, ㉤

03 「부동산 실권리자명의 등기에 관한 법률」과 관련한 설명으로 틀린 것은?

> 신탁자 甲과 수탁자 乙이 명의신탁 약정을 한 후 甲이 매도인 A와 매매계약을 체결하여 乙로 소유권이전등기가 경료되었다. 그 후 乙은 다시 丁과 매매계약을 체결하고 丁이 소유권이전등기를 마쳤다.

① 이 경우는 3자간 등기명의신탁에 속한다.
② 甲과 乙 사이의 명의신탁약정은 무효이다.
③ 乙로의 소유권이전등기는 유효하다.
④ 丁은 선·악을 불문하고 소유권을 취득한다.
⑤ 甲은 5년 이하의 징역 또는 2억원 이하의 벌금에 처해진다.

04 다음은 「부동산 실권리자명의 등기에 관한 법률」 위반시 제재에 대한 내용이다. 옳은 것은?

① 명의신탁자에게는 해당 부동산 가액의 100분의 30에 해당하는 금액의 범위 내에서 과징금을 부과한다.
② 명의신탁자가 과징금 부과일부터 1년이 경과하도록 실명등기를 하지 않은 때에는 부동산평가액의 20%에 해당하는 금액을 이행강제금으로 부과한다.
③ 1차 이행강제금 부과일로부터 다시 1년이 경과하도록 실명등기를 하지 않은 경우 부동산 평가액의 30%를 다시 부과한다.
④ 장기미등기자는 3년 이하의 징역 또는 1억원 이하의 벌금형에 처한다.
⑤ 명의수탁자는 5년 이하의 징역 또는 2억원 이하의 벌금형에 처한다.

제3절 「주택임대차보호법」과 「상가건물 임대차보호법」 정리

⟨🔒 참고⟩

구 분	「주택임대차보호법」	「상가건물 임대차보호법」
적용범위	– 공부보다 사실상 주거사용 우선 – 미등기건물, 무허가건물 – 공부상 등재 여부와 무관 – 미등기전세에도 적용 – 일시사용 및 법인은 부적용 – 일반법인은 부적용(단, 특수법인) – **보증금 제한 없음**	– 사업자등록 대상인 영업용 건물 + **일정보증금액 이하** (서울 – 9억 이하/과밀권(부산) – 6억 9천만/광역시(안산, 용인, 김포, 광주, 파주, 화성, 세종) 5억 4천/ 기타 3억 7 천만) – **환산보증금 = 월세 × 100** – 미등기 전세에도 적용 – 일시사용 부적용, 법인적용
대항요건 및 대항력	• 전입신고와인도 – 익일 0시부터 대항력 발생	• 사업자등록신청과 인도 – 익일 0시부터
우선변제권	• 대항요건과 확정일자(등기소, 공증사 무소, 동 주민센터 등)	• 대항요건과 확정일자(관할 세무서장)
최우선변권	• 주택가액(대지 포함)의 1/2범위 내 에서 일정액의 보증금 1. 서울: 1억 6천5백만원 이하 – 5천 5백만원 2. 과밀세종특별자치시, 용인, 화성, 김 포: 1억 4천5백만원 – 4천8백만원 3. 광역시(안산, 광주, 파주, 이천. 평택: 8천5백만원 – 2천8백만원 4. 그 밖의: 7천 5백만원 이하 – 2천 5 백만원	• 상가건물가액(대지 포함) 1/2범위 내에서 일정액의 보증금 – 서울 6천500만원: 2천200만원 – 과밀 5천500만원: 1900만원 – 광역 3천800만원: 1300만원 (안산, 용인, 김포, 광주) – 기타 3천만원: 1천만원 🔒 환산보증금으로 적용
최단기 제한	• 2년(단, 임차인은 2년 미만 주장)	1년(단, 임차인은 1년 미만 주장)
임차인의 갱신요구권	• **기간만료 전 6개월부터 2개월까지** (2년 + 2년 = 4년) • 1회 한해서 2년 인정. 단, 직계존, 비 속 실거주(×) 등	• 기간만료 전 6개월부터 1개월까지 최 초기간을 포함하여 10년 이내인정 ⟨보증금이 초과하는 경우도 인정됨⟩
차임 등의 증액 청구제한	• 약정한 차임의 1/20(5%) 이내 (1년 이내 다시 증액 불가)	• 약정한 차임의 5% 이내 (1년 이내 다시 증액 불가)
법정 갱신 (묵시)	• **임대인: 만료 6개월~2개월 전까지 통지(×)** • **임차인: 만료 2개월 전까지 통지(×)** • 전임대차와 동일조건 재임대 간주 • (기간은 2년으로 본다) • **임차인 언제든 해지통고: 3개월 후 효력**	• **임대인: 만료 6개월~1개월 전까지 통지(×)** • **임차인: 규정 없다(갱신요구가능).** • 전임대차와 동일조건 재임대 간주 • (기간은 1년으로 본다) • **임차인 언제든 해지통고: 3개월 후 효력**

확정일자 · 임대차 정보의 제공요청권	• 확정일자부여기관에 부여일, 차임 및 보증금 등 요청가능 (정당한 이유 없이 거절 불가)	• 관할세무서장에게 부여일, 차임 및 보증금 등 요청가능 (정당한 이유 없이 거절 불가)
금융기관의 우선변제권 승계	공통	공통
계약 해지	2기 연체	3기 연체

Ⅰ. 「주택임대차보호법」

적용대상이 주거용 건물이며, 유상·쌍무·낙성·불요식·계속적 계약의 성질을 갖는다. 또한 민법의 특별법, 편면적 강행법규에 해당한다.

1. 적용 범위
① 주거용 건물의 전부 또는 일부의 임대차에 관하여 이를 적용한다.
② 임차주택의 일부가 주거 외의 목적으로 사용되는 겸용 건물경우에도 적용된다.
③ 주택의 등기하지 아니한 전세계약(미등기전세·채권적 전세)에 관하여 이를 준용한다.
〈참고〉 **미등기, 무허가, 법상 등록한 외국인, 전대차에 적용된다.**
④ 주거용 건물 판단기준: 공적장부상 기준이 아니라 **실지 용도**에 따라 정해진다.
⑤ 계약 당시에는 주거용 건물이 아니었으나 **임차인 무단으로** 주거용 건물로 개조한 것은 허용되지 않는다. 다만, **임대인의 동의**를 얻어서 개조 한 것은 그**때부터** 주택으로 봐서 적용된다.
⑥ 원칙적으로 법인에는 적용되지 않는다. 다만, 다음 특수법인은 적용된다.
　부적용: 일시 사용을 위한 임대차임이 명백한 경우(공중접객업인 여관의 객실 및 내실), 법인, 임대차기간 중에 비주거용 건물의 일부를 주거로 개조한 경우 등이다.

2. 대항력: 주택의 인도 + 전입신고(익일 0시부터)
① 대항력을 인정받기 위한 점유와 주민등록은 취득요건 및 존속요건이다.
② 공동주택(아파트, 다세대주택 등)의 경우 동·호수를 표시하지 아니하고 지번만 표시하여 전입신고를 하였다면 대항력을 갖지 못한다.
③ 임차인 과실로 지번을 틀리게 전입신고한 때에는 지번을 정정한 때부터 대항력이 인정된다. 단, 공무원의 착오인 경우는 그렇지 않다.
④ 가압류등기가 된 주택을 임차하여 입주한 후 주민등록을 마친 경우에는 그 강제경매절차에서 임차인은 대항할 수 없다.
⑤ 주택임차인이 임차주택을 임대인의 동의를 얻어 전대하여 그 **전차인이** 주택을 인도받아 자신의 명의로 주민등록을 마친 경우 그 때부터 임차인은 제3자에 대하여 대항력을 취득한다.

⑥ 매매계약과 동시에 임대차계약을 체결한 경우는 **소유권이전등기 경료한 다음 날**에 대항력이 발생한다.

⑦ 기존 채권을 우선변제 받을 목적으로 채권을 임대차보증금으로 하기로 하고 주택의 인도와 주민등록을 마친 경우 **실제로 주택을 사용·수익할 목적을 갖지 아니한 때에는 대항력이 인정되지 않는다.**

3. 묵시갱신(법정)과 계약갱신요구권

(I) 묵시갱신(법정)

① **요 건**
  ㉠ **임대인**이 임대차기간 만료 **전 6개월부터 2개월까지**에 임차인에 대하여(갱신거절 또는 계약조건을 미변경시 – 갱신불가) 통지를 하지 아니한 경우에는 **전 임대차와 동일한 조건**으로 다시 임대차한 것으로 본다.
  ㉡ **임차인**이 임대차기간 **만료 2개월**까지 통지하지 아니한 때에도 또한 같다.
  ㉢ 법정 갱신이 된 경우에 임대차의 존속기간은 **2년으로 본다.**
  ㉣ **2기의 차임액**에 달하도록 차임을 연체하는 등 의무를 현저히 위반한 임차인에 대하여는 법정갱신이 인정되지 않는다.

② **묵시적 갱신의 경우 계약의 해지**
  계약이 갱신된 경우 **임차인은 언제든지** 임대인에게 계약해지를 통지할 수 있다. 해지의 효력은 임대인이 그 통지를 받은 날부터 **3개월**이 지나면 그 효력이 발생한다.

(2) 계약갱신요구권

① **임차인의 계약갱신요구권**: 법정갱신에도 불구하고, 임대인은 **임차인이 임대차기간이 끝나기 6개월 전부터 2개월 전**까지 계약갱신을 요구할 경우 정당한 사유 없이 거절하지 못한다.
  다만, 다음 각 호의 어느 하나에 해당하는 경우에는 그러하지 아니하다.

> 1. 임차인이 **2기의 차임액**에 해당하는 금액에 이르도록 차임을 연체한 사실이 있는 경우
> 2. 임차인이 거짓이나 그 밖의 **부정한 방법으로 임차**한 경우
> 3. 서로 합의하여 임대인이 임차인에게 **상당한 보상**을 제공한 경우
> 4. 임차인이 임대인의 동의 없이 목적 주택의 **전부 또는 일부를 전대(轉貸)**한 경우
> 5. 임차인이 임차한 주택의 전부 또는 일부를 **고의나 중대한 과실**로 파손한 경우
> 6. 임차한 주택의 전부 또는 일부가 멸실되어 임대차의 **목적을 달성하지 못할 경우**
> 7. 임대인이 다음 각 목의 어느 하나에 해당하는 사유로 목적 주택의 **전부 또는 대부분을 철거하거나 재건축**하기 위하여 목적 주택의 점유를 회복할 필요가 있는 경우
>   가. 임대차계약 체결 당시 공사시기 및 소요기간 등을 포함한 철거 또는 재건축 계획을 임차인에게 구체적으로 고지하고 그 계획에 따르는 경우
>   나. 건물이 노후·훼손 또는 일부 멸실되는 등 안전사고의 우려가 있는 경우
>   다. 다른 법령에 따라 철거 또는 재건축이 이루어지는 경우

> 8. 임대인(**임대인의 직계존속·직계비속을 포함**)이 목적 주택에 실제 거주하려는 경우
> 9. 그 밖에 임차인이 임차인으로서의 의무를 현저히 위반하거나 임대차를 계속하기
>   어려운 **중대한 사유**가 있는 경우

② **갱신요구권의 횟수 및 기간**: 임차인은 계약갱신요구권을 **1회에 한하여** 행사할 수 있다. 이 경우 갱신되는 임대차의 존속기간은 **2년으로 본다**.

③ **갱신요구권의 효과**

  ㉠ 갱신되는 임대차는 전 임대차와 **동일한 조건**으로 다시 계약된 것으로 본다.

  ㉡ **당사자는** 약정한 차임이나 보증금이 임차주택에 관한 조세, 공과금, 그 밖의 부담의 증감이나 경제사정의 변동 등으로 장래에 대하여 그 증감을 청구할 수 있다

  ㉢ 증액청구는 약정한 차임이나 보증금의 **20분의 1(5%)**의 금액을 초과하지 못한다. 다만, 시·도는 관할 구역 내의 지역별 임대차 시장 여건 등을 고려하여 본문의 범위에서 증액청구의 상한을 조례로 달리 정할 수 있다.

  ㉣ 증액청구는 임대차계약 또는 증액이 있은 후 1년 이내에는 하지 못한다.

  ㉤ 임차인의 감액청구는 제한이 없다.

④ **갱신요구권 행사 후 계약해지**

  ㉠ 임차인은 **언제든지** 임대인에게 계약해지를 통지할 수 있다(**주의**: 임대인은 해지통지 불가).

  ㉡ 임대인이 그 통지를 받은 날부터 **3개월**이 지나면 그 효력이 발생한다.

⑤ **임대인의 기망과 손해배상**

  ㉠ **임대인 및 직계존속·직계비속**이 목적 주택에 **실제 거주하려는**(제1항 제8호)사유로 **갱신을 거절**하였음에도 불구하고, 갱신요구가 거절되지 아니하였더라면 갱신되었을 기간이 만료되기 전에 정당한 사유 없이 **제3자에게 목적 주택을 임대**한 경우 임대인은 갱신거절로 인하여 임차인이 입은 손해를 배상하여야 한다.

  ㉡ 손해배상액은 거절 당시 당사자간에 손해배상액의 예정에 관한 **합의**가 이루어지지 않는 한 다음의 금액 중 **큰 금액**으로 한다.

4. 우선변제권(대항요건 + 확정일자)

① 대항요건과 계약서상의 **확정일자**를 갖춘 경우에 경매 또는 공매 시 임차주택(대지포함)의 환가대금에서 **후순위 권리자 기타 채권자보다** 우선하여 보증금(전액)을 변제받을 권리가 있다.

② **효력 발생 시기**

> ㉠ **대항요건(5월 1일) + 확정일자(6월 1일) = 당일효력(6월 1일 발생)**,
> ㉡ **확정일자(5월 1일) + 대항요건(6월 1일) = 익일부터(6월 2일) 우선변제권이 발생**
>   예 주택임차인의 전입신고와 **같은 날짜**에 저당권설정등기가 이루어졌다면 해당 주택의 경매가 실행될 때 임차인은 경락인에게 대항할 수 없다.

③ 확정일자를 받아도 물권이 되는 것은 아니므로 임차인에게 **임의경매신청권**이 인정되지 않음.

④ 임대차계약서가 진정하게 작성된 이상 임대차계약서에 아파트의 명칭과 그 전유 부분의 동·호수의 **기재를 누락**하였다는 사유만으로 확정일자의 요건을 갖추지 못하였다고 볼 수는 없다.

⑤ 당해 임대차계약이 통정허위표시에 의한 계약이라면 무효이다.

⑥ 임차인이 임대인의 지위승계를 원하지 않는 경우에는 임차인이 임차주택의 양도사실을 안 때로부터 **상당한 기간 내에 이의를 제기**함으로써 승계되는 임대차관계의 구속으로부터 벗어날 수 있다(🔒 이때는 양도인의 임차인에 대한 보증금 반환채무는 소멸하지 않는다).

⑦ 임대인의 임대차보증금의 반환의무가 임차인의 **임차권등기 말소의무보다 먼저 이행**되어야 할 의무이다.

⑧ 주택의 임대차에 **이해관계가 있는 자**는 확정일자부여기관에 해당 주택의 확정일자 부여일, 차임 및 보증금 등 정보의 제공을 요청할 수 있으며, **임대차계약을 체결하려는 자도 임대인의 동의를 받아** 확정일자부여기관에 정보제공을 요청할 수 있다.

이때 확정일자부여기관은 정당한 사유 없이 이를 거부할 수 없다.

⑧-2 **임대인의 정보제시 의무**: 임대차계약을 체결할 때 임대인은 임차인에게 다음 사항을 제시하여야 한다.

> **1. 선순위임차인 정보제공의무**
> 해당 주택의 확정일자 부여일, 차임 및 보증금 등 정보 ⇨ 제시의무
> 다만, 임대인이 임대차계약을 체결하기 전에 동의함으로써 갈음할 수 있다.
>
> **2. 납세증명서 제시의무**
> 국세징수법상 납세증명서 및 지방세징수법상 납세증명서. ⇨ 제시의무
> 다만, 임대인이 임대차계약을 체결하기 전에 열람에 동의함으로써 갈음 가능

⑪ 임차인은 임차주택을 **양수인에게 인도**하지 않으면 보증금을 수령할 수 없다.
🔒 임차인이 경매절차에서 배당금을 수령하기 위해서는 **주택을 경락인에게 먼저 인도하여야 한다.**

⑫ 우선변제권 있는 임차인이라도 경매절차에서 배당요구의 종기까지 **배당요구**를 해야 한다. **다만,**

> ⊙ **임차권등기**가 첫 경매개시결정등기 전에 등기된 경우에는 배당신청 아니해도 된다.
> ⊙ 대항력과 우선변제권을 모두 가지고 있는 **임차인이** 보증금을 반환받기 위하여 스스로 **강제경매를 신청하였다면** 우선변제권을 인정받기 위하여 배당요구의 종기까지 별도로 배당요구를 하여야 하는 것은 아니다.

⑬ 임차인으로부터 임차권과 분리하여 임차보증금반환채권만을 양수한 **채권양수인**은 우선변제권을 행사할 수 있는 임차인에 해당한다고 볼 수 없다.
🔒 단, 일반채권자 배당(○)

⑭ 주택임차인이 그 지위를 강화하고자 별도로 전세권설정등기를 마쳤다 하더라도 주택임차인이 대항요건을 상실하면 **이미 취득한 「주택임대차보호법」상의 대항력 및 우선변제권**을 상실한다.

⑮ 임차인이 보증금반환청구소송을 통한 확정판결 기타 이에 준하는 채무명의에 기해 강제경매를 신청하는 경우 **반대채무의 이행 또는 이행의 제공을 집행개시요건으로 하지 않는다.**

⑯ 확정일자 부여기관: 주택 소재지의 읍·면사무소, 동 주민센터 또는 시(특별시·광역시·특별자치시는 제외하고, 특별자치도는 포함한다)·군·구(자치구)의 출장소, 지방법원 및 그 지원과 등기소 또는 공증인)

⑰ 확정일자부 임차인이 우선변제권을 행사하기 위해서는 **경매기입등기 전**에 확정일자를 반드시 갖추어야 하는 것은 아니다.

⑱ **대항력과 우선변제권을 겸유하고 있는 임차인**이 우선변제권을 행사하여 경매절차에서 배당요구를 하였으나 보증금전액을 배당받지 못한 때에는 그 잔액을 반환받을 때까지 매수인에게 임대차관계의 존속을 주장할 수 있다.

5. 최우선변제권(소액보증금)

① 요건: **경매신청의 등기 전에 대항요건 + 소액보증금**

최우선변제대상 − 소액보증	
1. **서울**: 1억 6천 5백만원 이하	5천5백만원
2. **과밀, 세종특별자치시, 용인, 화성 및 김포**: 1억 4천 5백만원 이하	4천8백만원
3. **광역시**(안산, 광주, 파주, 이천 평택: 8천 5백만원 이하)	2천8백만원
4. **그 밖의 지역**: 7천 5백만원 이하	2천5백만원

〈🔒 주의〉 **확정일자는 최우선변제를 받기 위한 요건에 해당하지 않는다.**

② 임차인의 보증금 중 일정액을 주택가액(대지의 가액을 포함)의 **2분의 1**에 해당하는 금액까지만 최우선변제권 인정(주택가액의 2분의 1을 초과하는 경우에는 각 임차인의 보증금 중 일정액의 비율로 안분배당한다).

③ 최우선변제를 받기 위해서는 배당요구의 종기까지 **배당요구**를 하여야 한다.

④ 소액임차인으로서 임대차계약을 체결하더라도 **종전 규정에 의할 경우** 선순위 저당권자와의 관계에서 소액임차인에 해당하지 않을 수 있다.

⑤ 점포 및 사무실로 사용되던 건물에 **근저당권이 설정된 후** 그 건물이 **주거용** 건물로 용도 **변경**되어 이를 임차한 소액임차인도 특별한 사정이 없는 한 근저당권자보다 우선하여 변제받을 권리가 있다.

⑥ 처음 임대차계약을 체결할 당시에는 **보증금 초과**로 소액임차인에 해당하지 않았지만, 그 후 새로운 임대차계약에 의하여 정당하게 보증금을 **감액한 경우**에도 소액임차인으로 보호받을 수 있다.

⑦ 나대지에 **저당권이 설정된 후 지상에 건물이 신축**된 경우 건물의소액임차인은 그 저당권 실행에 따른 **대지의 환가대금에 대하여 우선변제를 받을 수 없다.**

6. 보증금 또는 차임 증액제한

① 약정한 차임 또는 보증금이 조세, 공과금 기타 부담의 증감 등으로 상당하지 아니한 경우 당사자는 장래에 대하여 그 증감을 청구할 수 있다.

② **차임 또는 보증금의 증액청구**는 약정한 차임 등의 20分의 1의 금액을 초과하지 못한다. 증액청구는 **임대차계약 또는 약정한 차임 등의 증액이 있은 후 1년** 이내에는 하지 못한다.

③ 특별시 · 광역시 · 특별자치시 · 도 및 특별자치도의 조례에 따라 증액청구 상한이 달라질 수 있다.

④ 증액제한은 묵시의 갱신이나 계약갱신요구권에 따른 계약에는 적용되나 다만, 임대차계약이 종료된 후 **재계약을 하는** 경우에는 적용되지 않는다.

⑤ **임차인의 감액청구**에는 감액의 상한과 청구의 횟수 제한규정도 없다.

7. 주택의 임차권의 승계

① **상속권자가 없는 경우**: 가정공동생활을 하던 사실상 혼인관계에 있는 자가 임차인의 권리 · 의무를 승계

② **상속권자가 있는 경우**: 상속인이 가정공동생활을 하고 있는 때에는 상속인이 권리 · 의무를 승계

③ **상속권자가 있는 경우**: 상속인이 가정공동생활을 하고 있지 아니한 때에는 사실상의 혼인 관계에 있는 자와 **2촌 이내의 친족이 공동**으로 임차인의 권리 · 의무를 승계

④ **승계포기**: 임차인의 사망 후 **1개월 이내**에 임대인에 대하여 반대의사를 표시하여야 함.

8. 임차권등기명령 제도

① 임대차가 종료된 후에 **보증금(전부 또는 일부)을 반환받지 못한** 임차인 임차주택의 소재지를 관할하는 지방법원 · 지방법원지원 또는 시 · 군 법원에 신청

② 임차권등기가 경료되면 임차인은 **대항력 및 우선변제권을 취득한다.**

③ 임차권등기가 경료된 주택(임대차가 주택의 일부분인 경우에는 해당부분에 한함)을 그 이후에 임차한 소액임차인의 **최우선변제권은 인정되지 않으나**, 확정일자에 의한 우선변제권은 인정이 된다.

④ 임차인은 임차권등기명령의 신청 및 그에 따른 임차권등기와 관련하여 소요된 **비용을 임대인에게 청구할 수 있다.**

⑤ 배당요구하지 않아도 배당 받을 수 있다.

⑥ 임대보증금반환의무와 임차권등기말소는 동시이행관계가 아니다. 즉, **보증금반환이 선이행의무다.**

II. 「상가건물 임대차보호법」

1. 적용범위

① 사업자등록의 대상이 되는 영업용 건물(교회, 문중, 친목모임 사무실 등 ×)의 임대차에 대해서만 적용이 되며, 보증금액을 초과하는 임대차는 적용대상이 아니다.

② 환산보증금 산정 = 보증금 + 월 차임 × 100

> 1. 서울특별시 − **9억원 이하**
> 2. 과밀억제권역(서울특별시는 제외한다) 및 부산광역시 − **6억 9천만원**
> 3. 광역시(과밀억제권역에 포함된 지역과 군지역, 부산광역시는 제외), 세종특별자치시, 파주시, 화성시, 안산시, 용인시, 김포시 및 광주시 − **5억 4천만원**
> 4. 그 밖의 지역 − **3억 7천만원**

다만, 다음은 예외적으로 보증금액을 초과하는 임대차에 대하여도 적용한다.
(**예** **대항력, 계약갱신요구권, 권리금보호, 3기 차임연체와 해지 등**)

③ **적용기준**: 보관, 제조, 가공등 사실행위만이 행해지는 공장, 창고 등은 영업용으로 사용하는 건물이라 할 수 없으나, 물품을 고객에 인도하고 수수료를 받는 등 **영업활동이 함께 이루어지는 하나의 사업장**이라면 이 법 적용대상이 된다.

2. 대항력(인도 + 사업자등록신청)관련 판례

> ① 건물을 임차하고 사업자등록을 마친 사업자가 임차건물의 전대차 등으로 당해 사업을 개시하지 않거나 사실상 폐업한 경우에 대항력 및 우선변제권을 유지하기 위해서는 건물을 직접 점유 및 사업을 운영하는 **전차인이** 그 명의로 사업자등록을 하여야 한다.
> ② 건물의 임차인이 대항력 또는 우선변제권을 가지기 위한 요건 및 사업자등록을 마친 사업자가, **폐업신고를 한 후에 다시 같은 상호 및 등록번호로 사업자등록을 한 경우**에 대항력과 우선변제권이 존속한다고 볼 수 없다(즉, 대항력은 취득요건일 뿐만 아니라 존속요건에 위배).
> ③ 소유권이전등기청구권을 보전하기 위한 **가등기가 경료된 후**에 대항력을 취득한 임차인은 그 가등기에 기하여 본등기를 경료한 자에게 대항할 수 없다.

3. 계약갱신요구권

① 임차인의 계약갱신요구권은 이 법 적용 기준 보증금을 초과하는 경우에도 적용된다.

② 임대인은 임차인이 **임대차기간 만료 전 6개월부터 1개월까지 사이에** 행하는 계약갱신요구에 대하여 정당한 사유 없이 이를 거절하지 못한다.

> 1. 임차인이 **3기의 차임액**에 해당하는 금액에 이르도록 차임을 연체의 경우
> 2. 임차인이 거짓이나 그 밖의 부정한 방법으로 임차한 경우
> 3. 서로 합의하여 임대인이 임차인에게 상당한 보상을 제공한 경우
> 4. 임차인이 임대인의 **동의 없이** 목적 건물의 전부 또는 일부를 전대(轉貸)한 경우

5. 임차인이 임차한 건물의 전부 또는 일부를 **고의나 중대한 과실로** 파손한 경우

6. 임차한 건물의 **전부 또는 일부가 멸실**되어 임대차의 목적을 달성하지 못할 경우

7. 임대인이 다음 어느 하나에 해당하는 사유로 목적 건물의 **전부 또는 대부분**을 철거하거나 재건축하기 위하여 목적 건물의 점유를 회복할 필요가 있는 경우

  가. 임대차계약 체결 당시 공사시기 및 소요기간 등을 포함한 **철거 또는 재건축계획을 임차인에게 구체적으로 고지하고 그 계획에 따르는 경우**

  나. 건물이 노후 · 훼손 또는 일부 멸실되는 등 안전사고의 우려가 있는 경우

  다. 다른 법령에 따라 철거 또는 재건축이 이루어지는 경우

8. 그 밖에 임차인이 임차인으로서의 의무를 현저히 위반하거나 임대차를 계속하기 어려운 중대한 사유가 있는 경우

③ 임차인의 계약갱신요구권은 **최초의 임대차 기간을 포함한 임대차기간이 10년을** 초과하지 않는 범위 내에서만 행사할 수 있다.

④ 갱신되는 임대차는 전 임대차와 동일한 조건으로 다시 계약된 것으로 본다. 이때 당사자는 장래의 차임 또는 보증금에 대하여 증감을 청구할 수 있다.

(**예** 대항력, 계약갱신요구권, 권리금보호, 3기 차임연체와 해지 등)

〈🔒 참고〉

> ㉠ 증액청구는 청구당시의 차임 또는 보증금의 100분의 5의 금액을 초과하지 못한다.
> ㉡ 다만, 보증금을 초과하는 임대차는 계약갱신의 경우는 차임 또는 보증금의 100분의 5의 초과 금지규정은 미적용된다(당사자는 경제사정변동을 고려하여 증감청구할 수 있다).

⑤ 증액 청구는 임대차계약 또는 약정한 차임 등의 증액이 있은 후 1년 이내에는 거듭 하지 못한다.

4. 환산 보증금이 초과하는 경우에도 일부 적용(**예** 서울 : 환산보증금 9억)

① 제3자에 대항력	② 차임연체와 계약해지
③ 계약갱신요구권	④ 임차인의 권리금보호규정

5. 차임연체와 계약해지

임차인의 차임연체액이 **3기의 차임액**에 달하는 때에는 임대인은 계약을 해지 가능하다.

≪ 관련 판례 ≫

① **임차인이 갱신 전부터** 차임을 연체하기 시작하여 갱신 후에 차임연체액이 **3기의 차임액**에 이른 때에도 임대인은 계약을 해지할 수 있다(판).

② 임대인 지위가 양수인에게 승계된 경우 이미 발생한 연체차임채권은 따로 **채권양도의 요건**을 갖추지 않는 한 **승계되지 않는다.** 따라서 양수인과는 승계 이후의 연체차임액이 3기 이상의 차임액에 달해야 임대차계약을 해지할 수 있다(판).

6. 보증금 또는 차임증액 제한

① 증액의 경우에는 청구당시의 차임 또는 보증금의 100분의 5의 금액을 초과하지 못한다. 또한, 임대차계약 또는 약정한 차임 등의 증액이 있은 후 **1년 이내**에는 못한다.

② 증액비율을 초과하여 지급하기로 하는 차임에 관한 약정은 그 초과하는 범위 내에서 **무효**이고, 초과 지급한 경우 임차인은 **부당이득으로 반환**을 청구 가능하다.

7. 임차인의 권리금 제도

> **권리금이란?**
> **임차인의 권리금보호규정**(권리금 계약이란 신규임차인이 되려는 자가 임차인에게 권리금을 지급하기로 하는 계약)

(1) 권리금 보호(즉, 방해 행위 금지)

임대인은 임대차기간이 끝나기 **6개월 전부터 임대차 종료시까지** 다음 행위를 함으로써 임차인의 권리금 회수를 방해하여서는 아니 된다. 다만, 다만, **계약갱신요구거절 사유**에 해당하는 경우에는 그러하지 아니하다.

> ① 임차인이 주선한 신규임차인에게 권리금을 요구하거나 수수하는 행위
> ② 임차인이 주선한 신규임차인에게 권리금을 지급하지 못하게 하는 행위
> ③ 임차인이 주선한 신규임차인이 되려는 자에게 상가건물에 관한 조세, 공과금, 주변 상가건물의 차임 및 보증금 등을 현저히 고액을 요구하는 행위
> ④ 정당한 사유 없이 임차인이 주선한 신규임차인과 임대차계약을 거절하는 행위

(2) 예외(권리금 보호가 아니 됨)

> ① 계약갱신거절사유가 있는 경우
> ② 임차인이 주선한 신규임차인이 보증금 또는 차임을 지급할 자력이 없는 경우
> ③ 신규임차인이 의무위반 또는 기타 임대차 유지가 어려운 경우 사유 발생
> ④ 임대차 목적물을 1년 6개월 이상 사용하지 않은 경우
> ⑤ 임대인이 선택한 신규 임차인과 권리금계약을 하고 지급 받은 경우
> ⑥ 대규모점포(면적의 합계가 3천㎡ 이상) 또는 준대규모 점포의 일부인 경우, 임차건물이 국·공유재산인 경우

〈 주의〉 전통시장 및 상점가 육성을 위한 특별법상 전통시장은 권리금 보호 대상이다.

(3) 임대인의 손해배상 책임

> ① 손해배상액은 신규임차인이 임차인에게 지급하기로 한 권리금과 임대차 종료 당시의 권리금 중 **낮은 금액**을 넘지 못한다.
> ② 손해배상 시효 - 임대차가 **종료한 날부터 3년**
> ③ 전대인과 전차인간에는 권리금보호규정은 적용 제외됨.

(4) **전대차에 법적용**

계약갱신요권, 차임증감청구권, 월 차임 전환시 산정률, 차임연체시에 계약해지는 적용된다.

(5) **상가건물 임대차분쟁조정위원회의 설치**

대한법률구조공단의 지부, 한국토지주택공사의 지사 또는 사무소 및 「한국감정원법」에 따른 한국감정원의 지사 또는 사무소에 상가건물임대차분쟁조정위원회를 둔다.

---

01 다음 「주택임대차보호법」의 적용범위에 대한 설명 중 옳은 것은? (다툼이 있으면 판례에 따름)

① 동법에 위반된 약정으로서 계약당사자 중 일방에게 불리한 것은 그 효력이 없다.

② 동법은 실질적으로 주거용 건물로 사용한다면 미등기 건물이든 무허가 건물이든 불문하고 적용되나, 임차주택의 일부가 주거 외의 목적으로 사용되는 경우에는 적용되지 않는다.

③ 동법은 적용범위에 있어서 보증금 제한규정이 있다.

④ 주거용 건물인지 여부는 공부상의 표시만을 기준으로 할 것이 아니라 그 실지용도에 따라 정한다.

⑤ 자연인인 임차인에 한하여 동법에 의한 보호를 받는다.

02 다음 중 「주택임대차보호법」 관련 내용을 설명한 것으로 타당한 것은?

> ㉠ 임대인이 임대차기간이 끝나기 6개월 전부터 2개월 전까지의 기간에 임차인에게 갱신거절의 통지 등을 하지 아니한 경우에는 전 임대차와 동일한 조건으로 다시 임대차한 것으로 본다.
>
> ㉡ 임차인이 임대차기간이 끝나기 2개월 전까지 통지하지 아니한 경우에도 또한 같다.
>
> ㉢ 2기(期)의 차임액에 달하도록 연체하거나 그 밖에 임차인으로서의 의무를 현저히 위반한 임차인에 대하여는 묵시의 갱신은 인정되지 않는다.
>
> ㉣ 임대인은 임차인이 6개월 전부터 2개월 이내에 계약갱신을 요구할 경우 정당한 사유 없이 거절하지 못한다.
>
> ㉤ 임차인이 2기의 차임액에 해당하는 금액에 이르도록 차임을 연체한 사실이 있거나 임대인(임대인의 직계존속·직계비속을 포함)이 목적 주택에 실제 거주하는 경우는 계약갱신요구권을 거절할 수 있다.
>
> ㉥ 임차인은 계약갱신요구권을 1회에 한하여 행사할 수 있다. 이 경우 갱신되는 임대차의 존속기간은 2년으로 본다.
>
> ㉦ 갱신되는 임대차는 전 임대차와 동일한 조건으로 다시 계약된 것으로 본다. 다만, 차임과 보증금은 5%의 범위에서 증액할 수 있다.

① 모두   ② 4개   ③ 3개
④ 2개   ⑤ 1개

03 다음은 「주택임대차보호법」상 임차주택에 대해 경매가 이루어질 때 임차인 보호와 관련한 내용이다. 틀린 것은?

① 임대차가 종료한 후 보증금을 돌려받지 못한 임차인이 집행권원을 확보하여 경매를 신청하고자 할 때 반대의무의 이행 또는 이행의 제공을 집행개시의 요건으로 하지 아니한다.

② 경매절차가 종료되어 배당과정에서 보증금을 수령하려면 임차인은 임차주택을 비워주어야 한다.

③ 임차인이 최우선변제를 받기 위해서는 배당요구종기까지 대항요건을 갖추어야 한다.

④ 임차주택에 대한 경매가 이루어지면 임차권은 소멸하되 보증금이 전액 변제되지 아니한 대항력 있는 임차권은 소멸되지 않는다.

⑤ 임차인이 확정일자에 의한 우선변제를 받기 위해서는 배당요구를 하여야 하나, 첫 경매개시결정등기 전에 임차권등기를 경료한 경우에는 그러하지 아니하다.

04 개업공인중개사가 주택임차 의뢰인에게 설명한 「주택임대차보호법」상 대항력의 내용으로 옳은 것은? (다툼이 있으면 판례에 의함)

① 2023년 9월 5일에 주택의 인도와 주민등록을 마친 임차인에게 대항력이 생기는 때는 2023년 9월 6일 오전 0시이다.

② 한 지번에 다가구용 단독주택 1동만 있는 경우 임차인이 전입신고시 그 지번만 기재하고 편의상 부여된 호수를 기재하지 않았다면 대항력을 취득하지 못한다.

③ 임차인이 전입신고를 올바르게 하고 입주했으나 공무원이 착오로 지번을 잘못 기재하였다면 정정될 때까지 대항력이 생기지 않는다.

④ 주식회사인 법인이 주택을 임차하면서 그 소속직원의 명의로 주민등록을 하고 확정일자를 구비한 경우에 원칙적으로 법인에게도 「주택임대차보호법」이 적용된다.

⑤ 임차인이 별도로 전세권설정등기를 마쳤다면 세대원 전원이 다른 곳으로 이사를 가더라도 이미 취득한 「주택임대차보호법」상의 대항력은 유지된다.

05 개업공인중개사 甲의 중개로 丙은 2023. 9. 17. 乙 소유의 서울특별시에 소재 X주택에 대하여 보증금 1억원에 2년 기간으로 乙과 임대차계약을 체결하고, 계약 당일 주택의 인도와 주민등록 이전, 임대차계약증서상의 확정일자를 받았다. 丙이 임차권등기명령을 신청하는 경우 주택임대차보호법령의 적용에 관한 甲의 설명으로 틀린 것은?

① 丙은 임대차가 끝난 후, 임차주택의 소재지를 관할하는 지방법원·지방법원지원 또는 시·군 법원에 임차권등기명령을 신청할 수 있다.

② 丙은 임차권등기명령의 신청 및 그에 따른 임차권등기와 관련하여 소요된 비용을 임대인에게 청구할 수 있다.

③ 임차권등기가 경료되면 丙은 대항력과 우선변제권을 취득한다.

④ 임차권등기명령의 집행에 따른 임차권등기 후에 丙이 주민등록을 다른 지역으로 이전한 경우에도 대항력은 상실되지 않는다.

⑤ 임차권등기명령의 집행에 따라 임차권등기가 끝난 X주택을 임차한 임차인 丁은 소액보증금에 관한 최우선변제를 받을 권리가 있다.

06 「상가건물 임대차보호법」에 관한 기술로 옳지 않은 것은?

① 임차인의 차임연체액이 3기의 차임액에 달하는 때에는 임대인은 계약을 해지할 수 있다.

② 기간의 정함이 없거나 기간을 1년 미만으로 정한 임대차는 그 기간을 1년으로 본다. 다만, 임차인은 1년 미만으로 정한 기간의 유효함을 주장할 수 있다.

③ 임대차가 종료한 경우에도 임차인이 보증금을 반환받을 때 까지는 임대차 관계는 존속하는 것으로 본다.

④ 경제사정의 변동 등으로 인한 차임 또는 보증금의 감액청구는 청구당시의 차임 또는 보증금의 100분의 5의 금액을 초과하지 못한다.

⑤ 건물의 임대차에 이해관계가 있는 자는 건물의 소재지 관할 세무서장에게 임대차 관계에 대한 자료의 열람 또는 제공을 요청할 수 있다.

07 다음은 「상가건물 임대차보호법」에 대한 판례이다. 틀린 것은 모두 몇 개인가?

> ㉠ 사업자가 폐업신고를 하였다가 다시 같은 상호 및 등록번호로 사업자등록을 한 경우에는 「상가건물 임대차보호법」상의 기존의 대항력 및 우선변제권이 그대로 존속한다.
>
> ㉡ 상가건물의 일부분을 임차하는 경우에는 그 임차부분을 표시한 도면을 첨부하여야 한다.
>
> ㉢ 「상가건물 임대차보호법」이 적용되는 상가건물의 공유자인 임대인이 임차인에게 갱신거절의 통지를 하는 행위는 공유자의 전원동의로써 결정하여야 한다.
>
> ㉣ 임대인은 임차인의 계약갱신 요구에 대하여 정당한 사유 없이 이를 거절하지 못하나 임차인이 동의 없이 무단으로 건물의 전부 또는 일부를 전대한 경우는 거절할 수 있다.
>
> ㉤ 가등기가 경료된 후 대항력을 취득한 상가건물의 임차인으로서는 그 가등기에 기하여 본등기를 경료한 자에 대하여 임대차의 효력으로써 대항할 수 없다.
>
> ㉥ 임대차가 갱신된 경우, 임차인이 갱신 전부터 차임을 연체하기 시작하여 갱신 후에 차임연체액이 3기의 차임액에 이른 때에는 임대인은 계약을 해지할 수 없다

① 1개   ② 2개   ③ 3개
④ 4개   ⑤ 5개

08 개업공인중개사 甲의 중개로 乙은 丙 소유의 서울특별시 소재 X상가건물에 대하여 보증금 10억원에 1년 기간으로 丙과 임대차계약을 체결하였다. 乙은 X건물을 인도받아 2023. 9. 10. 사업자등록을 신청하였으며, 2023. 9. 13. 임대차계약서상의 확정일자를 받았다. 이 사례에서 상가건물 임대차보호법령의 적용에 관한 甲의 설명으로 틀린 것은?

① 乙은 2023. 9. 11. 대항력을 취득한다.

② 乙은 2023. 9. 13. 보증금에 대한 우선변제권을 취득한다.

③ 丙은 乙이 임대차기간 만료되기 6개월 전부터 1개월 전까지 사이에 계약갱신을 요구할 경우, 정당한 사유 없이 거절하지 못한다.

④ 乙의 계약갱신요구권은 최초의 임대차기간을 포함한 전체 임대차기간이 10년을 초과하지 아니하는 범위에서만 행사할 수 있다.

⑤ 乙의 계약갱신요구권에 의하여 갱신되는 임대차는 전 임대차와 동일한 조건으로 다시 계약된 것으로 본다.

09 다음은 「상가건물 임대차보호법」상 권리금 계약에 관한 설명이다. 틀린 것은?

① 임대인은 임대차기간이 끝나기 6개월 전부터 임대차 종료시까지 임차인의 권리금 회수를 방해하여서는 아니 된다.

② 계약갱신거절사유가 있는 경우는 권리금보호를 받을 수 없다.

③ 손해배상액은 신규임차인이 임차인에게 지급하기로 한 권리금과 임대차 종료 당시의 권리금 중 낮은 금액을 넘지 못한다.

④ 대규모점포(면적의 합계가 3천m^2 이상) 또는 준대규모 점포의 일부인 경우와 전통시장 및 상점가 육성을 위한 특별법」 전통시장은 권리금 보호 대상이 아니다.

⑤ 임대인의 방해로 권리금을 보호받지 못한 임차인이 임대인에게 손해배상을 청구할 권리는 임대차가 종료한 날부터 3년 이내에 행사하지 아니하면 시효의 완성으로 소멸한다.

10 「주택임대차보호법」(A)과 「상가건물 임대차보호법」(B)에 관한 내용으로 틀린 것은 모두 몇 개인가?

> ⊙ 증액청구는 임대차계약 또는 약정한 차임 등의 증액이 있은 후 1년 이내에는 하지 못한다.
>
> ⓛ 법정갱신제도는 A와 B 모두 인정되나, 계약갱신요구권은 (B)에만 인정된다.
>
> ⓒ 임차인이 상속권자 없이 사망한 경우 그 주택에서 가정공동생활을 하던 사실상의 혼인관계에 있는 자는 임차인의 권리와 의무를 승계한다. 이 제도는 (A)만 해당된다.
>
> ⓔ 「상가건물 임대차보호법」 적용을 받기 위해서는 서울특별시에서는 합산보증금액 제한이 있으나 「주택임대차보호법」은 제한이 없다.
>
> ⓜ 임차권 등기명령에 의하여 등기된 임차권등기의 말소의무보다 임대인의 보증금반환의무가 먼저 이행되어야 한다.
>
> ⓗ 보증금이 초과하는 경우에도 제3자에 대항력, 계약갱신요구권, 임차인의 권리금보호규정은 적용된다.
>
> ⓢ 임차인이 경매절차가 종료되어 보증금을 배당받으려면 임차주택을 인도하여야 한다.
>
> ⓞ 임차인이 임대보증금에 대한 집행권원에 기해 강제경매를 신청하는 경우에는 목적물 반환은 집행개시의 요건이 아니다.
>
> ⓩ 점유인도 임차인이 전입신고(7월 1일)와 확정일자(7월 1일)를 받았고, 저당권자의 설정등기일(7월 1일)이 같은 경우 저당권자가 우선한다.
>
> ⓩ 서울특별시 소재 상가건물을 2년간, 보증금 5억, 월세 150만원에 임대차한 임차인은 최초의 임대차기간(2년)을 포함하여, 10년간 계약갱신요구권을 행사할 수 있다.
>
> ⓚ 경매가 실행된 경우, 서울에서 대항요건을 갖춘 보증금을 3천5백만원, 월세 35만원인 임차인 A는 최우선변제 보호를 받는다.
>
> ⓔ 서울에서 상가보증금 5억원, 월세 450만원인 임차인 B가 대항요건과 확정일자를 구비하면 보증금에 대한 후순위보다 우선변제를 받을 수 있다.

① 1개　　　② 2개　　　③ 5개　　　④ 7개　　　⑤ 8개

Chapter 04

경·공매와 매수신청대리 등록

제1절 경 매

1. 권리분석

소멸주의(근. 가. 담)	인수주의(분. 유. 법)
말소기준권리 = 근저당권, 저당권, 가압류, 압류, 담보가등기	분묘기지권, 유치권, 법정지상권
경매개시결정등기보다 "**늦게**" 설정된 용익물권 등	경매개시결정등기보다 "**앞서**" 설정된 용익물권 등

① 소멸되는 권리 중 가장 먼저 설정된 권리가 말소기준권리임.
② **말소기준권리보다 먼저 설정된 권리는 원칙적으로 인수되고 뒤에 설정된 권리는 말소**
③ 전세권도 배당 요구시 말소기준권리가 될 수 있음(경매물건 전체에 설정 + 최선순위).

2. 핵심 포인트 정리

① 저당권, 근저당권, 담보가등기, 가압류채권, 압류채권은 모두 말소된다.
② 매각부동산 위의 모든 저당권은 매각으로 소멸된다.
③ 지상권·지역권·전세권 및 등기된 임차권은 저당권·압류채권·가압류채권에 대항할 수 없는 경우에는 매각으로 소멸된다.
④ 저당권·압류채권·가압류채권에(대항할 수 있는) 지역권·전세권 및 등기된 임차권은 매수인이(인수)한다.
⑤ 선순위 전세권의 경우에는 배당요구를 한 경우에만 매각으로 소멸된다.
⑥ 매수인은 유치권자에게 그 유치권으로 담보하는 채권을 변제할 책임이 있다
⑦ 유치권(단, 예외), 경매로 인한 법정지상권은 항상 인수된다.
⑧ 유치권자는 매수인에 대하여 그 피담보채권의 변제가 있을 때까지 유치목적물의 부동산의 인도를 거절할 수 있을 뿐 그 **피담보채권의 변제를 청구할 수 없다.**
⑨ 유치권은 인수 권리에 해당하나, 경매개시결정등기가 경료되어 **압류의 효력이 발생한 이후에 점유를 취득한 경우에는** 매수인에게 대항할 수 없다.

3. 경매 절차

1. 경매신청과 경매개시결정	① 채무자에게 결정 송달 🔒 **압류 효력 生**: 송달 또는 경매개시등기 ② **경매개시결정등기**: 촉탁 ③ **미등기 건물 경매도 가능**
2. 배당요구의 종기결정 및 공고	① **배당요구종기**: **첫 매각기일 이전**(압류 효 7일 내 공고) — 종기 후 철회 × ② 배당요구 않은 경우 선순위채권자라도 배당 ×, 부당이득반환청구 × ③ **당연배당 채권자**: 저당권자 / 근저당권자 / 압류권자 / 가압류권자
3. 매각의 준비	① 현황조사(임대차관계 등) 및 감정평가(최저매각가격의 결정) ② 공무소 및 이해관계인에 대한 채권신고의 최고 ③ **매각물건명세서의 작성·비치**: 매각기일의 1주일 전까지
4. 매각기일 / 매각 결정기일지정·공고	① 최초의 매각기일(기간입찰은 입찰기간)은 공고일로부터 14일 후 ② 매각결정기일 — 매각기일로부터 7일 내
5. 매각의 실시 (매각기일)	① **매각방법**: **호가경매 / 기일입찰 / 기간입찰** (1기일 2회 입찰 가능) ② **매수신청보증금**: **최저매각가격의 1/10에 해당하는 금액** 　例 보증증서 ③ **최고가매수신고인의 결정**: 2인 이상일 경우 그들만을 상대로 추가입찰 실시 ④ **차순위매수신고인의 결정**: 2인 이상인 때에는 신고가 높은 자, 동일 시 추첨 ⑤ **새매각**: 매수인이 없는 경우 최저매각가격을 저감, 새매각기일 정함 ⑥ **농지취득자격증명 등은 매각결정기일까지 제출** ⑦ 입찰은 취소·변경 또는 교환할 수 없다.
6. 매각허가· 불허가 결정 (매각결정기일)	① 매각허부에 대한 이해관계인은 1주일 내 즉시항고 가능 ② 허가항고자는 보증으로 매각대금의 1/10 공탁(현금 또는 유가증권) ③ 채무자, 소유자가 항고 — 기각 때는 보증금 반환요구 불가 ④ **불허**(농취증 미제출, 경매절차하자 등 발생)**시는 저감 없는 새매각**
7. 매각대금의 납부	① 매수인은 **대금지급기한까지** 언제든지 매각대금 납부가능(**배당채권과 상계가능**) ② **대금납부의 효과**: **권리 확정적으로 취득**(차순위매수신고인 보증금 반환) ③ **대금미납**: 차순위매수신고인에게 허부결정 ⇨ **대금납부 않으면 재매각**(저감 ×) 　재매각기일 3일 전까지 대금 및 이자 납부하면 재매각 취소
8. 배당 및 소유권 이전등기의 촉탁	매수인은 서류 등 제출 / 그 등기와 말소의 비용은 매수인의 부담
9. 인도명령	① **대금완납 후 6개월 이내**에 집행법원에 대하여 신청 ② **상대방**: 소유자, 채무자, 부동산점유자 　단, 점유자 권원 인정되는 경우에는 불가(명도소송으로 제기)

01 부동산경매에 관한 설명한 내용으로 틀린 것은?

① 경매개시결정을 한 부동산에 대하여 다른 강제경매의 신청이 있는 때에는 법원은 다시 경매개시결정을 하고 먼저 경매개시결정을 한 집행절차에 따라 경매한다.

② 부동산의 매각은 호가경매, 기일입찰 또는 기간입찰의 세 가지 방법 중 집행법원이 정한 방법에 따른다.

③ 매수신고가 있은 뒤에 경매신청을 취하 하는 경우에는 최고가매수신고인 등의 동의를 받아야 그 효력이 생긴다.

④ 매각결정기일은 매각기일부터 2주일 이내로 정해야 한다.

⑤ 경매개시결정에 따른 압류의 효력이 생긴 때에는 집행법원은 절차에 필요한 기간을 감안하여 배당요구를 할 수 있는 종기를 첫 매각기일 이전으로 정한다.

02 다음 중 부동산경매에 관한 설명으로 타당한 것은 모두 몇 개인가?

┌───┐
│ ㉠ 유치권과 법정지상권은 말소기준권리와 관계없이 매수인에게 항상 인수된다. │
│ ㉡ 선순위 담보가등기, 가압류금액 등이 소액인 경우 이를 이해관계에 있는 제3자가 │
│   변제하여 후순위권리가 순위승진으로 인하여 매수인이 인수해야 하는 경우도 있다. │
│ ㉢ 차순위매수신고는 그 신고액이 최고가매수신고액에서 그 보증금을 뺀 금액을 넘는 │
│   가격인 때에만 할 수 있다. │
│ ㉣ 배당요구에 따라 매수인이 인수해야 할 부담이 바뀌는 경우 배당요구를 한 채권자 │
│   는 배당요구의 종기가 지난 뒤에 이를 철회하지 못한다. │
│ ㉤ 채무자 및 소유자가 한 항고가 기각된 때에는 위의 금전이나 유가증권을 돌려 줄 │
│   것을 요구하지 못한다. │
│ ㉥ 농지의 경우에 최고가매수신고인은 농지취득자격증명을 제출해야 매각허가결정을 │
│   받을 수 있다. │
└───┘

① 모두   ② 4개   ③ 3개   ④ 2개   ⑤ 1개

03 부동산경매에 있어서 매각부동산 위에 권리에 관한 설명으로 틀린 것은? (다툼이 있으면 판례에 의함)

① 담보목적이 아닌 최선순위 소유권이전등기청구권보전의 가등기는 매각으로 소멸하지 않는다.

② 매각부동산 위의 모든 저당권과 담보가등기권리는 매각으로 소멸된다.

③ 임차건물이 매각되더라도 보증금이 전액 변제되지 않는 한 대항력 있는 임차권은 소멸하지 않는다.

④ 최선순위의 전세권으로서 가압류채권에 대항할 수 있는 경우 전세권자가 배당요구를 하더라도 전세권은 매수인이 인수한다.

⑤ 압류의 효력이 발생한 후에 경매목적물의 점유를 취득한 유치권자는 매수인에게 대항할 수 없다.

04 다음은 부동산경매제도에 관한 설명이다. 틀린 것은?

① 담보권 실행을 위한 경매란 저당권·질권·유치권·전세권·담보가등기 등 담보물권이 가지고 있는 경매권에 의하여 실행되는 경매를 말한다.

② 첫 경매개시결정등기 전에 등기된 저당권자, 근저당권자, 압류권자, 가압류권자 및 임차권등기명령에 의한 임차권등기권자는 배당요구를 하지 않아도 배당을 받을 수 있다.

③ 대항력을 갖춘 상가임차인이라 할지라도 가압류등기가 마쳐진 후에 이를 임차한 경우에는 강제집행절차에 의해 소유권을 취득한 새로운 매수인에게 대항할 수 없다.

④ 채권자, 담보권자, 제3취득자, 채무자의 가족, 물상보증인 등은 경매에 참가할 수 있다.

⑤ 매각허가결정에 대하여 항고를 하고자 하는 사람은 보증금으로 최저매각금액의 10분의 1에 해당하는 금전 또는 법원이 인정한 유가증권을 공탁해야 한다.

05 다음 중 부동산의 경매에 관하여 설명한 내용으로 틀린 것은?

① 허가할 매수가격의 신고가 없이 매각기일이 최종적으로 마감된 때에는 법원은 최저매각 가격을 상당히 낮추고 새 매각기일을 정하여야 한다.

② 재매각절차에서는 전의 매수인은 매수신청을 할 수 없으며 매수신청의 보증을 돌려 줄 것을 요구하지 못한다.

③ 매수신청의 보증금액은 매수신청가격의 10분의 1로 한다.

④ 법원은 매수인이 대금을 낸 뒤 6개월 이내에 신청하면 채무자·소유자 또는 대항력 없는 점유자에 대하여 부동산을 매수인에게 인도하도록 명할 수 있다.

⑤ 매수인은 매각대금을 납부하고 법원의 촉탁에 의해 소유권이전등기 된 때에 매각의 목적인 권리를 취득하는 것이 아니라 매각대금을 납부한 때 권리를 취득한다.

제2절 매수신청대리인 등록

1. 매수신청 대리권의 범위 〈보.이(입).차 - 우선〉	① 매수신청 보증의 제공 ② 매수신청의 보증을 돌려 줄 것을 신청하는 행위 ③ 입찰표의 작성 및 제출 ④ 차순위매수신고 ⑤ 공유자 또는 임대주택 임차인의 우선매수신고에 따라 차순위매수신고인으로 보게 되는 경우 그 차순위매수신고인의 지위를 포기하는 행위 ⑥ 「임대주택법」상 임차인의 임대주택 우선매수신고 ⑦ 공유자의 우선매수신고 🔒 **주의: 인도명령, 명도소송, 항고, 기일변경신청 등은 대리 불가**
2. 매수신청대리 대상물	① 토지 ② 건물 그 밖의 토지의 정착물 ③ 입목, 공장재단, 광업재단 🔒 **주의: 동산이나 무체재산권 대리는 불가함.**

3. 등록요건	① 개업공인중개사이거나 법인인 개업공인중개사일 것 ② 실무교육 이수(**대표자만**) ③ **보증설정 금액 —** 법인인 개공 : 4억원 이상. 분사무소 2억원 이상 추가 　　　　　　　　　공인중개사인 개공 : 2억원 이상) ④ 결격사유 ×(등록취소 후 3년 미경과, 경매입찰방해죄 확정 2년 미경과) 　🔒 **관할** : 중개사무소 관할 지방법원장(14일 **내 처리**)
4. 등록결격	① 매수신청대리인 **등록이 취소된 후** 3년이 지나지 아니한 자 　(🔒 **단, 폐업에 따른 등록취소는 3년 —** (×) ② 경매, 입찰방해죄 등으로 유죄판결 확정일로부터 2년 **미경과자** ③ 위에 해당하는 자가 사원 또는 임원으로 있는 중개법인 ④ 업무정지처분을 받고 폐업신고를 한 자로서 업무정지기간이 경과되지 아니한 자 ⑤ 법인의 업무정지의 **사유가 발생한 당시의 사원 또는 임원이었던 자로서** 당해 개업공인중개사에 대한 업무정지기간이 경과되지 아니한 자
5. 대리행위 　방식	① **서류** : 본인의 인감증명서가 첨부된 위임장과 대리인등록증 사본 등 ② 대리행위마다 대리권을 증명하는 문서 제출. 다만, **같은 날, 같은 장소**에서 수개의 대리행위를 동시에 하는 경우에는 하나의 서면으로 갈음 가능 ③ 대리행위를 함에 있어서 개업공인중개사가 **매각장소 또는 집행법원에 직접 출석**
6. 의 무	① 확인·설명(대상물의 표시, 권리관계, 제한사항, **경제적 가치**, 취득시 인수권리) 확인·설명서 작성, 교부, 보존(5년) ② 사건카드의 작성·보존(5년) ③ 수수료 설명 및 영수증 교부 ④ **각종 신고 의무** : 10일 내(사무소 이전, 휴업, 폐업, 취소, 정지, 분사무소 설치)
7. 금지행위	🔒 **지방법원장은 매수신청대리인 등록을 취소할 수 있다.** ① **이중으로 매수신청대리인 등록신청을 하는 경우** ② **매수신청대리인이 된 사건에 있어서 매수신청인으로서 매수신청을 하는 행위** ③ **동일 부동산에 대하여 이해관계가 다른 2인 이상의 대리인이 되는 행위** ④ **명의대여를 하거나 매수신청 대리인 등록증을 대여 또는 양도하는 행위** ⑤ 다른 개업공인중개사의 **명의를 사용**하는 행위 ⑥ 「형법」 제315조에 규정된 **경매·입찰방해죄**에 해당하는 행위 ⑦ **사건카드 또는 확인·설명서**에 허위기재하거나 필수적 기재사항을 누락하는 행위 ⑧ 그 밖에 다른 법령에 따라 금지되는 행위
8. 대리수수료 　및 실비	① **상담·권리분석수수료** : 50만원 안에서 당사자 합의결정 개별매각의 여러 물건의 경우 5만원 범위 안에서 증액가능(일괄매각은 3개 초과부터) ② **매수신청대리 수수료** 　㉠ **매각허가결정이 확정되어 매수인으로 된 경우** : 감정가 1% 또는 최저매각가격 1.5% **이하의** 범위 안에서 합의결정 　㉡ **최고가매수신고인 또는 매수인으로 되지 못한 경우** : 50만원 안에서 당사자 협의결정 ③ **실비** : 30만원 안에서 당사자 합의결정

9. 확인, 설명 의무	매수신청대리 대상물의 권리관계, 매수인이 부담하여야 할 사항 등을 위임인에게 성실·정확하게 **설명하고** 등기부등본 등 설명의 근거자료를 제시 ① 매수신청대리 대상물의 법령의 규정에 따른 **제한사항과 경제적 가치**를 확인·설명 ② 당해 매수신청대리 대상물의 표시 및 권리관계를 확인·설명

〈🔒 참고〉

> **공매**는 목적물의 강제환가라는 특징이 있기는 하나 본질적으로 매매의 성격을 지니고 있으므로 **공매 대상 부동산 취득의 알선에 대해서도 보수규정이 적용된다**(판).

10. 개업공인중개사의 지방법원장에게 신고의무(10일 안) − 업무정지처분 사유)

　　< 🔒 이.자(자)등 − 분,업 − 폐 >

> ① 중개사무소를 **이전**한 경우　　② 공인중개사 **자격**이 취소된 경우
> ③ 공인중개사 **자격**이 정지된 경우　④ 중개사무소 개설**등록**이 취소된 경우
> ⑤ **분**사무소를 설치한 경우　　　　⑥ 중개**업무**가 정지된 경우
> ⑦ 중개업을 휴업 또는 **폐업**한 경우

11. 행정처분 권자 − 지방법원장

　① 절대적 등록취소 사유와 임의적 등록취소 사유로 구별 규정됨.

　　〈🔒 참고〉 절대적 등록취소

> 지방법원장은 다음 각 호의 어느 하나에 해당하는 경우에는 매수신청대리인 **등록을 취소하여야 한다**(제21조).
> 1. 이 법 − **결격사유** 어느 하나에 해당하는 경우
> 2. 이 법 또는 이 규칙상 − **폐업**신고를 한 경우
> 　〈주의〉 등록취소시 3년간 결격이나 **폐업으로 인한 이 경우는 결격사유가 아니다.**
> 3. 이 법 − 공인중개사 **자격이 취소**된 경우
> 4. 이 법 − 중개사무소 **개설등록이 취소**된 경우
> 5. 이 규칙상 − 등록 당시 **등록요건**을 갖추지 않았던 경우
> 6. 이 규칙상 − 등록 당시 **결격사유**가 있었던 경우

　② 절대적 업무정지 사유(1개월 이상 2년 이하)와 임의적 업무정지 사유(1개월 이상 2년 이하)로 구별 규정됨

　③ 의견진술의 기회: 지방법원장은 처분 할 경우에는 10일 이상 구술·서면(전자문서)에 의한 의견진술의 기회를 주어야 한다.

　④ 반납: 등록이 취소된 날로부터 **7일 안에** 등록증을 관할 지방법원장에게 반납함.
　　🔒 법인은 대표자 또는 임원이었던 자가 7일 안에 반납함.

12. 기 타

① 매수신청대리인 등록이 취소된 때에는 사무실 내·외부에 매수신청대리업무에 관한 표시 등을 제거하여야 하며, 업무정지처분을 받은 때에는 **업무정지사실을 당해 중개사사무소의 출입문에 표시하여야 한다.**

② 개업공인중개사는 다른 법률에서 특별한 규정이 있는 경우를 제외하고는 그 업무상 알게 된 **비밀을 누설하여서는 아니 된다.** 그 업무를 떠난 경우에도 같다.

③ 개업공인중개사는 보수에 대하여 이를 위임인에게 위임계약 전에 설명하고, 보수를 받은 경우 예규에서 정한 양식에 의한 **영수증을 작성**하여 서명 및 날인한 후 위임인에게 교부하여야 한다.

④ 대리행위를 하는 경우 각 대리행위마다 대리권을 증명하는 문서(**본인의 인감증명서가 첨부된 위임장과 대리인등록증 사본 등**)를 제출하여야 한다. 🔒 다만, 같은 날 같은 장소에서 각 호에 규정된 대리행위를 동시에 하는 경우에는 하나의 서면으로 갈음할 수 있다.

⑤ 손해배상책임을 보장하기 위하여 보증설정 방법(보증보험, 협회공제, 공탁)과 설정금액은 개업공인중개사의 중개업과 동일하다. 다만, 설정시기는 **등록 전**에 미리 하여야 함은 중개업과 다르다.

⑥ 금융감독원의 원장은 **법원행정처장으로부터 요청**이 있는 경우에는 협회의 공제사업에 관하여 검사를 할 수 있다.

⑦ **휴업·폐업제도**

　㉠ 매수신청대리인은 매수신청대리업을 휴업(**3개월을 초과하는 경우**), **폐업** 또는 휴업한 매수신청대리업을 **재개**하고자 하는 때에는 감독법원에 그 사실을 **미리 신고**하여야 한다. 휴업기간을 **변경**하고자 하는 때에도 같다.

　㉡ ㉠에 의한 휴업은 **6개월을 초과할 수 없다.**

⑧ 보수제도

　㉠ 개업공인중개사는 매수신청대리에 관하여 위임인으로부터 예규에서 정한 소정의 보수를 받는다.

　　이때 보수이외의 명목으로 **돈 또는 물건**을 받거나 예규에서 정한 보수 이상을 받아서는 아니 된다.

　㉡ **보수의 지급시기는** 매수신청인과 매수신청대리인의 약정에 따르며, **약정이 없을 때에는 매각대금의 지급기한일로 한다.**

01 법원에 매수신청대리인으로 등록된 개업공인중개사가 「민사집행법」에 따른 경매에서 매수신청대리의 위임을 받은 경우 할 수 있는 업무가 아닌 것을 모두 고른 것은?

> ㉠ 인도명령 신청
> ㉡ 차순위매수신고
> ㉢ 매수신청의 보증을 돌려 줄 것을 신청하는 행위
> ㉣ 공유자의 우선매수신고
> ㉤ 입찰표의 작성 및 제출
> ㉥ 매각허가결정에 대하여 항고

① ㉠, ㉡, ㉢   ② ㉡, ㉢, ㉣   ③ ㉠, ㉥   ④ ㉤, ㉥   ⑤ ㉡, ㉢, ㉥

02 다음은 「공인중개사의 매수신청대리인 등록 등에 관한 규칙」에 관한 설명이다. 틀린 것은?

① 개업공인중개사는 인도명령 신청, 매각허가결정에 대하여 항고는 매수신청대리 할 수 없다.

② 경매입찰방해죄로 유죄판결을 받고 그 판결확정일로부터 2년을 경과하지 아니한 자가 사원 또는 임원으로 있는 중개법인은 결격사유에 해당하여 등록을 할 수 없다.

③ 개업공인중개사는 매수신청대리인이 된 사건에 있어서 매수신청인으로서 매수신청을 하는 행위는 금지된 행위이다.

④ 개업공인중개사는 위임계약을 체결한 경우 확인·설명 사항을 서면으로 작성하여 서명·날인한 후 위임인에게 교부하고, 그 사본을 사건카드에 철하여 5년간 보존하여야 한다. 이때 사용할 인장은 지방법원장에게 등록한 인장을 사용하여야 한다.

⑤ 개업공인중개사는 매수신청대리행위를 함에 있어서 매각장소 또는 집행법원에 직접 출석하여야 한다.

03 매수신청대리인으로 등록한 개업공인중개사가 매수신청대리에 관한 내용 중 틀린 것은?

① 각 대리행위마다 대리권을 증명하는 문서를 제출하여야 한다. 다만, 같은 날, 같은 장소에서 대리행위를 동시에 하는 경우에는 하나의 서면으로 갈음할 수 있다.

② 확인·설명사항에는 당해 매수신청대리 대상물의 경제적 가치, 당해 매수신청대리 대상물에 관한 소유권을 취득함에 따라 부담·인수하여야 할 권리에 관한 사항도 포함된다.

③ 매수신청대리인이 된 사건에 있어서 매수신청인으로서 매수신청을 하는 행위는 금지 된다.

④ 공인중개사인 개업공인중개사는 중개사무소 소재지를 관할하는 지방법원장에게 매수신청대리인 등록을 하여야 한다.

⑤ 매수신청대리인 등록신청을 받은 관할청은 7일 이내에 개업공인중개사의 종별에 따라 구분하여 등록을 하여야 한다.

04 공인중개사법령과 「공인중개사의 매수신청대리인 등록 등에 관한 규칙」에 관한 설명으로 틀린 것은?

① 매수신청대리인은 3개월을 초과 휴업이나 폐업을 한 경우에는 감독법원에 지체 없이 그 사실을 신고하여야 한다.

② 모든 개업공인중개사가 매수신청대리인으로 등록할 수 있는 것은 아니다.

③ 지방법원장은 매수신청대리 업무에 관하여 관할 안에 있는 협회의 시·도지부와 매수신청대리인 등록을 한 개업공인중개사를 감독한다.

④ 매수신청대리 수수료는 매각허가 결정이 확정된 경우에 감정가의 1% 또는 최저 매각가격의 1.5% 이하의 범위 안에서 당사자의 합의에 의하여 결정한다.

⑤ 보수의 지급시기는 매수신청인과 매수신청대리인의 약정에 따르며, 약정이 없을 때에는 매각대금의 지급기한일로 한다.

05 중개사무소 개설등록(甲)과 매수신청대리인 등록(乙)을 비교한 내용 중 타당한 것은 모두 몇 개인가?

> ㉠ 협회가 공제사업을 하고자 하면 甲은 공제규정을 제정하여 국토교통부장관의 승인을 얻어야 하나, 乙은 법원행정처장의 승인을 얻어야 한다.
> ㉡ 甲과 乙은 모두 그 업무상 알게 된 비밀을 누설하는 것을 금지로 규정하고 있다.
> ㉢ 甲의 경우 개업공인중개사는 소속공인중개사로 하여금 중개업무를 수행하게 할 수 있으나, 乙의 경우 소속공인중개사로 하여금 매각장소 또는 집행법원에 출석하여 업무를 대행하게 할 수 없다.
> ㉣ 중개법인이 2개의 분사무소를 두고 甲과 乙를 겸업하는 경우 각각의 업무보증금을 합산하면 최소한 16억원 이상을 설정하여야 한다.
> ㉤ 손해배상책임을 보장하기 위한 보증은 甲중개사무소개설 등록요건 및 乙매수신청 대리인 등록요건이다.
> ㉥ 甲은 시·도지사가 실시하는 실무교육, 乙은 법원행정처장이 지정하는 실무교육을 수료하여야 하나 甲과乙은 폐업신고 후 1년 이내에 다시 등록신청을 하고자 하는 자는 그러하지 아니하다.
> ㉦ 대상물의 법령의 규정에 따른 제한사항과 경제적 가치는 甲과 乙 모두 확인·설명 하여야 할 사항에 해당한다.
> ㉧ 이중등록을 금지하는 것은 甲과 乙 모두 공통사항이다.
> ㉨ 甲은 등록관청으로부터 등록취소처분, 乙은 지방법원장으로부터 등록취소처분을 받으면 모두 3년간 결격사유에 해당된다.
> ㉩ 현행법상에 甲은중개보수 영수증 교부 의무가 없으나, 乙은 교부의무가 있다.

① 4개 ② 6개 ③ 7개 ④ 8개 ⑤ 모두

06 다음은 「공인중개사의 매수신청대리인 등록 등에 관한 규칙」에 따라 그 사유가 발생한 날로부터 10일 이내에 지방법원장에게 신고하여야 할 사항이 아닌 것은?

① 중개사무소를 이전한 경우   ② 중개업을 휴업 또는 폐업한 경우
③ 공인중개사 자격이 취소된 경우   ④ 중개사무소 개설등록이 취소된 경우
⑤ 업무보증을 설정한 경우

07 「공인중개사의 매수신청대리인 등록 등에 관한 규칙」상의 행정처분에 관해 기술한 내용으로 틀린 것은?

① 개업공인중개사가 중개업무의 휴업신고를 한 경우 지방법원장은 매수신청대리의 업무정지처분을 하여야 한다.
② 매수신청대리업 폐업신고에 의한 등록취소의 경우는 등록이 취소된 후 3년이 지나지 아니한 자라도 매수신청대리 등록을 할 수 있다.
③ 지방법원장이 업무정지처분을 하는 경우 그 기간은 6개월 이하로 한다.
④ 개업공인중개사는 매수신청대리인 등록이 취소된 때에는 사무실 내·외부에 매수신청대리업무에 관한 표시 등을 제거하여야 한다.
⑤ 업무정지처분을 받은 때에는 업무정지사실을 당해 중개사사무소의 출입문에 표시하여야 한다.

제3편 정답		1	2	3	4	5	6	7	8	9	10	11	12	13	14
Chapter 01	p.155	③	①												
	p.158	①	①	⑤											
	p.163	①	①												
	p.167	④	⑤	①	③	④									
Chapter 02	p.170	③	③												
	p.171	④	④												
Chapter 03	p.174	③													
	p.177	⑤	①	③	①										
	p.189	④	①	③	①	⑤	④	③	②	④	②				
Chapter 04	p.196	④	①	④	⑤	③									
	p.201	③	④	⑤	①	④	⑤	③							

부록

부 록

제1편 공인중개사법령

숫자 및 기한	구분 및 법 규정	관련 내용
지체 없이	🔒 즉시 = 휴업한 개업공인중개사의 재개업 신고시 등록증 반환	
	협회의 총회 의결 내용 보고	총회의결 내용을 지체 없이 국토부장관에게 보고
	분사무소설치 신고	분사무소 신고확인서를 교부한 후 지체 없이 그 분사무소 설치예정지역 등록관청에 통보
	등록증의 교부	등록관청은 업무보증을 설정하였는지 여부를 확인한 후 등록증을 지체 없이 교부
	전속중개계약 정보 공개 후	중개대상물의 정보를 거래정보망 등에 공개한 후 지체 없이 공개한 내용을 문서로 통지
	전속중개계약을 체결 후 거래가 완성된 후	거래정보망 등에 정보를 공개하여 당해 중개대상물의 거래가 완성된 때는 지체 없이 정보사업자에 통보
	시험부정행위자에 대한 제재	시험시행기관장은 지체 없이 이를 다른 시험시행 기관장에게 통보
	소속공인중개사의 자격정지 사유 발견	등록관청은 자격정지 사유에 해당되는 사실을 알게 된 때에는 지체 없이 시·도지사에게 통보
	중개사무소 이전(송부서류)	종전 등록관청은 송부서류 요청 받은 경우 - 지체 없이 관련서류를 이전 후 등록관청에 송부
공통 숫자 5와 관련 내용	공인중개사 자격취소 후 보고 및 통보	시·도지사는 자격을 취소한 때에는 5일 이내에 국토교통부장관에게 보고하고, 다른 시·도지사에게 통지
	시험 부정행위자 조치	부정행위자의 그 시험은 무효, 처분일부터 5년간 응시자격정지
	시험출제위원 위촉금지	시험실시기관장이 명단을 통보한 출제위원은 5년간 위촉이 금지
	거래계약서 보관	개업공인중개사 5년 보관(법정서식 없음)
	토지거래허가 이용의무기간	현상보존, 임대사업 목적 - 5년
	토지거래 허가 효력발생	공고 후 5일(확대지정) 🔒 단, 재지정·축소·해제: 즉시
공통 숫자 7과 관련 내용	중개사무소 개설 등록신청	등록관청은 7일 이내에 종별에 따라 구분하여 등록처분 및 서면통지
	인장 변경 사후 등록	7일 이내에 그 변경된 인장을 등록한다.
	공인중개사자격 취소와 반납	7일 이내에 교부 한시·도지사에게 반납

	공인중개사 "정책심의위원회" 구성(임의적 기구)	위원장 1인을 포함한 7명 이상 ~ 11명 이내 위원
	전속중개계약의 정보 공개	7일 이내 거래정보망 또는 일간신문에 정보공개
	중개사무소 등록증 반납	등록취소 된 날로(법인 해산)부터 7일 이내 반납
	분사무소 설치 및 이전 처리	처리기간 모두 7일
	토지거래거래허가제도	7일 이상 일반인에 공고
공통 숫자 10과 관련 내용	중개사무소 이전신고(관할 외)	이전 후 10일 이내에 이전 후의 등록관청에 신고
	고용인 고용 또는 종료 신고	**고용**: 업무 개시 전까지, **종료**: 종료일로부터 10일 이내
	부동산거래신고 위반으로 과태료 부과처분 시	신고관청이 과태료 부과시에 처분일부터 10일 이내에 등록관청에 통보
	등록관청이 협회에 통보	매월 다음달 10일까지 협회에 통보 ① 사무소 이전 ② 등록사항 ③ 분사무소 설치 ④ 휴·폐업 ⑤ 행정처분 ⑥ 고용인 고용·종료
	예방 교육	10일 전까지 대상자에 공고 또는 통지
	공장·광업재단 저당권설정	보존등기 후 10개월 내 설정(상실 ×)
공통 숫자 30일	부동산거래 신고 또는 해제 신고 기한: 계약일 30일 임대차 보증금, 차임 신고 및 변경, 해제 신고: 모두 30일 이내 신고	
	장사 등에 관한 법률상 분묘 설치기간: 30년(연장은 1회 한해 30년)	
	허가제도의 이행강제금의 이의신청기간: 30일	
공통 60일	외국인 등 부동산취득 특례: 계약으로 취득한 경우 60일 이내 신고	
	부동산등기 특조법: 쌍무계약 잔금 60일 / 편무계약 효력발생 60일	
공통 숫자 3개월	① 지정받은 날부터 운영규정: 3개월 ② 협회의 공제업무 공시는 회계연도 종료 후: 3개월 ③ 중개계약 유효기간: 3개월 ④ 장사 등 법률 무연고분묘 개장공고: 3개월 ⑤ 토지거래허가 위반 이행강제 명령: 3개월	
공통 숫자 1개월	① 토지 불허가시에: 토지 매수청구권 행사 ② 토지거래 허가제도의 선매: 협상 완료 시간 ③ 부동산거래신고 조사 결과: 시·도지사는 매월 1회 국토교통장관에 보고 ④ 등록관청 포상금 지급: 결정일부터(1개월)	
공통 숫자 3과 관련 내용	공인중개사자격의 취득 제한	자격이 취소된 자는 3년 이내에는 재취득 불가
	업무정지의 소멸시효	사유가 발생 한 날부터 3년
	전속중개계약서	개공이 3년간 보관(소공 ×)
	중개대상물 확인·설명서 보관	개업공인중개사가 3년간 보관
	결격사유자(금고 이상 형의 선고) - 집행종료, 집행면제 후	3년 미경과한 자는 결격사유

	결격사유자 – 자격취소, 등록취소, 300만원 벌금형 선고 후	3년 미경과한 자는 결격사유
	휴업 신고(사전의무)	3개월 초과 휴업시 신고 의무가 발생
	행정제재 처분효과의 승계 등	재등록개업공인중개사의 폐업 전의 위법행위 승계 🔒 **등록취소** : 폐업기간이 3년 이내 승계함. 　　　　　단, 업무정지는 1년 이내 승계함.
	공탁금 회수제한	폐업 또는 사망한 날로부터 3년 이내
	3년 이하 징역 또는 3천만원 이하 벌금형	① (허위)부정등록 ② 무등록 ③ 관련증서 ④ 직접거래 ⑤ 쌍방대리 ⑥ 투기조장 ⑦ 시세조작 ⑧ 단체구성 ⑨ 방해
	협회 공제사업 공시	회계연도 종료 후 3개월 이내
	일반·중개계약 유효기간	3개월(단, 약정이 우선)

권리금 방해 손해배상청구권 : 임대차 종료 한 날부터 3년
🔒 **단, 권리금 방해행위** : 임대차 기간이 끝나기 6개월 전부터 임대차 종료시

공통 숫자 15일	**외국인 등 부동산취득 특례법상 허가** : 15일 이내
	토지거래 허가 지정 : 주민에 열람기간 15일
	업무보증제도의 손해배상지급 후 : 15일 이내 다시 가입

재·과 출·과	**공인중개사의 정책심의위원회** : 개의(재적 과반수) / 의결(출석 과반수)
	협회의 공제사업 운영위원회 : 개의(재적 과반수) / 의결(출석 과반수)

2년	정책심의위원회(연임 가능) 임기 2년
	공제사업 운영위원회(1회만 연임) 임기 2년

5천만원	**법인의 등록기준** : 자본금 5천만원 이상
	중개보수(임대차) : 5천만원 미만 = 보증금 + (70 × 월세)

표시· 광고 모니터링	**기본 모니터링** : 매 분기의 마지막 날부터 30일 이내(장관)
	수시 모니터링 : 업무를 완료한 날부터 15일 이내(장관)
	국토교통부장관의 모니터링 결과 조사 및 조치 요구 시 – 시·도지사 및 등록관청은 완료한 날부터 10일 이내 결과를 국토부장관에 통보

중요내용 암기코드 정리

구 분	암기 코드	관련 내용
1. 사무소 이전 – 서류	이 〈사, 등〉	• 이전신고서 • 이전사무실확보서류 • 중개사무소 등록증
2. 사무소 이전 – 송부서류	관할〈외〉로 이전 해당	• 사무소 등록대장 • 개설 등록신청서류(사사실) • 최근 1년간 행정처분 및 진행 관련서류
3. 거래정보 사업자 (취소사유)	거, 운, 정, 해, 일(1년)	• 거짓·부정하게 지정 • 운영규정 위반(**병과**: 과태료 500만) • 정보공개 위반(**병과**: 1 – 1) • 사망·해산 • 지정 1년 이내 무 설치·운영
4. 공인중개사 (교부한 시3도지사)	자격취소 사유 (부. 양. 소. – 징)	• 부정취득 • 양도·대여(성명 사용) • 소속공인이 자격정지처분 기간 중 중개업무 or 이중소속 • 이법 위반 + 징역형 선고(집행유예 포함)
	자격정지 사유	• 이중소속 • 이중계약서 • 인장등록 위반 • 확인설명의무 위반 • 서명 및 날인 위반 • 금지행위(기.수.매.무. 관.직.쌍.투.시.체)
5. 개업 공인중개사 (등록관청)	〈절·취〉 최근, 양, 이, 사, 업무, 부, 결	• 최근 1년 이내에 2회 이상 업무정지 처분을 받고 다시 업무정지에 해당하는 행위 • 자격증 등록증 양도 대여 • 2중등록, 2중소속 • 사망, 해산 • 업무정지기간 중에 업무를 하거나 자격정지처분 받은 소·공에게 정지 기간 중 – 업무 강요 • 거짓 그 밖의 부정한 방법으로 등록 • 결격에 해당

	〈임·취〉
	
	금, 겸업,
	미달. 이.
	6. 보. –
	3회. 전
		• 금지행위(기수매무관직쌍투시체)
		• 겸업위반(관리대행, 컨설팅, 프랜차이즈, 분양대행, 용역알선, 경공매)
		• 등록기준 미달
		   ┌───────────────────────────────┐
		   │ •2중 사무소 •임시 중개물 설치 •2중계약서 │
		   └───────────────────────────────┘
		• 6개월 초과 휴업(신고 ×) • 업무보증설정 위반
		• 최근 1년 이내 3회 업무정지 또는 과태료 받고, 다시 업무정지 또는 과태료
		• 전속계약 정보공개 위반
		• 독점법위반 최근 2년 이내에 2회 이상

6. 과태료 500만	정, 통, 형 연, 설, 부!	• 거래정보사업자 • 정보통신서비스사업자 • 공인중개사협회 • **연수교육** 미수료 • 중개대상물을 **확인 · 설명 위반** • 개업공인중개사의 **부당 표시 · 광고**
7. 과태료 100만	이, 보, 게, 문, 폐, 반납, 표시!	• 이전신고 아니한 자 • 보증서(전자문서) 미교부 • 게시위무 위반 • 개업공인중개사무소 등 문자 사용위반 • 휴 · 폐업, 재개 · 변경신고 위반 • 자격증 미 반납(사유서 거짓, 미제출) • 등록증을 미 반납(7일 내) • 개업공인중개사의 대상물 표시, 광고시 명시의무 위반 (전단지 · 인터넷 - 명,소,연,등,성)
8. 행정형벌 (3징 - 3벌)	허, 무, 관, 직, 쌍, 투, 시, 체, 방!	• 허위(거짓) 그 밖의 부정 등록 • 무등록 중개업　　　　　• 관련증서 등의 중개나 매매업 • 직접계약　　　　　　　• 쌍방대리 • 투기조장　　　　　　　• 시세조작 • 단체구성 - 공동중개 제한　• 개 · 공의 업무 - 방해

9. 행정형벌
(1징 - 1벌)
	양.아.이.
	비.정
	기.수.매.무!
		• 자격증 <양도 · 대여>한 자 - 받은 자
		• 등록증 <양도 · 대여>한 자 - 받은 자
		
		   ┌──────────────────────────┐
		   • 공인중개사 <아닌 자> 유사명칭
		   • 개업공인중개사 <아닌 자>의 문자사용
		   • 개업공인중개사 <아닌 자>의 표시 · 광고 행위
		   └──────────────────────────┘
		• 2중등록　　　　　　　• 2중소속
		• 2중사무소　　　　　　• 임시중개시설물
		🔒 **주의**: 2중계약서 - ✕
		• 비밀준수의무
		• 거래정보망사업자 정보공개위반(**예** 차별취급)
		• 기망　　• 보수위반　　• 매매를 업으로
		• 무등록업자와 협조한 개업공인중개사 등

10. 법 제33조 (금지행위)	기, 수, 매, 무, 관, 직, 쌍, 투, 시,세. 방!	• 기망　　　　　　　• 보수위반 • 매매를 업으로　　　• 무등록업자와 협력 • 관련증서 등을 중개나 매매업 • 직접계약　　　　　　• 쌍방대리 • 투기 조장　　　　　　• 시세조작 • 단체구성(공동중개 제한)　• 개 · 공의 업무 - 방해
11. 개업공인중 개사(등) - 모두 적용	예, 금, 이, 비, 결, 형!	• 예방교육　　　　• 금지행위　　　• 이중소속 • 비밀준수　　　　• 결격　　　　　• 형벌

12. 거래계약서	당, 물, 계, 대, 이, 조, 도, 확, 특!	• 당사자 인적 사항 • 물건표시 • 계약일 • 거래대금 지급일자 및 사항 • 권리이전내역 • 물건 인도 일시 • 계약의 조건 · 기일 • 확인설명서 교부일자 • 기타 특약
13. 일반중개 계약서	물, 가, 수, 준!	• 중개대상물의 위치 및 규모 • 거래예정가격 • 중개보수 • 개업공인중개사와 중개의뢰인이 준수하여야 할 사항
14. 등록서류	사, 사, 실!	• 사진 • 사무실확보서 • 실무교육
15. 분사무소 신고서류	사, 실, 보!	• 사무실확보서류 • 실무교육수료증 • 보증설정
16. 등록관청 ⇨ 협회통보 (10일)	이, 등, 분, 휴, 행, 고!	• 사무소 이전신고 • 중개사무소 등록사항 • 분사무소설치 신고사항 • 휴업 · 폐업 · 재개 · 변경 신고사항 • 행정처분사항(등록취소, 업무정지) • 고용인의 고용, 종료 신고
17. 예치명의자	개 · 공 또는 은, 공, 신, 보, 전, 체!	• 개업공인중개사 • 은행 • 공제사업을 하는 자 • 신탁업자 • 보험회사 • 계약금 등 계약관련서류를 관리한 업무수행 전문회사 • 체신관서
18. 예치기관	금, 공, 신,(등)	• 금융기관 • 공제사업을 하는 자 • 신탁업자 등(예 체신관서)
19. 보증서 발급기관	금. 보!	• 금융기관 • 보증보험회사 🔒 주의: 보증서 교부는 예치명의자에게
20. 포상금 사유	부. 양. 무 시. 체.방 . 표시!	1. 거짓 · 부정 개설등록을 한 자 − **(부정등록자)** 2. 등록증 또는 자격증 양도 · 대여 등 − (양 · 대) 3. **무등록업자** 4. **법 제33조**: 부당한 이익을 목적으로 시세 조작 등 − (시) 5. **법 제33조**: 단체를 구성하여 공동중개를 제한 등의 행위 − (체) 6. **법 제33조**: 누구든지 개업공인중개사 등의 업무 방해 − (방) 7. **개업공인중개사가 아닌 자가 표시 · 광고 − (표시)**
21. 전속중개계약 정보 공개할 사항!	물,벽,수,도, (공,공,) 소,금!	1. 중개대상<물>의 종류, 소재지, 지목 및 면적 등 2. <벽>면 및 도배의 상태 3. <수>도 · 전기 · 가스 · 소방 · 열공급 · 승강기 등 4. <도>로 및 대중교통수단과의 연계성, 시장 · 학교 등과의 근접성, 지형 등 입지조건, 일조 · 소음 · 진동 등 환경조건 5. <소>유권 · 전세권 · 저당권 · 지상권 권리관계에 관한 사항 🔒 다만, 각 권리자의 인적 사항 공개(×)

		6. <공>법상의 이용제한 및 거래규제에 관한 사항 7. <공>시지가 및 거래예정<금>액 (🔒 다만, 임대차 공시지가 재량)
22. 중개대상물 확인·설명 할 사항	물,벽,수,도 (공.소.금.) 실.세!	1. 중개대상물의 종류·소재지·지목·용도·구조 및 건축연 도 등 2. 벽면·바닥면 및 도배의 상태 3. 수도·전기·가스·소방·열공급·승강기 및 배수 등 상태 4. 도로 및 대중교통과의 연계성, 시장·학교의 근접성 등 입 지조건 일조·소음·진동 등 환경조건 5. 토지이용계획, 공법상의 거래규제 및 이용제한에 관한 사항 6. 소유권·전세권·저당권·지상권 및 임차권 등 중개대상 물의 권리관계에 관한 사항 7. 거래예정금액 8. **중개보수 및 실비**의 금액과 그 산출내역 9. 중개대상물에 대한 권리를 **취득함에 따라 부담하여야 할 조세**의 종류 및 세율
23. 협회 개선명령권	장. 예. 집 적. 손!	1. 자산의 **장부**가격의 변경 2. 자산**예탁**기관의 변경 3. 업무**집행** 방법의 변경 4. 불건전한 자산 **적립금**의 보유 5. 가치 없는 자산 **손실** 처리
24. 6개월 초과 휴업	취, 질 출. 입 .기!	< 부득이한 사유 > 1. 취학 2. 질병 – 요양 3. 임신 또는 출산 4. 징집으로 인한 입영 5. 기타 (고시 사유)
25. 법인 겸업(6)	관. 상. 경(2). 분양, 알선!	1. 상업용 건축물 및 주택의 임대관리 등 **부동산의 관리대행** 2. 부동산의 이용 및 개발, 거래에 관한 **상담** 3. **개업공인중개사 대상** – 중개업의 경영기법 및 경영정보의 제공 4. **경매** 및 **공매** – (권리분석 및 취득의 알선과 대리) 5. 상업용 건축물 및 주택의 **분양대행** 6. 기타 중개업에 부수되는 도배, 이사업체 업무(**용역 알선**)
26. 표시·광고 명시 사항	명. 소. 연. 등. 성	개·공이 의뢰받은 중개대상물 표시·광고 – (전단지 등) 🔒 주의: 중개보조원 명시 (×)
27. 표시·광고 (명시 사항)	명 . 소 연 등 성 + (물)!	< 인터넷 표시·광고 > 1. 소재지 2.면적 3. 가격 4. 중개대상물 종류 5. 거래 형태 6. 건축물 및 그 밖의 토지의 정착물인 경우 다음 각 목의 사항 <**총 층수, 사용승인·준공검사 등을 받은 날, 건축물의 방향, 방의 개수, 욕실의 개수, 입주가능일, 주차대수 및 관리비**>
28. 사무소 게시사항	등. 신. 자. 식(실) 사. 업	1. 등록증 **원본**(분사무소는 **신고확인서 원본**) 2. 개업공인중개사 및 소속공인중개사의 자격증 **원본** 3. 중개보수 및 실비의 요율 및 한도액 표 4. 사업자등록증 5. 업무보증 설정 증명증서

29. 법인 등록 기준(요건)	3, 4, 5, 6번 _ (전원) 실 .격!	1. 대표자 공인중개사(대표자 제외)한 임원·사원의 3분의 1 이상은 공인중개사 2. 중개사무소를 확보(사용권을 확보)할 것 3. 회사 또는 협동조합(사회적 협동조합은 제외) 자본금이 5 천만원 이상 4. 법 제14조(6가지만) 업무만 목적으로 설립된 법인 5. 대표자, 임원·사원 전원이 실무교육을 받았을 것 6. 임원·사원 전원이 결격사유가 없을 것
30. 정책심의 위원회 (제척 사유)	우, 동 친, 자, 대!	1. 위원 또는 그 **배우자나 배우자이었던 사람이 당사자** 또는 **공동권리자 또는 공동의무자** 인 경우 2. 위원이 안건의 당사자와 **친족이거나 친족이었던 경우** 3. 위원이 안건에 대하여 **증언, 진술, 자문, 조사, 연구, 용역** **또는 감정**을 한 경우 4. 위원이나 위원이 속한 법인·단체 등이 안건의 **대리인이거** **나 대리인이었던 경우**
31. 정책심의 위원회 (심의 사항)	자, 중, 보, 배!	1. 공인중개사의 시험 등 **자격취득**에 관한 사항 (🔒 주의 : 시·도지사는 (1)이에 따라야 한다.) 2. 부동산 **중개업의 육성**에 관한 사항 3. **중개보수 변경**에 관한 사항 4. **손해배상책임**의 보장 등에 관한 사항
32. 법정 중개 대상물	토, 건, 정, 입, 공, 광	1. 토지 2. 건축물 3. 기타 토지의 정착물 4. 입목 5. 공장재단 6. 광업재단

33. 용어정의
개업공인
중개사
(3종류)
	개인과 법인	① **개인(자연인)인 개업공인중개사**
		  ㉠ **부칙 제6조 제2항의 개업공인중개사** : 자격증 없다.
		  ㉡ 공인중개사인 개업공인중개사
		② **법인인 개업공인중개사** : 상법상 법인(또는 협동조합)으로
		  개설등록을 한 자

제2편 부동산 거래신고에 관한 법률

구 분	법 제도	두문자	관련 내용
부동산 거래신고에 관한 법률	**1. 부동산거래신고제도**		
	1. 부동산거래 신고 사항 (개인 및 법인 공통)	실, 조, 계, 당, 부, 중	1. **실제** 거래가격 2. 계약의 **조건**이나 기한이 있는 경우에는 그 조건 또는 기한 3. **계약**체결일, 중도금 지급일 및 **잔금 지급일** 4. 거래**당**사자의 **인적 사항** 5. 거래대상 **부동산** 등(부동산을 취득할 수 있는 권리는 그 권리의 대상인 부동산)의 **소재지·지번·지목 및 면적** 6. 거래대상 **부동산** 등의 **종류**(부동산을 취득할 수 있는 권리 종류) 7. 개업공인중개사의 **인적 사항**, 중개사무소의 상호·전화번호 및 소재지(단, 개업공인**중개**사가 거래계약서를 작성·교부한 **경우만**)
	2. 자금조달 및 입주계획서 제출(주택)	개 인	− 비규제지역 : 6억 이상 <table><tr><td>− 조정대상지역</td><td>모든 주택제출</td></tr><tr><td>− 투기과열지구</td><td>모든 주택 제출 (+ 금액증명자료 첨부)</td></tr></table>
		법 인	지역, 금액불문 모든 주택 단, 투기과열지구 + **금액증명자료 첨부**
	3. 자금조달 및 이용계획(토지)	필 지	− **수도권 등**(광역시, 세종시) : 1억 이상 제출 − **비수도권 등** : 6억 이상 제출
		지 분	− **수도권 등**(광역시, 세종시) : 금액 불문 − **비수도권 등** : 6억 이상 제출
	4. 법인 또는 매수인이 분리 또는(외) 제출	30일 (25일)	원칙 : 신고서 + 자금조달 및 입주계획서 (단, 법인은 법인신고서 추가)
	5. 〈거래대금〉 지급증명서류	과태료 3천 이하	거래대금의 지급을 확인할 수 있는 **입금표 또는 통장 사본 등**
	6. 정정신청	개,대,지 − 당, 면, − 종	1. 개업공인중개사의 전화번호·상호 또는 사무소 소재지 2. 거래대상 부동산 등(부동산을 취득할 수 있는 권리의 대상인 부동산)의 대지권 비율 및 거래 지분, 지목 / 면적 3. 거래지분 비율 4. 거래당사자의 주소·전화번호 또는 휴대전화번호 5. 거래대상 건축물의 종류

부동산 거래신고에 관한 법률	7. 변경신고	공,중, 지,면, 가,기	1. **공동**매수의 경우 일부 매수인의 변경 (매수인 중 **일부가 제외되는 경우만** 해당) 2. 거래대상 부동산 등이 다수인 경우 일부 부동산 등의 변경 (거래대상 부동산 등 중 **일부가 제외되는 경우**만 해당) 3. **중도금·**잔금 및 지급일 4. 거래 **지분** 비율 5. 거래 **지분** 6. 거래대상 부동산 등의 **면적** 7. **거래가격** 8. 거래의 조건 또는 **기한**	
	8. 주택임대차신고 제도	금 액	보증금 6천만원 초과 또는 월세 30만원 초과	
		지 역	㉠ 수도권 (서울, 경기도, 인천광역시) ⇨ 전역 ㉡ 광역시(군 포함), 특별자치도, 특별자치시 ㉢ 도의 시지역(도지역의 군은 제외)	
		신고사항 〈인,물(좀) 보,계, 요,기 〉	1. 임대차계약 당사자의 인적 사항 2. 임대차 목적물(주택을 취득할 수 있는 권리는 권리대상인 주택)의 소재지, 종류, 임대 면적 등 임대차 목적물 현황 3. 보증금 또는 월 차임 4. 계약 체결일 및 계약 기간 5. 계약갱신요구권의 행사 여부(계약을 갱신한 경우만 해당한다)	

2. 외국인등 부동산 소유권 취득 특례법

부동산 거래신고에 관한 법률	9. 용어 정의 : 외국인 등?		• 우리국적(×), 외국법으로 설립된 단체 또는 법인 • 1/2 이상(구성원, 임원, 자본금, 의결권)을 외국인, 단체, 법인인 경우 • 외국정부, 국제기구(국제연합) 등	
	10. 사후 신고	계 약	계약일 부터 60일 (증여, 교환)	과태료 300만 이하
		계약 외	취득 6개월 (상속, 경매, 판결, 환매, 합병, 신축, 증축, 개축, 재축)	과태료 100만원 이하
		계속보유	변경 6개월	과태료 100만원 이하

부동산 거래신고에 관한 법률	11. 사전 허가	군, 문, 자. 자. 야!	㉠ 「**군사기지** 및 군사시설 보호법」군사기지 및 군사시설 보호구역, 그 밖에 대통령령으로 정하는 지역 ㉡ 「**문화재보호법**」 지정문화재와 이를 위한 보호물 또는 보호구역 ㉢ 「**자연환경보전법**」 생태 · 경관보전지역 ㉣ 「**자연유산의 보존 및 활용에 관한 법률**」상에 천연기념물 · 명승 및 시 · 도자연유산과보호물 또는 보호구역 ㉤ 「**야**생생물 보호 및 관리에 관한 법률」 야생생물 특별보호구역
		처분 및 제재	－ 15일 이내 허가 또는 불허가 처분 － 2년 이하 징역 또는 2천만원 이하 벌금
	3. 토지거래허가제도		
	12. 허가 지정권자	㉠ **둘 이상의 시 · 도**: 국토교통부장관이 지정 ㉡ **동일한 시 · 도**: 시 · 도지사가 지정	
	13. 허가권자	시 · 군 · 구청장	
	14. 기준 면적	도시지역	㉠ **주거지역**: 60 m² 이하 ㉡ **상업지역**: 150 m² 이 ㉢ **공업지역**: 150 m² 이하 ㉣ **녹지지역**: 200 m² 이하 ㉤ **용도지역의 미지정**: 60 m²이하
		도시 외 지역	기타 250 m² 이하. 농지 500 m² 이하, 임야 1000 m²이하

15. 토지 이용 의무 (5년 이내)	목 적	의무 기간
	㉠ 대체토지, 농업 등(어 · 축산 · 임업)	2년(대,농,복,주)
	㉡ 복지 · 편익시설주택용지	
	㉢ 사업 시행(단, 분양목적 및 진행 ×)	4년
	㉣ 현상보존, 임대사업, 기타	5년

16. 이행강제금 (변경 5%, 방치 10%, 임대 7%, 기타 7%)	**토지 취득가액의 10%의 범위 내**
	1. 승인 없이 변경하여 이용하는 경우: 100분의 5 2. 방치한 경우: 100분의 10 3. 임대한 경우: 100분의 7 4. 기타 위반의 경우: 100분의 7 🔒 이행될 때까지 1년에 1회씩 반복

부동산 거래신고에 관한 법률	공통숫자 5	지정기간	5년 이내의 기간으로 허가지정(**주의**: 5단위, 5년마다 ×)
		지정효력 발생	지정을 공고한 날로부터 5일 후에 효력이 발생한다.
	7일	지정공고	시·군·구청장은 등기소장 통지, 7일 이상 공고
	15일	열람	시·군·구청장은 일반인에 열람
		허가 처분	민원처리에 관한 법률상 처리기간 15일 허가 또는 불허가
		선매 협의	선매자는 지정통지일부터 15일 이내에 선매협의 시작
	1개월	선매 완료	선매자는 지정통지일부터 1개월 이내 완료(선매협의조서 제출)
		이의 신청	처분에 이의가 있는 자는 1개월 이내에 시·군·구청장에
		매수 청구	불허가 처분을 받은 경우 1개월 이내 매수청구(공시지가)
	30일	이의 신청	이행강제금에 대한 시·군·구청장에 30일 이내
	3월	이행 명령	토지이용의무 불이행자에 3개월 이내 기간을 정해 명할 수 있다.
	지체 없이	선 매	**선매협의 불성립**: 지체 없이 허가 또는 불허가 결정, 통보
	2년	제 재	**허가 없이 계약, 부정 허가자**: 2년 이하 징역 또는 토지가격(공시지가) 30% 해당 벌금

제**3**편 **중개실무**

구 분	법 규정 및 숫자	두문자	관련 내용
1. 장사법			1. 장사 등에 관한 법률
	묘지와 자연 장지(면적)	묘지	개인묘지(30m² 이하), 가족묘지(100m² 이하), 종중 묘지(1,000m² 이하) 법인묘지(10만m² 이상)
		자연 장지	개인 자연장지(30m² 미만), 가족자연장지(100m² 미만), 종중자연장지(2,000m² 이하), 종교단체(4만m² 이하), 공공법인 및 재단법인(5만m² 이상)
	묘지 설치 − (거리제한)		① **종중 · 문중, 법인묘지**: 도로 등 − **300미터 이상** 20호 이상 인가, 학교 등 − **500미터 이상** ② **개인 · 가족묘지**: 도로 등 − **200미터 이상** 20호 이상 인가, 학교 등 − **300미터 이상**
	분묘 면적		**묘지 안의 분묘 1기 및 시설물: 10m²(합장 15m²) 초과 금지**
	설치 기간		30년(**연장**: 1회 30년. 단, 조례 제한 가능)
	기간 종료		1년 이내 철거
	토지 소유자 등의 개장		**시장 등의 허가**를 받아 시신 또는 유골을 개장할 수 있다. (단, **미리 3개월 이상의 기간**을 정하여 분묘의 설치자 등에 알려야 한다)
2. 부동산 실명법			2. 부동산 실권리자명의 등기에 관한 법률
	명의 신탁 위반 (과징금)		**명의신탁자: 부동산 가액의 100분의 30에 해당하는 금액**
	이행강제금		과징금 부과일 부터 **1년이 지난 때**에 부동산평가액의 **100분의 10, 다시 1년이 지난** 때에 부동산평가액의 **100분의 20**에 해당하는 금액
	행정 형벌		㉠ **명의신탁자 등**: 5년 이하의 징역 또는 2억원 이하의 벌금 ㉡ **명의수탁자**: 3년 이하의 징역 또는 1억원 이하의 벌금
3. 주택임대차 보호법			3. 주택임대차보호법
	임대차 기간		기간이 없거나 2년 미만 계약 − 2년
	묵시 = 법정 갱신 (2년 의제)		① **임대인**: 6개월~2개월 거절 등 통지(×) **임차인**: 종료 2개월 전까지 통지(×) 🔒 단, 2기의 차임액 연체인정(×)
	갱신요구권		① **임차인**: 종료 6개월 ~ 2개월 전까지 요구(○) 🔒 단, 2기 차임액 연체사실 − (×) ② 1회 한해 − 2년 행사 ③ 임차인 언제든지 해지 ⇨ 3개월 경과 효력
	대항력		인도 + 전입신고 ⇨ 익일 0시 효력 🔒 확정일자는 무관

	최우선변제 소액 보증금 (환가대금 1/2)	최우선변제대상 − 소액보증	
		1. 서울 : 1억 6천5백만원 이하	5천5백만원
		2. 과밀, 세종특별자치시, 용인, 화성 및 김포 : 1억 4천5백만원	4천8백만원
		3. 광역시(안산, 광주, 파주, 이천 평택 : 8천 5백만원 이하	2천8백만원
		4. 그 밖의 지역 : 7천 5백만원 이하	2천5백만원
4. 상가건물 임대차 보호법	주택임차권 승계	임차인 사망 후 1개월 이내 승계포기 의사 표시	
	주택임대차 분쟁조정위원	− 위원장＋5명 이상 ～ 30명 이하 − 임기 3년 분쟁조정 : 신청일부터 60일 이내	

4. 상가건물 임대차보호법

	상임법 대상 − 환산보증금 🔒 보증금＋차임× 100	지역 구분	적용 보증금
		서울특별시	9억원 이하
		과밀억제권역 및 부산광역시	6억 9천만원
		광역시, 세종자치시, 파주시, 화성시, 안산시, 용인시, 김포 및 광주	5억 4천만원
		그 밖의 지역	3억 7천만원
	임대차 기간	원칙 : 미만 또는 기간이 정함이 없는 경우 − 1년	
	묵시 갱신	임대인이 만료 6개월 ～ 1개월까지(거절, 조건변경 통지 ×) − 1년으로 본다.	
	갱신요구권	임차인이 만료 6개월 ～ 1개월까지 행사 − 최초 기간 포함 10년 🔒 보증금 차임 5% 범위 내 증액 🔒 3기 차임액 연체 사실 − 인정(×)	

	최우선변제금 (소액 보증금)	서울특별시	6,500만원	2,200만원
		과밀억제권역(서울특별시 제외)	5,500만원	1,900만원
		광역시 (과밀억제권역과 군 지역 제외) 안산시, 용인시, 김포시 및 광주시	3,800만원	1,300만원
		그 밖의 지역	3,000만원	11,000만원
	차임연체와 해지	3기 차임액에 달한 때(차임 총합)		
	권리금 보호	🔒 임대인은 기간만료 전 6개월 ～ 종료시까지 방해 금지 🔒 손해배상 소멸시효 : 임대차 종료시부터 3년 🔒 권리금 보호 안 됨 : 임대인이 1년 6개월 이상 사용하지 않은 경우		

5. 경·공매	
말소기준권리 〈근, 가, 담〉	(근) 저당권, (가) 압류, 담보가등기
매각 방법	호가경매, 기일입찰, 기간입찰
매수신청보증금	최저매각가격의 10분의 1(10%)
항고 공탁금	매각대금의 10분의 1(10%)
차순위 매수 신고가액	(최고가액 − 보증금) ⇨ 넘는 가격
인도 명령	매각대금 납부 후 6개월 이내
농지취득 자격증명	매각허가 결정기일까지 제출 🔒 매수신청시 제출 − (×)
재매각	매각대금 미납(차순위 매수신고인도 없는 경우)시에 실시 🔒 동일조건 매각(즉, 저감 (×) 🔒 전 매수인은 매수신청 불가
새매각	허가할 매수 신고가가 없는 경우(유찰) − 저감(○), 매각불허 결정시 시행
6. 매수신청대리 등록(규칙)	
매수신청 대리권 범위 〈보이(입)차 − 우선〉	① 매수신청 보증의 제공 ② 매수신청의 보증을 돌려줄 것을 신청 ③ 입찰표의 작성 및 제출 ④ 차순위매수신고 ⑤ 차순위매수신고인의 지위를 포기 ⑥ 임차인의 임대주택 우선매수신고 ⑦ 공유자의 우선매수신고
실무 교육	🔒 대상 : 개업공인중개사(대표자만) 🔒 시간 : 32~44시간
업무보증설정	🔒 등록신청 전에 수료 🔒 보증보험, 공제, 공탁 중 택일 ㉠ 중개법인 : 4억원 이상 ㉡ 분사무소 : 분사무소 마다 2억원 이상 ㉢ 공인중개사인 개업공인중개사 : 2억원 이상
결격 사유	① 매수신청대리인 등록이 취소된 후 3년 미경과 (단 ,폐업에 따른 등록취소 제외) ② 공무집행방해죄, 경매입찰방해죄 등 경매관련 유죄판결 − 2년간
지방법원장 등록 처분	14일 이내 공인중개사 또는 중개법인으로 종별을 구분하여 등록

대리 대상물	① 토지 ② 건물 그 밖의 토지의 정착물 ③ 입목, 공장재단, 광업재단
확인·설명서	위임인에 교부 후 5년 보존 🔒 인장은 동일 인장 사용함 🔓「공인중개사법」상 확인·설명서는 3년 보존한다.
게시 의무	① 등록증 ② 매수대리 보수표 ③ 업무보증설증서
휴·폐업	🔓 3개월 초과 휴업, 폐업, 재개, 변경 - 감독법원에 미리 신고 🔓 6개월 초과 금지
지방법원장에 신고의무(10일)	㉠ 중개사무소를 이전 ㉡ 중개업을 휴업 또는 폐업 ㉢ 공인중개사 자격이 취소 ㉣ 공인중개사 자격이 정지 ㉤ 중개사무소 개설등록이 취소 ㉥ 중개업무가 정지 ㉦ 분사무소를 설치
수수료 또는 실비	① 상담 및 권리분석 : 50만원 이내(합의) ② 매각허가결정 확정 : 감정가 1% 또는 최저매각가격의 1.5% 이하(합의) ③ 최고가 매수신고인이 못 됨 : 50만원 이내(합의) ④ 실비 : 30만원 범위 내에서(합의)
업무정지 기간	1개월 이상 ~ 2년 이하
행정 처분(10일)	지방법원장은 처분할 경우 - 10일 이상 의견진술
관리대장 보존(5년)	등록취소, 업무정지 관리대장 - 5년간 보존
등록증 반납(7일)	지방법원장에 등록취소시 - 7일 이내 🔓 법인 해산 : 대표자 또는 임원이었던 자가 7일 이내

★ 강의를 들으며 함께 참고하시고, 반복하여 읽고, 외우시면 정리하는 데, 큰 도움이 될 것입니다.

❖ 제34회 시험에 고득점으로 합격하시기를 기원합니다!!! ❖

M·E·M·O

2023 박문각 공인중개사

최상준 최종요약서 ②차 공인중개사법·중개실무

초판인쇄 | 2023. 8. 1.　**초판발행** | 2023. 8. 5.　**편저** | 최상준 편저

발행인 | 박 용　**발행처** | (주)박문각출판　**등록** | 2015년 4월 29일 제2015-000104호

주소 | 06654 서울시 서초구 효령로 283 서경빌딩 4층　**팩스** | (02)584-2927

전화 | 교재 주문 (02)6466-7202, 동영상문의 (02)6466-7201

저자와의
협의하에
인지생략

정가 19,000원
ISBN 979-11-6987-459-5